MATRIZES DA ELABORAÇÃO PSÍQUICA NO PENSAMENTO PSICANALÍTICO

Blucher

MATRIZES DA ELABORAÇÃO PSÍQUICA NO PENSAMENTO PSICANALÍTICO

Entre Freud e Ferenczi

Thiago da Silva Abrantes

Matrizes da elaboração psíquica no pensamento psicanalítico: entre Freud e Ferenczi

Série Psicanálise Contemporânea
Coordenador da série Flávio Ferraz
Publisher Edgard Blücher
Editores Eduardo Blücher e Jonatas Eliakim
Coordenação editorial Andressa Lira
Produção editorial Luana Negraes
Preparação de texto Évia Yasumaru
Diagramação Negrito Produção Editorial
Revisão de texto Maurício Katayama
Capa Leandro Cunha
Imagem da capa iStockphoto

Blucher

Rua Pedroso Alvarenga, 1245, 4º andar
04531-934 – São Paulo – SP – Brasil
Tel.: 55 11 3078-5366
contato@blucher.com.br
www.blucher.com.br

Segundo o Novo Acordo Ortográfico, conforme 6. ed. do *Vocabulário Ortográfico da Língua Portuguesa*, Academia Brasileira de Letras, julho de 2021.

Dados Internacionais de Catalogação na Publicação (CIP)
Angélica Ilacqua CRB-8/7057

Abrantes, Thiago da Silva
Matrizes da elaboração psíquica no pensamento psicanalítico : entre Freud e Ferenczi / Thiago da Silva Abrantes. – São Paulo : Blucher, 2023.
362 p. (Série Psicanálise Contemporânea / coord. de Flávio Ferraz)

Bibliografia
ISBN 978-85-212-2173-9

1. Psicanálise 2. Freud, Sigmund, 1856-1939 3. Ferenczi, Sándor, 1873-1933 I. Título. II. Ferraz, Flávio. III. Série.

23-4845 CDD 150.195

Índice para catálogo sistemático:
1. Psicanálise

Para tia Lili, que teria se divertido
muito com tudo isso.

Presunção da palavra experiência. A experiência não é experimental. Não se pode provocá-la. Apenas se submeter a ela. Antes paciência que experiência. Nós esperamos – ou melhor, nós padecemos. Na prática: ao fim da experiência não se é sábio, se é especialista. Mas em quê?

Camus, 2014, p. 11

Agradecimentos

Aos meus pais Else Mary da Silva Abrantes e Antonio Abrantes Neto, pelo carinho, amor e acolhimento.

Aos meus avós Elza da Silva, Francisco Flávio da Silva, Manoel Abrantes e Eloir Abrantes, pelo cuidado e por todos os momentos de alegria compartilhados comigo.

A Patrícia Leite, que o amor continue nos envolvendo.

A Nelson Coelho Junior, orientador querido, obrigado pela disponibilidade, pelas leituras e pelos comentários atenciosos, que nossa parceria de trabalho continue.

Aos professores Érico Campos, Pablo Castanho, Daniel Delouya, Daniel Schor e Bruna Zerbinatti, pela leitura e pelos comentários.

Aos amigos do grupo de orientação, Marina Bialer, Vitor Carvalho, Marcio Bandeira, José Palumbo, Eugenio Dal Molin, Gisele Moraes, Douglas Pereira, Fabio Brinholli, Daniel Schor e Bruna Zerbinatti, por todo o companheirismo durante essa jornada.

A Fabio Brinholli, amigo que o doutorado trouxe, que continuemos com muitos cafés e conversas, que entremearam tanto o texto quanto minha vida.

A Lívia Santiago Moreira, amiga querida, pela amizade, leitura, parceria e disponibilidade, fundamentais em meu percurso.

A Lucas Hangai, alegria que a vida me apresentou e com votos de muitas parcerias de trabalho.

A Marcel Bertonzzin e Elton Ievski, amigos queridos, cuja presença é muito importante para mim.

A Nina Galvão, Ticiana Salomão e Lucas Funari, presenças lindas, floridas e alegres.

A Mayra Tsuji, por toda a companhia, amizade e carinho.

A Laura Hansen, pela alteridade de sua escuta.

A Roger Martins Gomes, pela amizade e pelo companheirismo.

A Flávio Ferraz, pela recepção do texto.

À editora Blucher, pela publicação do livro.

À CAPES, pelo apoio financeiro à pesquisa de doutorado da qual derivou o presente trabalho.

Conteúdo

Apresentação

> *Desde o início – Freud incluído – problemas de técnica que se relacionam essencialmente com seu poder curativo sempre preocuparam os psicanalistas. Alguém, periodicamente, pode alegar ter a resposta certa, mas seria mais verdadeiro dizer que ainda estamos em busca dela.*
>
> André Green

O que de fato faz da psicanálise, desde sua criação por Sigmund Freud, uma forma de psicoterapia com condições de produzir transformações subjetivas e efeitos curativos? No livro que o leitor tem em mãos é essa a questão que deve ser tomada como um fio condutor. A diversidade teórica e técnica, elemento constitutivo da história da psicanálise, não deve nos enganar. Tampouco a diversidade psicopatológica (neuroses e não neuroses) ou a amplitude de sujeitos e modalidades terapêuticas (psicanálise com crianças, adolescentes, psicanálise de casal ou de grupo etc.). Enfrenta-se, sempre, o grande desafio imposto pelas diferentes formas de adoecimento e de sofrimento psíquicos. Métodos, técnicas e abordagens foram sendo construídos, aprimorados, transformados, ampliados e aprofundados. Mas a pergunta inaugural se manteve: como fazer frente a um sofrimento psíquico que fragiliza e empobrece as possibilidades humanas de amar e trabalhar, como bem indicou Freud.

A atividade de cada psicanalista é tensionada em suas fronteiras internas e externas, ou seja, em seu próprio trabalho psíquico exigido em cada tratamento e no que é imposto por cada diferente analisando em sua especificidade. Diferentes configurações psíquicas de analista e analisando criam campos de análise singulares, mas nem por isso necessariamente únicos. A singularidade de cada sessão ou de cada análise não deve fazer com que percamos de vista o que há de comum nas diferentes formas de adoecimento psíquico, ou seja, o sofrimento que impulsiona o desejo de transformação e de tratamento. É possível reconhecer condições traumáticas primordiais, inaugurais ou mesmo recentes, falhas ou fraturas nos processos de simbolização, compulsão à repetição, sintomas de todos os tipos, assim como técnicas e enquadramentos clínicos clássicos, ortodoxos, experimentais, inovadores ou mesmo revolucionários. Mas também essa variedade não impede o reconhecimento de um esforço comum terapêutico que busca por meio de transformações subjetivas a mudança ou a flexibilização das cristalizações comportamentais/corporais/psíquicas. Desde Freud, a questão sobre a analisabilidade ou os limites da analisabilidade não cessou de interrogar os psicanalistas. Ao lado disso, procura-se compreender o que de fato favorece o trabalho de análise e o que o dificulta, para além da conclusão final de Freud, sobre o caráter interminável de uma análise, pondo fim à ilusão de um tratamento completo e de uma cura definitiva dos sofrimentos psíquicos.

O caminho que vai da sugestão hipnótica, passando pelas práticas catárticas até chegar ao método conjugado da associação livre e da atenção igualmente flutuante, é bem conhecido. Isso faz parte da história da técnica psicanalítica, que continua a ser desenvolvida e expandida. Já as investigações sobre a capacidade subjetiva dos analisandos de se apropriar da experiência analítica, por meios afetivos e cognitivos combinados, que levaram adiante a indicação freudiana sobre a efetividade da *elaboração psíquica*, nem sempre são igualmente reconhecidas. É esse o ponto de partida do rigoroso trabalho de Thiago da Silva Abrantes.

Como o leitor poderá perceber, esse estudo apresenta como importante novidade o que Thiago denominou de diferentes matrizes do conceito de elaboração psíquica. Para ele, as diferentes formulações da elaboração psíquica, quando articuladas aos conceitos de repetição, resistência e transferência, permitem construir uma trama de experiências que, quando descritas em conceitos, funcionam como o fundamento teórico do trabalho psicanalítico e, na prática clínica, possibilitam determinar os processos de transformação subjetiva. Em sua perspectiva, a primeira matriz, a denominada *elaboração associativa* (*Verarbeitung*), conceitua o trabalho que o aparelho psíquico realiza ao integrar as excitações que chegam até ele, constituindo os elos associativos. Nesse ponto inicial de sua obra, Freud entendia que era o acúmulo de excitações não integradas no psiquismo o que determinava o surgimento do sofrimento psíquico. Para Thiago, nessa primeira matriz, trata-se de um trabalho intrapsíquico, ou seja, descrito por Freud como algo que ocorre no interior do aparelho psíquico do paciente ou analisando. Deve-se entender que, nesse contexto, as experiências traumáticas vividas pelos analisandos são ressignificadas por meio da admissão afetiva de representações inconscientes relacionadas a essas experiências. A nova ligação construída no psiquismo é o resultado da atividade da elaboração associativa.

Uma nova matriz será constituída por meio da segunda formulação freudiana da elaboração psíquica, *Durcharbeitung*, traduzida por Thiago como *perlaboração*, que passa a ser considerada o principal elemento de transformação do trabalho analítico. No texto de 1914, "Recordar, repetir e elaborar", Freud indica que o trabalho da perlaboração favorece que o analisando possa integrar e compreender uma interpretação realizada pelo analista e, assim, enfrentar as possíveis resistências causadas pela interpretação ou por outra forma de intervenção analítica. Freud insistia, no entanto, que é preciso dar tempo ao analisando para que ele enfrente a resistência indicada na interpretação realizada pelo analista e, assim, a elabore. Esse ponto é fundamental, já que a crença de que a fala de um analista pode por si mesma ter poderes terapêuticos era considerada por Freud como perigosa e enganosa. É o tempo de elaboração que favorece a possibilidade de transformação subjetiva. É, no entanto, a introdução da segunda tópica e da segunda teoria pulsional (ao lado de uma nova teoria da angústia) que permitirá, na interpretação construída neste livro, que a perlaboração possa ser vista em sua dimensão intersubjetiva e não só intrapsíquica. Para auxiliá-lo na construção desse modelo interpretativo do texto freudiano, mas, acima de tudo, da clínica psicanalítica contemporânea, Thiago convoca dois psicanalistas: René Roussillon (e sua forma de conceber a relação transferencial-contratransferencial e os processos de simbolização) e José Bleger (com sua noção de "situação analítica"). O principal convidado para contextualizar e ampliar as formulações freudianas, no entanto, ainda não foi mencionado. Trata-se do genial húngaro, Sándor Ferenczi. É por meio de sua companhia que Thiago se aproximará da psicanálise contemporânea e de suas proposições técnicas inovadoras. É com ele que a dimensão intersubjetiva da experiência analítica ganha sentido e consistência. E, não menos importante, é a coragem técnica de Ferenczi que é colocada em diálogo com a metapsicologia e com a teoria da técnica estabelecidas por Freud. Para Thiago, "as ideias freudianas e ferenczianas, além de se complementarem, potencializam-se".

Com rigor e elegância, este livro nos coloca em diálogo com o que há de mais intrigante e, ao mesmo tempo, convincente no projeto psicanalítico: modos de transformação subjetiva que permitem enfrentar o sofrimento imposto pelas diferentes formas de adoecimento psíquico. E, como afirma Thiago, "a elaboração, em suas diferentes matrizes, carrega a importância da vinculação e do sentido, criados a partir de experiências intrapsíquicas e intersubjetivas, que muitas vezes nos escapam em virtude dos sintomas e das resistências".

Por fim, gostaria de comentar um pouco dos bastidores deste trabalho, que teve seu início no Instituto de Psicologia da USP, onde conheci o Thiago e aprendi a admirar sua seriedade, compromisso e grande ligação afetiva com o trabalho acadêmico. Reconheci, desde o início (e lá se vão algo em torno de dez anos), sua ótima capacidade de realização de um modo singular de pesquisar e escrever, que é próprio do trabalho em psicanálise. Vale dizer que, embora as dissertações e teses defendidas por membros de nosso grupo de pesquisa sejam produtos do interesse e do desenvolvimento de cada um dos autores, o trabalho comporta também uma dimensão coletiva. Trata-se do trabalho desenvolvido no Grupo de Pesquisa "Psicanálise Experimental" que coordeno na Universidade de São Paulo e que se reúne há 25 anos, semanalmente, em que a cada encontro é discutida a pesquisa de um dos membros do grupo (alunos de iniciação científica, de mestrado, de doutorado e pesquisadores em pós-doutorado). É um grupo de orientação e pesquisa sediado no Departamento de Psicologia Experimental. Como se pode imaginar, psicanálise experimental é um nome que surgiu da junção de "psicanálise" e do nome do departamento em que sou professor na USP. Para nós psicanalistas, no entanto, "experimental" não é um adjetivo que costuma acompanhar o que se entende por "psicanálise", mesmo com o uso feito por Ferenczi dessa noção. Portanto, trata-se, mais do que tudo, de uma ideia que nos pareceu divertida. Brincar coletivamente, em grupo, com a noção de experimental, mas também com a de psicanálise. É uma provocação e não a identidade ou a adjetivação de um modo de se fazer psicanálise, velho ou novo.

Nesses anos de trabalho o grupo se beneficiou da estranha presença da psicanálise em um ambiente acadêmico dedicado às ciências duras (biologia experimental, etologia, pesquisas em sensopercepção e, de forma geral, psicologia experimental), sem, no entanto, procurar fazer da psicanálise uma ciência experimental estrita ou um ramo da psicologia experimental. A aproximação entre os dois termos, psicanálise e experimental, pode contribuir, espero, para a manutenção de uma psicanálise multifacetada e não dogmática. Não se trata, vale ressaltar, da proposta de uma "nova psicanálise". Mas, sim, trata-se de apresentar uma formulação sobre a necessidade de a psicanálise se manter viva, vitalizando-se nas permanentes tensões entre o conhecido e o desconhecido, o tradicional e o inovador e a semelhança e a diferença. E de brincar, seriamente, com a ideia de uma psicanálise experimental no contexto de uma universidade pública e gratuita que recebe alunos das mais diversas proveniências, sempre com a expectativa de buscar e construir conhecimento. É nesse contexto que Thiago realizou sua fundamental pesquisa, que é uma contribuição muito relevante ao efervescente cenário da psicanálise brasileira. Resta, por fim, fortalecer o convite para que o leitor penetre no fascinante mundo de ideias e práticas apresentadas por Thiago da Silva Abrantes.

Nelson Ernesto Coelho Junior

Instituto de Psicologia da USP

Introdução

Dois dias antes de apresentar ao grupo de orientação o que seria uma primeira versão do texto para o exame de qualificação da pesquisa que originou este livro, tive um sonho que acredito ser importante contar. Estava na casa dos meus pais, com a idade que tenho hoje. O cenário era o mesmo local onde passei minha infância e era o dia da comemoração de meu aniversário. Embora estivesse animado para a festa, uma peculiar situação se instalou: uma pessoa com o rosto todo sombreado controlava todo o contexto da realização da festa, quais seriam as comidas, as bebidas, os convidados, o horário, tudo.

Estava tremendamente incomodado, queria tomar uma decisão, mas, naquele momento, além de perder o controle externo, também havia perdido a minha fala. Não conseguia me comunicar com ninguém. Os convidados, embora parecessem se divertir, não conseguiam me entender, tampouco eu os entendia. Durante o sonho, senti-me num grande embaraço entre o que pensava e o que sentia, com dificuldade em estabelecer alguma forma de comunicação com as pessoas que ali estavam.

Acordei assustado. Tentei interpretar meu sonho, de início, a partir do contexto que me envolvia. Não consegui conter-me para relacionar esse conteúdo do sonho com o que circundava meu doutorado, em conjunto com meu trabalho enquanto clínico, ambos, evidentemente, atravessados por questões pessoais.

Dois dias mais tarde, na reunião de orientação, ouvi quase em silêncio os comentários de meus colegas, que foram ironicamente didáticos a uma parte do conteúdo do sonho. Meu texto estava confuso, pouco claro, parecia ter pressa em apresentar minhas ideias, as definições de conteúdo que indicava eram esparsas e não havia muita relação entre elas. Mais uma vez, senti que não conseguia comunicar-me.

Após a reunião, fiquei praticamente paralisado diante de perguntas que fiz a mim mesmo, que envolviam a razão de ainda trabalhar com o mesmo conceito, a importância da "elaboração" para o meu trabalho clínico e, mais intensamente, o modo como fazia esta pesquisa. Todas ressoavam em mim colocando-me em um lugar sem muito controle, como no sonho.

Passado um tempo, resolvi escrever sobre aquilo que me motivou a iniciar meu percurso como pesquisador. Naquele momento, pareceu-me uma tentativa de recuperar minha voz no texto e, em parte, em minha própria vida, servindo de material auxiliar para entender um pouco mais meu trabalho onírico. Voltaremos ao sonho mais adiante.

* * *

No início de minha atividade profissional, ainda na graduação, trabalhei com tutoria de alunos do ensino fundamental, alguns com dificuldades mais específicas em uma disciplina, outros com problemas na organização de como estudar ou, ainda, com dificuldades pedagógicas mais complicadas. Diversas vezes fui a reuniões em escolas, tive contato com muitos profissionais, como pedagogos, professores, psicólogos, fonoaudiólogos, psiquiatras e comecei, depois de concluir a graduação, a receber indicações como psicólogo clínico. Também trabalhei como acompanhante terapêutico, indo e ficando em escolas com pacientes durante as aulas, ao lado de atendimentos externos.

Atualmente, trabalho como analista, atendo adolescentes e adultos, alguns casos graves, que lançam questões sobre possíveis variações de enquadre. De certa maneira, foram essas experiências de constante movimentação que tive e tenho em minha vida profissional que me levaram a pensar sobre a construção e a operacionalidade de um espaço clínico. Especificamente, nos efeitos que este proporciona a partir das possíveis ressignificações de vida que podem acontecer em um trabalho analítico.

Vi no conceito de elaboração psíquica, sobre o qual comecei a estudar ainda na graduação, um caminho que pudesse acompanhar como um processo clínico vai sendo construído e modificado para promover a amenização do sofrimento de quem busca ajuda. É comum analistas se referirem à noção de elaboração psíquica como o efeito terapêutico de um tratamento; também é usada para descrever o fenômeno de apropriação e integração do que é desvelado e vivido em um processo analítico, a tão buscada ressignificação de experiências. No entanto, várias questões exigem resposta: o que a elaboração psíquica é? Freud a utilizou fazendo referência a que especificamente? Qual o sinal de sua ocorrência? Como defini-la teórica e metapsicologicamente? Essas foram as perguntas que me moveram a realizar essa pesquisa, porém, o que parecia ser um conceito único se mostrou diverso e difuso.

Ao ler artigos e textos sobre o tema, chamou atenção a confusão no entendimento e na apresentação do conceito de elaboração psíquica, muitas vezes distante da maneira que era utilizado no pensamento freudiano. Isso se deve, acredito, à dificuldade em diferenciar e relacionar as seguintes vertentes: (1) a maneira de funcionamento do aparelho psíquico, (2) os efeitos e os possíveis alcances de um processo analítico e (3) como o analista conduz esse processo, o que inclui, especificamente, qual seria o seu papel durante o enquadre clínico utilizado.

Fui notando que a elaboração psíquica aparecia no pensamento freudiano sempre com referência a uma ideia de trabalho. Freud utilizou vários termos para se referir a tipos de trabalho diferentes, contudo muitas das traduções adotavam simplesmente "elaboração". A partir do rastreamento de todos os termos relacionados à noção de trabalho nos textos originais de Freud,[1] do cotejamento com as traduções espanhola e inglesa, das novas traduções diretas do alemão para a língua portuguesa, do auxílio do *Dicionário comentado do alemão de Freud*, de Hanns (1996), e dos apontamentos de Laplanche e Pontalis (2001) no verbete sobre elaboração psíquica presente no *Vocabulário da psicanálise*, duas noções de trabalho têm maior relevância; são elas a elaboração associativa (*Verarbeitung*) e a perlaboração (*Durcharbeitung*).

No decorrer da pesquisa veremos que cada um desses termos foi usado por Freud em momentos distintos e se relacionam a contextos diferentes, o que implica dizer que cada um deles tem um escopo de atuação e ramificações específicas no pensamento freudiano. Como modo de orientar o estudo desse campo conceitual diverso, tive como inspiração a noção de matrizes, proposta por Figueiredo (1989), como organizadora epistemológica de duas noções de trabalho diferentes: a elaboração associativa e a perlaboração. Esse delineamento permitiu precisar o momento de formação de cada matriz, assim como seu desenvolvimento e uma possível

---

1 A distinção de todos os termos, o critério de escolha deles e as traduções relacionadas à elaboração psíquica serão feitos no primeiro item do Capítulo 1.

relação de causalidade entre ambas no decorrer do pensamento freudiano.

Por ora, vale dizer que a elaboração associativa foi introduzida na obra de Freud a partir de uma concepção da dinâmica geral do psiquismo, o que ocorreu durante os "Estudos sobre a histeria" (1893-1895). É o trabalho que o aparelho psíquico realiza para integrar e ligar as excitações que o invadem, estabelecendo elos associativos entre elas; seu âmbito de atuação é intrapsíquico e tem como função transmitir e ligar a energia originada pelas cargas pulsionais. Opera conectando afetos com representações correspondentes e o resultado de sua atuação é a admissão afetiva. Quando a intensidade de uma excitação supera um certo limite, a ação da elaboração associativa é bloqueada.

Já a perlaboração surgiu no pensamento freudiano a partir da teoria da técnica, apresentada no texto "Recordar, repetir e elaborar" (1914a). É o trabalho envolvido no desvelamento de conflitos e na superação de resistências. Ocorre em um âmbito transferencial e intersubjetivo. A ideia de que a perlaboração envolve o esforço de suplantar resistências e, com isso, proporciona ao sujeito[2] relacionar, nomear e remeter suas experiências e seus afetos em contextos mais tangíveis foi o que, ao iniciar meus estudos em psicanálise, me despertou grande interesse. Foi a partir dos fatores que envolvem a perlaboração que consegui ter maior clareza das motivações que me conduziram a realizar esta pesquisa, que se relacionam a como a operacionalidade do espaço clínico depende da maneira como o impacto do sofrimento do outro é recebido pelo analista.

---

2 Optamos em usar a palavra sujeito porque esse termo "parece particularmente adequado para transmitir a concepção psicanalítica do 'eu' que experiencia, tanto num sentido fenomenológico quanto metapsicológico. O termo está etimologicamente ligado à palavra *subjetividade* e traz em si uma reflexividade semântica inerente, ou seja, denota simultaneamente sujeito e objeto, eu e isto, eu e mim" (Ogden, 1996, p. 23).

No momento em que fui avançando na realização do doutorado, foi fundamental pensar a respeito de considerações sobre a técnica que possibilitam a constituição e manutenção de um enquadre clínico. Nosso ponto de articulação teórica são as duas matrizes da elaboração psíquica. A primeira matriz, a elaboração associativa, é uma dinâmica geral do psiquismo; a segunda, a perlaboração, relaciona-se diretamente com a técnica e por isso recebeu um destaque maior.

Vale pontuar que na literatura psicanalítica há uma notável imprecisão no que se refere à definição e à importância da perlaboração na teoria da técnica. A indeterminação, a ampliação de significado, de função e a falta de discussões metapsicológicas merecem destaque. Curiosamente, não encontramos nenhum texto específico sobre a elaboração associativa, apenas apresentações na forma de verbetes, um em Laplanche e Pontalis (2001, pp. 143-144) e outro em Hanns (1996, pp. 205-213).

A diversidade na compreensão da perlaboração pelo campo psicanalítico é vasta. É um tanto surpreendente o fato de que, após a publicação do texto freudiano de 1914, passaram-se 25 anos até aparecer uma outra discussão sobre a perlaboração no campo psicanalítico, feita por Fenichel (1939) em um tópico na publicação "Problemas da técnica psicanalítica". Nos duzentos artigos sobre técnica enumerados por ele, alguns citaram a perlaboração como fenômeno, mas não houve nenhuma retomada conceitual, apresentação e discussão metapsicológica sobre ela. Fato peculiar, uma vez que Freud (1914a/2010) conferiu um lugar de destaque à perlaboração como sendo o fator que diferencia o tratamento psicanalítico da sugestão hipnótica. Contudo, chama atenção porque o próprio Freud não retomou a perlaboração em sua obra, que, como um conceito técnico central, foi discutido nos dois parágrafos finais no artigo em 1914 e, depois, nada mais.[3] Compartilho com o leitor uma inquietação, que foi muito bem descrita por Blerger:

> *O problema da perlaboração teve um estranho destino em nossa literatura. Não há simplesmente nenhuma contribuição ao seu estudo. Parece incrível que um problema com o qual todo analista, sem exceção, deve lidar por infinitas horas ao dia em seu trabalho não tenha provocado nenhum questionamento entre centenas de analistas em todo o mundo. (Bergler, 1945, p. 451)*

Talvez o que a perlaboração suscita ajude a entender essa ausência, pois, se ela era o fator fundamental para a técnica psicanalítica, seria quase irônico que um analista fizesse constante referência a ela, mas não conseguisse defini-la ou mostrar como opera. No contexto das controvérsias entre Anna Freud e Melanie Klein, Glover (1955) fez um questionário sobre a técnica para tentar entender a origem de tanta dissimetria entre a prática clínica dos analistas. Refletindo sobre as respostas ao seu questionário, uma de suas conclusões foi que não havia "nenhuma aceitação geral da visão de Freud sobre a perlaboração" (Glover, 1955, p. 298) ou "é possível que os analistas não gostem do processo, porque ele é percebido como uma depreciação da virtude de suas interpretações" (Glover, 1955, p. 299).

Quando Freud introduziu a perlaboração em 1914, o fez em resposta ao furor curativo relativo à impaciência de muitos analistas, uma vez que suas interpretações não produziam efeitos imediatos. A ênfase é que o processo de superar resistências leva tempo e não que a própria interpretação devesse ser

---

3 Houve mais três menções do termo *Durcharbeiten* em 1926, em "Inibição, sintoma e angústia", quando Freud diferenciou os tipos de resistência.

reformulada. Contudo, pelas observações de Glover (1955), é possível apreendermos que falar sobre a perlaboração causava uma certa estranheza nos analistas e podia colocar em xeque a eficácia deles enquanto clínicos. Nesse contexto, a afirmação de Greenacre (1956) não causa espanto: "atualmente, a perlaboração faz referência a pouca coisa, e sendo um princípio específico dentro da técnica, não chama muita atenção" (Greenacre, 1956, p. 439). Já Brenner (1987), de modo contrário, mas igualmente sem critério e embasamento teórico, diz:

> *A perlaboração não é um infeliz prolongamento do processo de cura. Ela é a análise. É o trabalho interpretativo, que como Freud escreveu em 1914, leva a* insights *verdadeiramente valiosos e a mudanças terapêuticas confiáveis e duradouras. (Brenner, 1987, p. 103)*

Na visão de Sandler (1977), a dificuldade no entendimento do conceito de perlaboração acontece porque não há uma diferença clara entre a perlaboração enquanto aspecto fundamental da técnica psicanalítica e os processos psicológicos relacionados a ela ao lado do resultado de sua ação. Embora o diagnóstico seja preciso, não propôs nenhuma articulação da perlaboração com a dinâmica do psiquismo. Para Roussillon (2016), a perlaboração está presente em diversas concepções de enquadre clínico na psicanálise. Ela é um conceito *transversal*, crucial à técnica analítica e constitui o fator que fornece bases seguras para a sua prática clínica. Agora, vamos a algumas concepções sobre a perlaboração.

Para Ferman (2001), a perlaboração possibilita ao sujeito uma ressignificação histórica, sua atuação seria indispensável para a simbolização do que estaria anteriormente vinculado à repetição e ao sofrimento. Etchegoyen (2004) propõe uma definição da perlaboração a partir da noção de *insight*. Haveria um *insight* descritivo, intelectual e verbal, e um *insight* ostensivo, afetivo e relacionado com as resistências. A perlaboração conectaria os dois tipos de *insight*, promovendo uma interligação entre os âmbitos intelectual e afetivo. Sollars (2004) argumenta que a perlaboração está voltada para lidar com a vivência afetiva do sujeito. Propõe uma comparação da perlaboração com o trabalho de luto, uma vez que ambos lidariam com o desligamento de objetos e de posições. Fenichel (1939) também fez a mesma relação. Porém, vale lembrar que a noção freudiana de perlaboração é específica e foi concebida em um contexto clínico, relacionada ao trabalho envolvido na superação de resistências. Como destaca Leader (2010), uma aproximação dessa ordem tenta dizer com o que a perlaboração se parece, sem conseguir, de fato, explicá-la, além de não ajudar no entendimento do próprio processo de luto. Na visão de Kupermann (2010), a perlaboração seria um marco na técnica freudiana, uma vez que por meio dela seria possível dar forma à experiência afetiva em uma análise. A valorização da perlaboração responderia aos impasses que Freud enfrentou no tratamento do Homem dos Lobos. Inclusive, as articulações técnicas de Ferenczi, principalmente a neocatarse, seriam uma resposta às dificuldades relacionadas à perlaboração.

Esta pesquisa é uma reflexão sobre a maneira pela qual se desenvolveu a clínica freudiana e como, a partir dessa prática, a elaboração psíquica não tem só um sentido. Nosso fio condutor são as matrizes da elaboração psíquica, a elaboração associativa e a perlaboração. O viés aqui é: qual o papel de um analista para que uma análise aconteça. Para tanto, discussões sobre como conceber a técnica psicanalítica são fundamentais em nosso caminho. Vamos a algumas delas.

Bleger (1967/1985) sugeriu o termo situação analítica para abarcar os fenômenos envolvidos na relação analista-sujeito. Esses fenômenos são vistos a partir de duas perspectivas complementares: (1) processo, a técnica propriamente dita em conjunto com suas recomendações; (2) não processo, o enquadramento. Na visão do psicanalista argentino, o enquadre é uma estratégia para promover o processo analítico. Coelho Junior (2019) destaca que, na teorização de Bleger, os aspectos mais primordiais, iniciais do sujeito estariam contidos na alçada do enquadre. Disso decorre que, para uma análise avançar, por vezes, o próprio enquadre precisa ser revisto e alterado. Claro que, inicialmente, precisa ter contornos bem definidos, emoldurando o processo, mas suas barreiras necessitam apresentar uma certa flexibilidade.

Durante uma situação analítica, teria igual importância momentos em que o enquadre precisa se manter firme, bem delimitado, e outros em que pode, ou mesmo deve, funcionar com maior flexibilidade. Nesse sentido, mudanças podem ter duas ordens: novas propostas técnicas no interior de um mesmo enquadre ou a formulação de um outro enquadre. Nesta pesquisa, proponho que tomemos a elaboração associativa e a perlaboração enquanto processos e não processos, dando destaque ao papel do analista no estabelecimento e na variação do enquadre com o objetivo de promover processos *no* e *do* paciente.

A noção de "Conversação psicanalítica", proposta por Roussillon (2005), é uma maneira interessante de conceber a sinergia entre o processo e o enquadre. Para o autor francês, o trabalho de diversos psicanalistas promoveu, além de mudanças teóricas e técnicas, novas concepções dos próprios enquadres clínicos, alterando o dispositivo padrão poltrona-divã. Nesse ponto de vista, o analista atende a partir da necessidade psíquica do sujeito, o que implica que, dependendo do caso, as sessões podem ter a frequência de uma ou mais vezes por semana, mais de uma sessão por dia, usar ou não o divã. Todas as alterações no enquadre visam manter o processo operante, sendo necessário o analista considerar quais seriam os meios mais adequados para a apropriação subjetiva de cada sujeito ao lado da perlaboração do que é vivido e produzido na e pela situação analítica.

Segundo Coelho Junior (2008), é fundamental situar as recomendações técnicas freudianas a partir de uma investigação do interjogo de forças proveniente do campo transferencial/contratransferencial, o que seria possível a partir de considerações a respeito da especificidade da fala e da escuta em conjunto com a presença delas na situação analítica. O autor destaca que a atenção igualmente flutuante é um elemento central e peculiar na escuta analítica, constituindo uma ética da escuta e do falar ao outro em sua alteridade. Esse recurso técnico pode ser encarado como uma ética de abertura ao outro, ao inesperado e irredutível de cada encontro. A partir desse contexto, a atenção flutuante pode ser utilizada para pensar nas dificuldades postas pela transferência em conjunto com a neutralidade do analista.

É uma escuta que permite ao analista colocar o plano reflexivo entre parênteses, se deixando levar em uma experiência pré-reflexiva. A atenção igualmente flutuante foi formulada no pensamento freudiano em 1912, no texto "Recomendações ao médico que pratica a psicanálise", encarada por Freud como suspensão de julgamentos, de ideias, de sentimentos pré-concebidos, e aparece, simultaneamente, como o que impede e o que permite que uma apreensão seja possível. Freud (1912a/2010) destacou uma forma de escuta que deve guiar o analista em sua prática clínica. Seria uma atenção que em nada se detém. Justamente por isso pode se apresentar aberta a todas as diferenças, assim como às semelhanças.

Coelho Junior (2008) aponta que a atenção igualmente flutuante é uma escuta que coloca o âmbito consciente do analista em segundo plano, isto para se deixar levar em uma experiência pré-reflexiva.

> *Ter, portanto, compreensões e apreensões parciais de um dado fenômeno não deve ser entendido como uma deficiência em nossa capacidade de escuta, já que a plenitude do fenômeno só seria possível se nos colocássemos em um 'pensamento de sobrevoo', em uma escuta de sobrevoo, que se desse a partir de um espírito absoluto, fora do mundo, que pairasse sobre tudo e sobre todos. (Coelho Junior, 2008, p. 89)*

Sendo assim, o que está em questão na atenção igualmente flutuante é que o analista se retira de um plano de julgamentos e determinações preestabelecidos para poder ter maior capacidade de contato com as particularidades próprias de uma situação analítica. Esta é uma escuta que se faz no campo transferencial/contratransferencial no qual o equívoco e o ambíguo se traduzem nos múltiplos sentidos que emergem a cada experiência vivenciada em análise. Cada fala possui uma multiplicidade de sentidos, de direções e de significações que cada experiência carrega em si própria.

Contudo, é possível apreendermos que a escuta do analista é acompanhada de uma interpretação que nunca é neutra, a qual pode provocar alguma movimentação no sujeito. As intervenções analíticas, não apenas as interpretações, ocorrem em um campo e visam atingir uma atenuação do sofrimento do sujeito, possibilitando ou não a perlaboração.

Pelo risco de as recomendações técnicas se tornarem um código de conduta, com prescrições e proibições, Coelho Junior (2008) defende que, a cada nova intervenção, o analista pode colocar em suspensão a teoria que acredita sustentar. Aqui, a consideração da atenção igualmente flutuante pelo analista é o que permite esta postura clínica, possibilitando transformações na operacionalidade do próprio enquadre. A partir dessas considerações, uma intervenção surge da necessidade de tornar, pelo menos em parte, visíveis e apreensíveis aspectos da relação analítica, fazendo com que resistências sejam superadas.

Nesta perspectiva de concepção da técnica, existe uma crença no poder transformador da linguagem, uma vez que em cada fala há preexistência da linguagem e, concomitantemente, a recriação dela, seu poder está justamente nesse movimento ambíguo que

> *Pode vir a transformar, porque parte de uma história que, se não constitui absolutamente a linguagem, de forma determinista, atua, ao menos, como sentido comum que preexiste àquela fala particular. Ao mesmo tempo, é pelo que tem de inusitado, de inesperado,* é pelo potencial de expressar o que não está podendo ser expresso, que a linguagem, na intervenção do analista, pode ser provocadora de um movimento, de uma mudança. *(Coelho Junior, 2008, pp. 90-91, grifo nosso)*

Na intervenção de um analista é aberta uma dupla possibilidade: uma linguagem preexistente à sua fala e essa mesma fala também pode ser reinaugurante da linguagem. É no entrelaçamento de polaridades que se coloca a intervenção do analista:

> O entre, *esse local nunca determinado, sempre fugidio, que se articula de forma diferente a cada momento, que não deve ser instituído como lugar, mas como latência, que não deve ser afirmado e demarcado, já que assim corre o risco de se tornar uma posição definida e definitiva, perdendo o que lhe é mais próprio, ou seja, a mobilidade constante, a tensão produtiva presente no entrejogo das polaridades suplementares que constituem a linguagem expressa. (Coelho Junior, 2008, p. 91)*

Intervenções absolutas que pretendem responder a todas as dúvidas inerentes ao encontro transferencial/contratransferencial provêm de uma fala que parte da crença de que haveria um sujeito independente de um objeto, havendo, portanto, uma verdade que emana de uma consciência absoluta. Contudo, tal verdade pode ser encarada como puramente explicativa, constituída em torno de uma certeza de delimitar as bordas da apreensão total de um fenômeno, reduzindo-o a apenas um único sentido. Os fenômenos são rotulados e, ao se fazer isso, o poder evocativo da linguagem é perdido, eliminando a possibilidade dos múltiplos sentidos de uma experiência e de uma expressão existirem.

A partir das reflexões de Coelho Junior (2008), apreendemos que a intervenção de um analista deve ser encarada como um ato que pretenda, haja vista a marca evocativa da linguagem, uma abertura para que sentidos possam emergir do emaranhado de experiências que há em uma situação analítica. Há um deslocamento de uma posição do analista puramente técnica para uma ética constituída em torno da alteridade em relação ao outro.

Com isso, acredito que, quando os fenômenos da situação analítica são rotulados e rigidamente delimitados, a possibilidade de a perlaboração ocorrer é perdida. A negação da pretensão absoluta, fechada e acabada de uma intervenção é condição primordial para que as resistências possam ser superadas. Podemos afirmar que, no processo analítico, há um difícil equilíbrio entre escuta, silêncio e intervenções. São os meandros envolvidos em cada um desses aspectos que modelam o campo transferencial/contratransferencial de cada atendimento analítico. A forma como o analista sustenta esse equilíbrio, defendo, é um pré-requisito fundamental para que a perlaboração se anuncie como possibilidade.

Contudo, dependendo de como uma situação analítica é concebida, a técnica não ganha o aspecto de movimento que vimos até aqui, tornando a perlaboração algo próximo de um efeito único e exclusivo da interpretação do analista. A noção de Strachey (1934), constituída em torno das interpretações mutativas e em clara defesa da neutralidade do analista, não permite esse movimento de pensamento clínico, uma vez que a perlaboração fica subordinada, única e exclusivamente, às interpretações do analista, perdendo os contornos e especificidades de cada análise. Fenichel (1939) acredita que a perlaboração seria produto, único e exclusivo, da interpretação do analista, inclusive a interpretação da transferência e, consequentemente, da resistência seriam de suma importância para haver a perlaboração:

> *Todas as interpretações, particularmente o caso mais importante de interpretação, a interpretação da transferência, deve ser proposta* repetidamente *a cada nova barreira da resistência: em outras palavras, a* perlaboração *é necessária. (Fenichel, 1939, p. 324, grifo nosso)*

Loewald (1960), enrijecendo ainda mais o enquadre clínico, supõe que o analista representa para o sujeito um grau de organização mais elevado e as interpretações formuladas conduzem a maneira pela qual o sujeito vai perlaborar. Nessa mesma linha, na visão de Greenson (1965), a perlaboração é determinada pelas interpretações do analista e seria o trabalho que promove mudanças no sujeito por causa da superação das resistências. Com menor rigidez técnica, Kris (1956) destaca a interpretação do analista como um auxílio na reconstrução do passado do sujeito e seria papel da perlaboração relacionar o conteúdo das reconstruções com a experiência do sujeito em análise. Para Cymrot (1997), a perlaboração proporciona uma ampliação da realidade psíquica e da realidade externa, possibilitando ao sujeito assimilar a experiência afetiva a partir da interpretação do analista. Cada uma dessas articulações envolve como um analista lê, entende e trabalha com as recomendações técnicas.

As ideias de Figueiredo (2008) são importantes para flexibilizar a relação entre perlaboração e interpretação. Para esse autor, as técnicas psicanalíticas estão vinculadas às experiências de tratamento, à pesquisa e à construção teórica. Todos esses polos se entrelaçam dialeticamente, mantendo sempre em aberto suas definições, sejam elas dos procedimentos ou das metas de uma análise. Qualquer sobreposição de um polo em detrimento de outro acarreta algo completamente sem sentido e desvinculado da própria experiência analítica. Nessa linha de pensamento, qualquer consideração a respeito da técnica em psicanálise deve conceder um especial enfoque à posição que o analista precisa sustentar para constituir um enquadre, independente do caso.

De acordo com o autor, os artigos técnicos de Freud (1911-1915) podem ser divididos em duas vertentes a respeito da prática terapêutica em psicanálise: discussões das questões técnicas nos contextos estritamente teórico-clínicos do pensamento freudiano e conselhos, dicas e advertências para outros analistas. O importante aqui é ter uma certa cautela e mais liberdade perante os conselhos técnicos freudianos e não os encarar como definitivos, limitadores de um pensamento psicanalítico único e exclusivo. Tais artigos necessitam ser lidos de uma forma menos comprometida com o formalismo e com a disciplina ritualística, muito presente na tradução inglesa de James Strachey.

Figueiredo (2008) sugere que a partir de uma compreensão rigorosa da "negatividade" seria possível circunscrever um substrato comum às questões referentes à técnica psicanalítica. Uma primeira observação se refere ao sentido da palavra *Ratschäge*, que pode ser traduzida como pequenos conselhos, dicas e não recomendações, como o fez a tradução inglesa, que conferiu uma imposição excessiva com relação às articulações técnicas freudianas.

Freud deixou claro que seu objetivo na publicação dos artigos técnicos se refere a uma melhor explicação de regras e procedimentos, com um especial enfoque em interditar certas posições entre analistas inexperientes ou afoitos.

> *há também uma preocupação de impedir ou dissuadir uma banalização tecnicista das questões técnicas. Isto poderia ocorrer de duas maneiras não exclusivas mas complementares: tanto pode se dar pela uniformização constrangedora dos procedimentos, ou seja, com a perda de contato com as experiências de cura analítica na sua singularidade e especificidade, como pode ocorrer por uma simplificação pragmática, ou seja, com a perda de contato entre as questões técnicas e as questões teóricas. Por isso Freud tanto temia que escritos sobre questões técnicas ficassem acessíveis a leigos. Nos textos sobre técnica e, mais ainda, na ausência de um tratado sobre técnica, Freud estaria protegendo a psicanálise de deteriorações. (Figueiredo, 2008, pp. 18-19)*

Dessa forma, tanto os conselhos técnicos freudianos quanto a falta deles na formulação de um código definitivo sempre conteriam uma espécie de "natureza negativa". Em um processo analítico, um aspecto que une as recomendações em face das variáveis envolvidas, tanto dos analistas quanto dos sujeitos, seriam erros e desvios que precisam ser evitados para que uma análise ocorra: é na negatividade que a aplicação técnica ganha coesão, no que *não fazer*.

A partir dos conselhos técnicos freudianos, Figueiredo (2008) salienta o que deveria ser evitado: em primeiro lugar, o uso abusivo da sugestão, já que a prática da psicanálise não é uma construção autoritária do analista, nem tampouco uma *redescrição* do sofrimento do sujeito. Em seguida, temos a crítica relacionada ao furor interpretativo. Haja vista que as interpretações devem favorecer o processo analítico e não terminarem em si mesmas, mantendo-se em um contato próximo com a experiência e o ritmo de cada sujeito. Também há o furor curativo, querer curar a qualquer custo; aqui o necessário seria o analista ter uma discreta convicção da possibilidade de amenização do sofrimento. Por último, o furor pesquisante, que é a tendência de alguns analistas colocarem a clínica, com sua complexa temporalidade irregular, como um lugar de fazer ciência. Também há uma interdição a várias maneiras de manejo da situação analítica, tais como a impaciência, relacionada com a pressa na formulação e proposição de interpretações, a busca forçada e guiada de recordações, seguidas de construções.

Freud condenou todas as formas de uso e abuso narcisista e perverso do poder transferencial, uma vez que é improvável fazer uma análise das resistências, liquidar o amor de transferência, suportar o impacto das transferências negativas e analisá-las enquanto há um prevalecimento de ganhos narcísicos por parte do analista. Portanto, é plausível afirmarmos que, se um analista não levar em conta a negatividade dos conselhos técnicos, não é possível conduzir uma análise de modo efetivo e qualquer chance de haver a perlaboração é extinta.

De acordo com Figueiredo (2008), é necessária a presença da paciência e da discrição, o que ele chama de *reserva*, em uma espera de que o processo analítico se desenvolva com naturalidade e no seu próprio ritmo. Quando o analista consegue interditar os procedimentos excessivos e abusivos no processo de tratamento, uma forma peculiar de presença é aberta: é uma presença que comporta uma certa ausência, o que acaba constituindo *confiabilidade* e *disponibilidade*. Essa noção de reserva é relacionada ao lugar que o analista ocupa, na medida que ele precisa ter uma certa *reserva de si para o outro*, propiciando o surgimento e configuração de esboços de uma experiência nova. Essas ideias guardam uma relação com a temporalidade de uma análise, remetendo-nos a uma importante dimensão da paciência como antídoto ante variações iatrogênicas no enquadre.

Chaves (2001) destaca a importância da paciência do analista para a perlaboração do sujeito, uma vez que é importante uma reserva em relação ao tempo e ao ritmo de cada sujeito na ressignificação dolorosa de seu passado, uma vez que o efeito de uma intervenção não é instantâneo,

> *agora o paciente já "sabe" muitas coisas. Mas isso não é suficiente. É preciso "trabalhar através" (significado literal de* Durcharbeiten*) disso que é dado como "sabido" à luz dessa outra gramática, dessa outra lógica que se abre na medida em que os escolhos da resistência foram superados. (Chaves, 2001, p. 7)*

Seria importante o analista aguardar o tempo de assimilação inerente à perlaboração, uma vez que seria difícil impedir que resistências apareçam novamente ou ainda acelerar o processo de perlaboração, dado que o tempo do sujeito é único. Implicação e reserva ajudam a sustentar o processo analítico e o enquadre, mantendo possíveis as condições para a ocorrência da perlaboração. A inter-relação entre passado, presente e futuro é o que configura a temporalidade da perlaboração. Guarnieri (2013) sublinha esse aspecto como uma subversão na relação com o tempo cronológico que, pela ocorrência da perlaboração, reorganiza a temporalidade interna do sujeito e possibilita a ele reexperimentar pensamentos, afetos e recordações continuamente e, com isso, ter contato com a paradoxal atemporalidade dos processos primários. Donnet (2000) sugere que a perlaboração acontece em silêncio, constituindo e dando maior consistência à realidade psíquica do sujeito, o que só é possível quando o analista sustenta uma espera.

Nesse sentido, retomando as ideias de Figueiredo (2008), as interdições, a natureza negativa das recomendações técnicas, estão a serviço da criação de um espaço e tempo para comunicações inesperadas e não programadas. Seria um espaço e um tempo onde as produções inconscientes de cada participante, em conjunto com as comunicações inconscientes entre eles, possam ocorrer lado a lado, invadindo-se, justamente porque o que se pretende em uma análise é um maior trânsito intrapsíquico e intersubjetivo, condição necessária para encarar as resistências.

A partir dessas ideias, acredito que a perlaboração é uma matriz de trabalho clínico transferencial e intersubjetivo. Desde que foi apresentada por Freud em 1914, a perlaboração não é um trabalho com o propósito de eliminar a resistência, mas um trabalho que ocorre devido à resistência do Eu pré-consciente. Essa seria sua área de atuação específica, relacionada, portanto, a apenas um modelo de resistência. No desenvolvimento dessa pesquisa, veremos que a atuação da perlaboração permite um novo balanço energético entre as cargas excitatórias e, com isso, dá condições para o exercício da elaboração associativa, com novas conexões entre afetos e representações correspondentes.

Destaco aqui que é no modo que o analista sustenta o processo analítico, mantendo mais fixo ou elástico as bordas do enquadre, dependendo das particularidades de um caso, que a perlaboração acontece. Uma maneira de discutir variações na constituição de um enquadre clínico pode ser apresentada por meio da perlaboração dos três diferentes tipos de resistência que Freud nos apresentou em 1926, no texto "Inibição, sintoma e angústia", período em que a teoria do aparelho psíquico foi revista. A saber, resistências do Eu (resistência do recalcado, resistência de transferência e o benefício secundário da doença), do Id (compulsão à repetição) e do Super-eu (sentimento inconsciente de culpa).

Se a resistência foi dividida em três tipos, consequentemente o trabalho com cada uma delas seria diferente. Seguimos as ideias de Roussillon (2016), na qual a perlaboração não se daria da mesma forma em cada um desses tipos de resistência, tendo particularidades técnicas específicas para cada um deles. Haveria três modelos de perlaboração, portanto.

Acredito que as diferentes nuances que a perlaboração pode assumir, dependendo da maior presença de um tipo de resistência em um caso, apontam para a necessidade de o analista não enrijecer demais seu enquadre clínico. Isso porque a eficácia do tratamento psicanalítico depende de uma condição prévia: a constituição, o estabelecimento e a operatividade de uma situação analítica. Afirmação que me motiva questionar e pesquisar os diferentes lugares que um analista pode ocupar para que a perlaboração de um sujeito ocorra.

Um dos psicanalistas que mais trabalhou e refletiu sobre o benefício de realizar constantes alterações na situação analítica para que uma análise tenha operatividade foi Sándor Ferenczi. Busquei auxílio em algumas de suas ideias pois ele sempre se mostrou disposto a receber e trabalhar com diferentes casos, procurando justamente fazer com que seus pacientes tivessem algum benefício do tratamento que realizavam. Ferenczi (1928a/2011, 1928b/2011) valorizou a perlaboração como sinal da eficácia e de um possível encaminhamento para o encerramento de uma análise. Ainda vale pontuar que Freud e Ferenczi eram contemporâneos, mantiveram uma relação de trabalho contínua, mesmo sendo conturbada em alguns momentos.

As ideias de Ferenczi foram de grande valia para pensarmos possíveis destinos que a perlaboração tomou no campo psicanalítico, suas reflexões são importantes para questionar o lugar que um analista ocupa para que uma análise exista e, consequentemente, a perlaboração ocorra. Vale dizer que, já no início da década de 1920, diferentes variações de enquadre começaram a ser discutidas por vários analistas, inclusive Freud, como pode ser visto nas dificuldades que enfrentou na condução do caso do Homem dos Lobos.

Acredito que é a partir das questões emergentes na clínica que novas proposições teóricas foram e são sugeridas no campo psicanalítico, alterando o processo analítico e, por vezes, o enquadre também. Suponho que, dependendo da circunstância do encontro transferencial em um caso e/ou do próprio diagnóstico, uma ou outra modalidade de resistência tem maior presença e exige a consideração de um modelo de perlaboração específico. O que impõe a necessidade de alterações no uso da técnica e dos lugares que um analista pode ocupar para o sujeito durante uma análise. Isso para promover a amenização do sofrimento psíquico, uma vez que houve uma reconfiguração de experiências, pensamentos, afetos e representações. Veremos que é pela atuação das duas matrizes da elaboração psíquica que o efeito de uma análise é fundamentado.

Por fim, importante dizer que a investigação proposta neste livro se relaciona com a exploração e a descrição dos diferentes registros do funcionamento da elaboração associativa e da perlaboração e suas relações com a técnica psicanalítica. Para tanto, teremos três vértices: (1) como a elaboração associativa e a perlaboração foram formadas e definidas no pensamento freudiano, apontando a relação entre ambas; (2) a partir do cruzamento entre a obra de Freud e a de Ferenczi, mostrar como é a partir dos diferentes posicionamentos que um analista ocupa durante uma análise que a perlaboração das resistências acontece, mudanças na teoria psicanalítica são feitas e efeitos terapêuticos podem ser alcançados, com isso, evidenciaremos como ocorreu a passagem de uma clínica psicanalítica, inicialmente, com ênfase em uma dimensão intrapsíquica para uma intersubjetiva; e (3) tendo como referência as reflexões técnicas de Ferenczi em conjunto com a segunda tópica do aparelho psíquico freudiana, demonstraremos a maneira que ocorre a perlaboração nas categorias de resistência do Id e do Super-eu.

Por fim, a respeito da estratégia de leitura adotada, o foco é evidenciar que foi a partir das dificuldades clínicas enfrentadas por Freud que mudanças teóricas e técnicas foram realizadas em seu pensamento. O fio condutor é identificar como o papel ocupado pelas duas matrizes da elaboração psíquica ocasionaram alterações no processo e no enquadre para promover e sustentar uma situação analítica. É a partir desse contexto que as contribuições de Ferenczi serão fundamentais.

As considerações de Laplanche (1969, 1998), Pingaud (1969) e Pontalis (1969) me ajudam a embasar a metodologia aqui proposta. De acordo com esses autores, a produção de conhecimento em psicanálise se daria em torno de um movimento espiralado que é refeito a cada passagem, sendo muitas vezes problemático considerar um momento específico como sendo o verdadeiro e o correto em detrimento de muitos outros.

Para minimizar os efeitos de seguir uma mera cronologia nesta pesquisa, procurei realizar um duplo movimento: explorei e descrevi os diferentes registros do funcionamento da elaboração psíquica em suas diferentes matrizes, elaboração associativa e perlaboração, e, concomitantemente, busquei relacionar as suas origens ao lado das ramificações conceituais específicas a que cada uma pertence. Acredito que sustentar esse posicionamento é fundamental para manter um certo nível de tensão entre os possíveis direcionamentos teóricos presentes na teoria psicanalítica, o que pode favorecer a proposição de novas articulações.

Meu principal suporte para interpretar os escritos psicanalíticos é a perspectiva hermenêutica baseada nas proposições de Laplanche (1969, 1998). Como pretendo realizar o estudo das diferentes matrizes do que, aparentemente, seria um conceito específico e único, a elaboração psíquica, recorri a um método de leitura que me permitiu redescobrir o que entendo a respeito do que Freud e Ferenczi propunham no nível conceitual. O apoio para vincular a abordagem hermenêutica à pesquisa teórica em psicanálise é proposto por Laplanche (1969) da seguinte maneira:

> *O empreendimento do qual esboçamos aqui certas condições de possibilidade é diferente: transpor,* mutatis mutandis, *o método freudiano de análise do indivíduo e de seu desejo, para as* exigências *de um pensamento, ou seja, àquilo que, no plano da discursividade, mais se* aparenta *a este desejo . . . Percorrer a obra em todos os sentidos sem nada omitir e sem nada privilegiar a priori talvez seja para nós o equivalente da regra fundamental da cura. (p. 6)*

Esta forma de pesquisa conceitual em psicanálise busca definir diretrizes para a realização de uma leitura que procura retomar o desenvolvimento do pensamento psicanalítico sempre tensionando polos. Em meu caso, descrever os diferentes registros de funcionamento da elaboração associativa e da perlaboração em conjunto com a teoria da técnica. Penso que essa abordagem se adequa à maneira como busquei me apropriar do desenvolvimento da elaboração associativa e da perlaboração no pensamento freudiano e também destacar o desenvolvimento da perlaboração no campo psicanalítico tendo como principal enfoque as contribuições de Ferenczi.

É fato que, tanto na obra de Freud quanto na de Ferenczi, uma questão clínica se encontra contida e, por vezes, ultrapassada pela seguinte, uma vez que foram as responsáveis por alterações técnicas e teóricas. Não procurei enquadrar o pensamento desses autores a partir de uma perspectiva de transição de problemas, mas sim de complementaridade.

Segundo Mezan (1993a), a metodologia laplanchiana não concebe a história da produção de conhecimento em psicanálise como um eterno recomeço. Pelo contrário, procura destacar que haveria nela uma cota de *cumulatividade*, relacionada aos progressos, aos retrocessos, aos avanços e às ressignificações. Nesse contexto, o entendimento de um conceito no interior deste campo teórico-metodológico não é encarado como sendo puramente linear, justamente porque diferentes teorizações se intercalariam entre si e a formulação de uma delas só seria feita se outros precedentes teóricos tivessem sido anteriormente realizados.

Para Pontalis (1969), ao realizar uma pesquisa como a que pretendi realizar aqui, seria preciso considerar a seguinte indicação: a complexidade e a diversidade na reflexão sobre uma situação analítica *obrigam* a teorização em psicanálise a se reorganizar. Por isso, seria difícil e teoricamente impreciso apontar em um pensamento psicanalítico "uma introdução de um pedaço de saber no interior de um conhecimento positivo, antes do que uma sucessão de estratos, é uma problemática que se acha transtornada que, aliás, procura seu equilíbrio, ou seu desequilíbrio" (Pontalis, 1969, p. 10).

Busquei encadear a série de estratos envolvidos em cada matriz da elaboração psíquica, relacionando a elaboração associativa e a perlaboração, em seus diferentes modelos, a partir da função que desempenharam na organização teórica e técnica do pensamento psicanalítico.

1. É possível falarmos em elaborações psíquicas na psicanálise?

Este primeiro capítulo tem como proposta realizar uma construção histórica da clínica freudiana até 1914 tendo como fio condutor as diferentes matrizes do que, aparentemente, seria o conceito único de elaboração psíquica. Primeiramente, deparei-me com uma dificuldade relacionada com o tema desta pesquisa: Freud utilizou diferentes termos, sendo que a grande maioria deles foram traduzidos por "elaboração". Devido a isso, foi necessário rastrear todos os termos utilizados por Freud em conjunto com o contexto em que apareceram em sua obra.

Minha intenção é demonstrar por que a elaboração associativa e a perlaboração são importantes matrizes na construção de uma rede conceitual, em conjunto com os conceitos de resistência, de repetição e de transferência, que fundamentam o processo psicanalítico. Vale ressaltar que essas matrizes da elaboração psíquica não foram apresentadas de forma organizada e tematizada por Freud, elas apareceram em seu pensamento, principalmente, a partir da discussão e da reflexão de sua prática clínica. Nosso foco é situar as questões teóricas e técnicas responsáveis pela introdução da elaboração associativa e da perlaboração no pensamento freudiano.

A partir da apresentação e discussão dos casos Lucy, Katharina, Elisabeth, Dora e Homem dos Ratos, apontarei que as duas matrizes da elaboração psíquica são trabalhos que acontecem em contextos e em momentos diferentes. A elaboração associativa é o trabalho intrapsíquico que promove a ligação e o encadeamento de afetos com suas representações correspondentes. A perlaboração é o trabalho envolvido com as resistências e sua ação, ao suplantá-las, fornece condições para a elaboração associativa de representações que até então foram alvo do recalque. O resultado do trabalho dessas duas matrizes leva à admissão de um conflito, proporcionando o sentimento de convicção.

Traduções do termo "elaboração psíquica"

Primeiramente, acredito ser importante explicar por que escolhi *Verarbeitung* e *Durcharbeitung* como as duas matrizes da elaboração psíquica que atuam como organizadoras epistemológicas, sincrônicas, do percurso histórico, diacrônico, do pensamento freudiano.

A seguinte pontuação de Hanns (1996, p. 197) é útil para nós: "Frente à variedade de composições com *arbeiten*, a tradução indiferenciada de todo tipo de atividade psíquica por 'elaboração' acarreta uma perda de sentido que nem sempre é recuperada". Agora, veremos os termos em alemão que Freud usou, as possíveis traduções deles para a língua portuguesa e o contexto em que foram utilizados.

Todas as palavras relacionadas à elaboração psíquica contêm a composição *Arbeit*, traduzida por trabalho em língua portuguesa.

Logo, sempre que falamos em elaboração psíquica existe uma dimensão de trabalho envolvida, de uma exigência colocada ao aparelho psíquico que necessita de resposta. As expressões presentes na obra freudiana são: *Ausarbeitung*, *Bearbeitung*, *Verarbeitung* e *Durcharbeitung*.

Ausarbeitung foi localizada nos "Estudos sobre a histeria" (1893-1895) com três menções, duas de Freud presentes no caso Katharina (Breuer & Freud, 1893c/2006, pp. 157 e 159) e uma de Breuer (Breuer & Freud, 1893c/2006, p. 233). Nesse uso da palavra *Ausarbeitung*, ambos os autores fazem referência específica e exclusiva à Charcot. Seu sentido se relaciona ao intervalo temporal entre uma experiência traumática e o aparecimento dos primeiros sintomas histéricos. O médico francês chamava esse tempo de período de elaboração (élaboration) psíquica. Tanto Freud quanto Breuer utilizaram *Ausarbeitung* para fazer referência a um intervalo de tempo entre a experiência traumática e o início da manifestação dos sintomas. Nesse contexto, a tradução mais indicada para *Ausarbeitung* seria período de incubação ou período refratário.

Bearbeitung apareceu em diversos textos de Freud, com usos em diferentes momentos de sua obra. Nos textos "Interpretação dos sonhos" (1900), "Um tipo especial de escolha de objeto pelos homens: contribuições à psicologia do amor I" (1910a), "Totem e tabu (1912-1913) e "Suplemento metapsicológico à teoria dos sonhos" (1917[1915]), o termo usado foi *sekundäre Bearbeitung*. A tradução seria elaboração secundária e se relaciona com "a atividade e os efeitos do 'trabalho inconsciente realizado secundariamente sobre a estruturação do material onírico', isto é, trata-se de um trabalho psíquico sobre o material ainda em estado bruto, para dar-lhe forma apreensível" (Hanns, 1996, p. 196).

Já a ocorrência da palavra *Bearbeitung* sozinha está presente nos textos "O uso da interpretação dos sonhos na psicanálise"

(1911), "Recordar, repetir e elaborar" (1914a), "Introdução ao narcisismo" (1914b), "O futuro de uma ilusão" (1927) e "O mal-estar na civilização" (1930), e sua utilização foi para fazer uma referência genérica a um trabalho psíquico a ser realizado sobre algum conteúdo. A seguinte passagem é importante para ajudar-nos no uso que Freud fez desse termo: "Há também casos em que não podemos dissuadi-lo de empreender algo totalmente inadequado durante o tratamento, e em que somente depois ele se torna brando e acessível ao trabalho analítico [*Bearbeitung*]" (Freud, 1914a/2010, p. 205).

Esse termo foi utilizado por Freud, ressalta Hanns (1996), com relação a um contexto global de uma atividade a ser realizada sobre algo, no sentido de aplicar certa quantidade de esforço em alguma ocasião que exigiu resposta. Importante ressaltarmos que Freud não fez nenhum uso específico da palavra *Bearbeitung* em um contexto técnico.

O primeiro termo escolhido nesta pesquisa, *Verarbeitung*, está nos textos "Sobre o mecanismo psíquico dos fenômenos histéricos: comunicação preliminar" (1893a), "Sobre os fundamentos para destacar da neurastenia uma síndrome específica denominada 'Neurose de angústia'" (1895[1894]), "Três ensaios sobre a teoria da sexualidade" (1905), "As perspectivas futuras da terapia psicanalítica" (1910b), "Introdução ao narcisismo" (1914b), "História de uma neurose infantil" (1918[1914]), na Conferência 19: "Resistência e repressão", presente nas "Conferências introdutórias à psicanálise" (1915-1916), "Além do princípio de prazer" (1920), "O eu e o id" (1923), "Inibição, sintoma e angústia" (1926a) e na Conferência 32: "Ansiedade e vida instintual", presente nas " Novas conferências introdutórias à psicanálise" (1933).

De modo contrário às palavras *Ausarbeitung* e *Bearbeitung*, "Freud utiliza o termo [*Verarbeitung*] em conexão com os processos de resolução do excesso de estímulos gerados por acontecimentos potencialmente ameaçadores" (Hanns, 1996, p. 205). O verbo *verarbeiten* é composto pelo prefixo *ver-*, que designa as consequências de "ir muito adiante", e *-arbeiten*, que corresponde ao verbo trabalhar. Sua acepção indica fenômenos de "transformação". Podem ser significados do verbo *verarbeiten*: assimilar, absorver, tornar assimilável, lidar emocionalmente, elaborar emocionalmente. Esse verbo indica uma transformação que suplanta a forma anterior do material trabalhado, que pode ocorrer por dissolução e absorção ou por alteração estrutural. Ainda, pode se referir a uma assimilação em nível interno do sujeito, o que, no uso freudiano, acontece no âmbito psíquico. Freud utilizou *Verarbeitung* como um trabalho que intermedeia pensamentos e intensidades.

De acordo com Hanns (1996), o verbo alemão *verarbeiten* e o português elaborar têm significados e conotações diferentes. Ao traduzir *verarbeiten* apenas por elaborar são perdidos dois aspectos fundamentais para a apreensão do uso freudiano do termo: a perspectiva de digestão visceral e de profunda transformação sobre o material, uma vez que no alemão há uma ênfase na duração do processo, enfatizando que há um trabalho a ser realizado.

O emprego que Freud fez desse termo se relaciona com a assimilação da excitação pelo psiquismo, daí a necessidade, no âmbito técnico, de realizar intervenções que auxiliassem o sujeito na admissão daquilo que não foi possível quando o excesso de excitação foi muito grande e/ou a descarga externa também não foi possível. Para evitar maiores confusões de sentido, adotei a sugestão de Laplanche e Pontalis (2001, pp. 143-144) para traduzir *Verarbeitung* por elaboração associativa.

Verarbeitung sugere que a ação de transformação seja mais prolongada, tratando-se de um processo, não de algo momentâneo. Essa noção, no contexto inicial da obra freudiana, está relacionada ao trabalho associativo mediante a admissão dos afetos. No decorrer desta pesquisa, veremos que, com o desenvolvimento da metapsicologia, a elaboração associativa tornou-se a liquidação do acúmulo de cargas excitatórias que chegam até o Eu e não conseguiram uma descarga externa. É um trabalho que acontece pela transformação e processamento de intensidades.

Já o segundo termo, *Durcharbeitung*, apareceu nos textos "A psicoterapia da histeria" (1895) e "A interpretação dos sonhos" (1900); neles, o uso se restringiu ao sentido de suplantar uma tarefa. Freud buscou enfatizar a dificuldade exigida e o concomitante esforço a ser realizado para se chegar a uma resolução. Contudo, não houve um uso conceitual acompanhado de uma definição, o que só ocorreu em 1914, no artigo técnico "Recordar, repetir e elaborar". Nele, a atividade de *Durcharbeiten* foi colocada como a principal tarefa envolvida na superação de resistências. Outras três aparições do termo ocorreram em 1926, no texto "Inibição, sintoma e angústia".

Conforme nos aponta Hanns (1996), o verbo alemão *Durcharbeiten* usualmente é traduzido como elaborar. *Durcharbeiten* expressa a ideia de trabalhar por meio de alguma tarefa, de percorrê-la, atravessá-la do início ao fim. Seu sentido está relacionado a um trabalho sem interrupção mediante a superação de dificuldades. Há nele a acepção de um movimento na direção de superar obstáculos. Contudo, não está presente a noção de atingir um objetivo final, triunfar sobre algo para assim conquistá-lo.

As duas variações de significados no termo *Durcharbeiten*, que são superar dificuldades mediante o trabalho e trabalhar sem interrupção, escapam da língua portuguesa, uma vez que a conotação da palavra elaboração em nossa língua tem o sentido de sofisticar, refinar ou aperfeiçoar. Ao traduzir *Durcharbeiten* por elaborar, ocorre a dispersão de significado com sentidos mentais racionais, sendo que *Durcharbeiten* implica o trabalho de progressão que vai sendo construído no interior de uma tarefa.

Por causa dessas dificuldades, optei pelo termo perlaboração, neologismo criado e sugerido por Laplanche e Pontalis (2001, pp. 143-144) para traduzir *Durcharbeitung*. As traduções consultadas empregaram *elaborar* (espanhol), *working-through* (inglês) e *perlaboration* (francês). Em inglês, a preposição *through*, através, corresponde literalmente a *durch*.

Infelizmente, não contamos na língua portuguesa com um substituto semelhante que abarcasse as diferenças e especificidades da palavra *Durcharbeitung*. Vale frisar que a perlaboração, a partir de 1914, tornou-se um conceito fundamental da técnica psicanalítica, tão importante quanto resistência e transferência.

Procurei diferenciar o vasto panorama da aparente simplicidade da chamada "elaboração psíquica". Ao discutir os diferentes termos presentes na obra de Freud, assim como suas respectivas traduções, apontei que há um maior peso teórico na elaboração associativa e na perlaboração. Elas são duas matrizes de processos psíquicos que ocorrem em contextos diferentes.

Na realização desta pesquisa, foquei a relação casuística entre a elaboração associativa e a perlaboração, haja vista que provocaram alterações teóricas e técnicas importantes no pensamento freudiano.

Apresentação das duas matrizes da elaboração psíquica no pensamento freudiano

A elaboração associativa nos "Estudos sobre a histeria"

No primeiro capítulo dos "Estudos sobre a histeria" (1893-1895), intitulado "Sobre o mecanismo psíquico dos fenômenos histéricos: Comunicação preliminar" (1893a), publicação conjunta de Breuer e Freud, houve a introdução da primeira matriz da elaboração psíquica, a *Verarbeitung*, no pensamento freudiano. Antes de chegarmos até ela, primeiramente, vou expor as principais ideias desses autores relacionadas à concepção da histeria acompanhada da forma de tratá-la clinicamente.

Breuer e Freud, logo no início da "Comunicação preliminar" (1893a), deixaram evidente a discordância deles em relação às ideias de Charcot a respeito da etiologia da histeria, ao afirmarem que o trauma não seria apenas um agente provocador, mas sim o núcleo do sofrimento histérico:

> *a relação causal entre o trauma psíquico determinante e o fenômeno histérico não é de natureza a implicar que o trauma atue como mero* agent provocateur *na liberação do sintoma, que passa então a levar uma vida independente. Devemos antes presumir que o trauma psíquico – ou, mais precisamente, a lembrança do trauma – age como um corpo estranho que, muito depois de sua entrada, deve continuar a ser considerado como um agente que ainda está em ação. (Breuer & Freud, 1893a/2006, p. 42)*

A histeria foi colocada no campo do sofrimento psicológico, certificando que a experiência do sujeito era muito mais significativa do que admitia Charcot. Para o médico francês, só na histeria traumática haveria um mecanismo psíquico atuante; para todas as outras, ele explicava por meio de condições hereditárias (cf. Laplanche & Pontalis, 2001, pp. 216-217; e Andersson, 2000, pp. 145-146).

Breuer e Freud (1893a/2006), contudo, trocaram essa ordem de pensamento, concebendo todos os tipos de sofrimento histérico a partir da histeria traumática. Devido a essa inversão, defende Andersson (2000), todas as outras explicações etiológicas assumiriam uma importância secundária. Foi a partir dessa visão que o método catártico foi proposto.

Essa prática terapêutica era realizada por meio da hipnose. Após o sujeito estar hipnotizado, era feita a ele uma série de perguntas a respeito da origem dos seus sintomas, com o objetivo de rememorar experiências traumáticas, promovendo uma reação, vista nesse momento como descarga de intensidade energética, excitatória. O uso da hipnose era defendido porque ela teria a função de "alargar" a capacidade associativa do sujeito, possibilitando assim a recordação das situações traumáticas, responsáveis diretas pelo sofrimento. Em uma relação direta de efeito, a recordação, em estado hipnótico, provocaria o desaparecimento do sintoma em conjunto com a amenização do sofrimento.

O grande intuito do tratamento catártico era remeter o sintoma até a experiência que o teria causado, contudo essa recordação não era possível em estado de vigília. Em função dessa impossibilidade, a hipnose foi vista como a ferramenta que facilitaria a recordação da(s) experiência(s) que causava(m) o sofrimento, uma vez que o sintoma estava atrelado etiologicamente àquilo que era lembrado em estado hipnótico. Foi inserido neste contexto que

> *cada sintoma histérico individual desaparecia, de forma imediata e permanente, quando conseguíamos trazer à luz com clareza a lembrança do fato que o havia provocado e despertar o afeto que o acompanhara, e quando o paciente havia descrito esse fato com o maior número de detalhes possível e traduzido o afeto em palavras.* A lembrança sem afeto quase invariavelmente não produz nenhum resultado. *(Breuer & Freud, 1893a/2006, p. 42, grifo do original)*

Todo sintoma histérico era de origem psíquica e seu agente causador era uma experiência na história de vida do sujeito, porém essa experiência só deflagraria aquilo que era chamado de traumático quando não era integrada na cadeia associativa, representacional, do sujeito, pois a carga excitatória ultrapassava um certo limite. Esse era o mecanismo usado para explicar a impossibilidade da recordação consciente da experiência traumática. A noção de consciência foi usada aqui sem nenhuma conotação metapsicológica, seu sentido é apenas sinônimo da atividade de ligação do psiquismo. Seu correlato, o inconsciente, é aquilo que não é percebido pela atividade consciente, logo o que não é associado, ligado, na cadeia representacional do sujeito.

Foi por causa da necessidade de melhor conceber o estatuto do trauma que a elaboração associativa foi introduzida na teorização feita por Breuer e Freud, apresentada como o trabalho que o aparelho psíquico precisa realizar para ligar e integrar as excitações que chegam até ele, ao estabelecer entre elas elos associativos. A razão do sofrimento era o acúmulo de excitações não integradas no psiquismo e, ao mesmo tempo, o ponto de partida da busca pela origem da experiência traumática.

Era importante, então, os autores explicarem os fatores envolvidos na não integração de uma representação no psiquismo, o que acontecia por duas razões: (1) a excitação oriunda de uma experiência foi muito grande e não era possível integrá-la na cadeia associativa, seja mediante uma atividade verbal e/ou corporal ou (2) ocorria devido aos chamados "estados hipnoides".[1] Nesse contexto,

> *Ambos os grupos de condições, porém, possuem em comum o fato de que os traumas psíquicos não foram eliminados pela reação também não podem sê-lo pela elaboração [*Verarbeitung*] por meio da associação. (Breuer & Freud, 1893a/2006, pp. 46-47)*

Logo, se o excesso não fosse descarregado, a função da elaboração associativa em realizar a ligação de estímulos não ocorria. Aqui, uma excitação sem a reação de descarga era o mecanismo envolvido na produção do trauma. Havia então um jogo de intensidades operando segundo uma lógica causal: quanto mais intensa uma experiência, maior a sobrecarga recebida pelo psiquismo e mais energia a ser despendida na integração de tudo o que foi experienciado. A série de eventos fisiológicos e psíquicos causadores de cargas excitatórias para o psiquismo, além de serem úteis para explicar a origem do trauma quando relacionados à noção de sobrecarga e da ausência de associação, também eram usados para justificar o uso e os efeitos do método catártico.

Em minha visão, esse método terapêutico inicial pretendia ser o desbloqueio automático do trabalho promovido pela elaboração associativa. Só que aí esbarramos em um problema etiológico:

---

1 Esses eram vistos como estados alterados da consciência, por essa razão provocariam uma divisão no psiquismo e o resultado seria a amnésia dos pacientes (Cf. Breuer, 1893/2006, pp. 236-258).

quais mecanismos estariam envolvidos no enfraquecimento da lembrança de uma experiência acompanhado da perda de afeto que o envolvia?

Breuer e Freud (1893a/2006) defendiam que seria a partir da forma e do destino das excitações no psiquismo do sujeito que um enfraquecimento dessa ordem ocorreria. A reação saudável diante de uma excitação seria a vinculação da carga afetiva com a representação correspondente dessa experiência. A ideia de reação para esses autores era um processo de descarga de energias que superexcitaram o psiquismo. Quando o afeto ligado às lembranças era conectado a representações, os possíveis efeitos traumatizantes eram anulados.

O acesso à lembranças se tornou determinante na compreensão da manifestação dos sintomas histéricos, pois ele constituía o ponto de partida na investigação e na busca da experiência traumática, que só teve seu estatuto ratificado porque algumas experiências não foram elaboradas associativamente. A ab-reação catártica, causada pela hipnose, era uma espécie de reação atrasada ao trauma quando o sujeito recordava o evento que o formou. A eficácia do método catártico era defendida pois colocava

> *termo à força atuante da representação que não fora ab-reagida no primeiro momento, ao permitir que seu afeto estrangulado encontre uma saída através da fala; e submete essa representação à correção associativa. (Breuer & Freud, 1893a/2006, p. 52)*

Quando alguma experiência, nesse momento, era considerada apenas vivência real, histórica, impunha uma sobrecarga energética muito grande ao psiquismo do sujeito; sua forma de apreensão do ocorrido, a representação, era então recalcada

(*Verdrängung*)[2] do âmbito associativo. Essas representações se tornavam aflitivas na medida em que não estavam ligadas com seus afetos correspondentes. A formação do trauma envolvia uma reação em cadeia: excesso de energia excitatória não ligada, impedimento na operação da elaboração associativa e o não encadeamento de uma experiência no par afeto-representação. O resultado era que o sentido da experiência foi perdido, pois a representação correspondente foi suprimida da consciência do sujeito. Breuer e Freud (1893a/2006) acreditavam que o método catártico proporcionava a recordação da experiência traumática automaticamente promovendo uma reação pelo destravamento na ação da elaboração associativa em conjunto com a ab-reação dos afetos ligados a ela.

Aponto que era o resgate de representações que estavam fora do âmbito consciente do sujeito que conferiu unidade a essa abordagem terapêutica, sendo que a elaboração associativa era o principal ponto de articulação teórica, pois o sofrimento se iniciava quando ela não operava e o tratamento faria seu papel quando desbloqueava sua ação diante da experiência traumática. Quando o paciente era remetido ao seu passado, o intuito era que ocorresse a recordação da experiência que levou ao trauma, isto para ocorrer uma reação diante dele entendida pelos autores como liberação de uma quantidade de afeto até então sem possibilidade de representação.

---

2 De acordo com Hanns (1996), o termo recalque (*Verdrängung*) foi utilizado por Freud em 1893, contudo foi usado de forma semelhante ao conceito de defesa (*Abwehr*), com a conotação de rechaçar algo. *Verdrängung* tem o sentido de suprimir algo incômodo, deslocando-o do foco da consciência. O uso do termo aqui não tem nenhuma relação com o conceito que começou a ser articulado por Freud em 1894, embora seja a mesma palavra. O ato de recalcar aqui é essencialmente intencional diante de um excesso de carga excitatória.

A ab-reação era uma "descarga emocional pela qual um sujeito se libera do afeto ligado à recordação de um acontecimento traumático, permitindo assim que ele não se torne ou não continue sendo patogênico" (Laplanche & Pontalis, 2001, p. 1). Tal noção seria o caminho natural que permitiria ao sujeito reagir emocionalmente perante a carga excitatória que o invadia, evitando conservar uma quantidade de afeto sem representação em seu psiquismo. Assim, Breuer e Freud (1893a/2006) defendiam que o método catártico faria uma correção associativa que possibilitaria ao sujeito "rememorar e objetivar pela palavra o acontecimento traumático, e libertar-se assim do quantum de afeto que o tornava patogênico" (Laplanche & Pontalis, 2001, p. 1).

A dificuldade envolvida na recordação era eliminada pela hipnose, e o chamado excedente de afeto patogênico é mais bem entendido ao notarmos que, para Breuer e Freud (1893a/2006), a ligação da representação com seu afeto correspondente diminuiu o nível excitatório no aparelho psíquico. Como o sujeito não conseguia fazer isso sozinho, sua resposta até então era a produção de sintomas, uma vez que não era possível se livrar do afeto, que ficava circulando no psiquismo, pressionando por ligação.

O efeito catártico seria alcançado pelo restabelecimento da elaboração associativa, que basicamente fazia uma correção nas ligações entre afetos e representações. Tudo isso acontecia sem a necessidade de uma investigação dinâmica dos fatores psicológicos envolvidos no sofrimento, uma vez que a causa dos sintomas era econômica. O jogo de intensidades excitatórias barrava a elaboração associativa de algumas experiências, a representação delas ficava inconsciente, eram esquecidas, o afeto correspondente a elas circundava o aparelho psíquico demandando ligação e o resultado de tal jogo energético era o surgimento da neurose histérica.

Foi inserido nessa teorização que Laplanche e Pontalis (2001, p. 144) definiram a função da elaboração associativa como uma: "transformação do volume de energia que permite dominar esta energia, derivando-a e ligando-a". Partindo das ideias de Schneider (1993), podemos dizer que a atividade da elaboração associativa permite a passagem da impressão à expressão, o que acontece no âmbito da linguagem verbal, pois é fundamental que o sujeito possa nomear aquilo que acontece com ele.

Para Schneider (1993), neste momento do desenvolvimento da clínica, Breuer e Freud (1893a/2006) concebiam o afeto como um ponto de vulnerabilidade do sujeito diante de uma realidade exterior opressora. Visto dessa forma, ele era um corpo estranho que precisava ser expurgado do psiquismo do sujeito, diminuindo seu efeito disruptivo,

> *é precisamente porque o mal está nessa agressão externa contínua que poderemos esperar retornar à exterioridade, pela rejeição catártica, o que vem essencialmente da exterioridade; o que levará a perceber no processo terapêutico um processo expulsivo: ab-reação, descarga, liquidação. (Schneider, 1993, p. 16)*

Propiciar a conclusão de uma experiência que fora interditada ao sujeito era o principal fator no método catártico. O volume de energia excitatória seria diminuído precisamente porque a elaboração associativa do evento traumático era restabelecida e a quantidade de afeto excessiva liberada. Entretanto, ainda é obscura a compreensão de que a causa do traumatismo era o aumento da excitação sem o seu abrandamento a um nível estável. A comparação que Breuer e Freud (1893a/2006) fazem com a ideia de arco-reflexo, mesmo didática, não consegue ter consistência pois não explica porque algumas experiências provocam mais necessidade de trabalho psíquico do que outras. Conforme frisa Andersson (2000), a originalidade das ideias de Breuer e Freud (1893a/2006) não estava em como eles conceberam o funcionamento do psiquismo no esquema de arco-reflexo, mas sim em trabalhar com essas ideias para explicar a etiologia da formação dos sintomas histéricos, em conjunto com o tratamento deles, via método catártico.

Ficou claro que, quando o nível de excitação aumenta, o equilíbrio do sistema é rompido e precisa ser remediado por algum processo de descarga. O problema não está em explicar o balanço energético, mas entender por que, em alguns momentos, há uma impossibilidade na representação de certas experiências. Partindo dessa constatação, Freud notou que o traumatismo vem do estupor, uma falta de possibilidade de responder a uma carga excitatória, isso porque uma representação só se integra na cadeia associativa do sujeito se ocorrer um investimento do psiquismo no traço mnésico, que só ocorre se houver uma ligação com o afeto.

Nesse sentido, sobre esse início da obra freudiana, Laplanche e Pontalis (2001) defendem que seria inconsistente teoricamente pensar em um traço mnésico puro, uma representação desinvestida totalmente, seja pelo sistema consciente e/ou inconsciente. Por essa razão, Schneider (1993) diz:

> *A noção de excesso de afeto não bastaria para dar conta do bloqueio e o que paralisaria o sujeito não seria somente o fato de ter muito intensamente experimentado o que quer que seja, mas de tê-lo experimentado no escuro, tanto no escuro representativo quanto no escuro afetivo. (p. 26)*

Partindo desse ponto da obra de Freud, a autora francesa questiona que o afeto não poderia apenas estar no lugar do resíduo da ab-reação, uma vez que o importante não seria enfocar uma correção associativa pura e simples, mas buscar entender e integrar na prática terapêutica a forma como um sujeito vivenciou, sentiu e, porventura, pôde nomear uma experiência. Pontuação que forçaria refazer a hipótese norteadora da "Comunicação preliminar" (1893): a recordação do evento traumático traria a possibilidade de resposta diante de um ocorrido, corrigindo assim uma representação ao liquidar o afeto excessivo.

O que ganha destaque aqui é a possibilidade de o sujeito ressignificar experiências por meio do desvelamento de possíveis representações. No processo de ressignificação entra em cena o papel do afeto, não como excesso, pois o(s) destino(s) dele determinam como as recordações do sujeito são realizadas, invertendo a lógica do tratamento catártico.

Na minha opinião, a ab-reação catártica, como foi concebida, não conseguiria destravar o bloqueio da elaboração associativa; isso porque na "Comunicação preliminar" (1893a) houve um problema em situar o lugar do afeto apenas enquanto excesso, porém este estaria concomitantemente "ao lado da passividade e ao lado da atividade e a tarefa terapêutica consiste menos em trabalhá-lo, com a ajuda do esclarecimento que trariam a lembrança e a representação, do que em liberar o trabalho deste" (Schneider, 1993, p. 28). O desvelamento de representações, sob hipnose, não seria suficiente enquanto prática terapêutica.

Voltando à problemática da elaboração associativa, em 1893, ela foi concebida como um processo de ligação inerente ao psiquismo, que era impedida de atuar devido ao trauma. Na discussão do método catártico que fizemos aqui, havia a tentativa de superar os entraves no desvelamento da representação patogênica pela recordação hipnótica. Essa era a tarefa terapêutica realizada para destravar a elaboração associativa. A primeira matriz da elaboração psíquica mostra como a dinâmica psíquica era puramente associativa. Por isso, a ideia de assimilação, defendida por Breuer e Freud (1893a/2006), seria instantânea quando o sujeito recordava a experiência traumática enquanto estava hipnotizado.

Porém, não houve nesse momento uma investigação dos fatores que estariam envolvidos no porquê de certas representações terem sua associação impossibilitada e outras não. A ideia do excesso excitatório era muito arbitrária e abstrata para situar a origem dos sintomas.[3] Freud então partiu para pensar quais seriam os fatores envolvidos na retirada de uma representação do encadeamento associativo do sujeito acompanhado das dificuldades técnicas para promover essa volta no e pelo espaço clínico. Foi inserido nessa problemática que o papel da defesa psíquica surgiu no pensamento freudiano.

Foi no texto "As neuropsicoses de defesa" (1894) que Freud discutiu a defesa psíquica pela primeira vez e a noção de conflito foi usada para dar unidade às articulações propostas. Freud (1894/2006) defendeu que a dissociação da consciência não teria nenhum papel no sofrimento histérico; para tanto propôs dois tipos de histeria: a de retenção e a de defesa, deixando evidente que ele havia sido o pesquisador que as havia descrito antes de qualquer outro.

A respeito da chamada histeria de retenção, o método catártico seria suficiente, uma vez que se tratava de casos nos quais reações suficientes às experiências traumáticas não foram realizadas e a ab-reação seria a atividade terapêutica a ser feita. Quanto à histeria de defesa, haveria uma divisão de conteúdos conscientes por meio de um ato voluntário do sujeito, o que foi chamado de esforço de vontade em rechaçar da consciência uma experiência conflituosa.

---

3 Aproveito para frisar que a definição e função da elaboração associativa não sofreram alterações ao longo da obra freudiana, o que será apresentado no decorrer desta pesquisa.

> *[os pacientes atendidos] gozaram de boa saúde mental até o momento em que* houve uma ocorrência de incompatibilidade em sua vida representativa – *isto é, até que seu eu se confrontou com uma experiência, uma representação ou um sentimento que suscitaram um afeto tão aflitivo que o sujeito decidiu esquecê-lo, pois não confiava em sua capacidade de resolver a contradição entre a representação incompatível e seu eu por meio da atividade de pensamento. (Freud, 1894/2006, p. 55, grifo nosso)*

Esse sentimento aflitivo constituía a base da etiologia das neuroses, seu estatuto era o de um trauma, pois houve uma impossibilidade de elaborar associativamente uma experiência, seja ela relacional ou psíquica. Destaco que, para lidar com as dificuldades técnicas dessas observações, Freud buscou articular teoricamente os mecanismos defensivos. Nesse momento, o foco freudiano era entender o que acontecia entre o esforço realizado pelo sujeito em rechaçar e esquecer o afeto aflitivo e a consequente formação de sintoma.

Freud (1894/2006) acreditava que o eu poderia operar de maneira defensiva, transformando uma representação forte em fraca, o que acontecia pela desvinculação do afeto. Esse mecanismo seria a atividade da defesa responsável pelo esquecimento intencional de uma experiência desprazerosa. Nesse contexto, é importante pontuar que Freud usou a denominação eu apenas para enfatizar a vontade do sujeito em suprimir um afeto aflitivo. Não há nenhuma referência ao eu como uma entidade metapsicológica, sua atividade é a de pensamento. O conflito acontecia entre o pensamento do eu e o conteúdo angustiante.

A atividade do eu retirava do âmbito associativo do sujeito uma representação e, consequentemente, impedia a elaboração associativa dela. Em um primeiro tempo, essa representação não exigia nenhum trabalho do psiquismo, pois seria papel da defesa repelir o conteúdo aflitivo, mesmo que houvesse a exigência de uma vigília constante. Por ter isso em vista, Freud acreditava que uma representação intolerável era rechaçada da atividade consciente. Contudo, qual seria a barreira que manteria inconscientes as representações que foram alvo da defesa? Entrou em cena a dimensão do recalque (*Verdrängung*). O recalque operaria mantendo as representações fora do âmbito associativo do sujeito, neutralizando-as. Porém, conservar essa separação gerava um efeito colateral: o surgimento de sintomas como medida reativa.[4]

De acordo com Andersson (2000), Freud realizou duas novidades etiológicas fundamentais para embasar a prática clínica até então: (1) atenção com o destino que a carga de afeto tinha ao ser separada da representação e (2) o tipo de representação de que o eu busca se defender estaria relacionada com a vida sexual dos sujeitos.

O mecanismo de operação da defesa seria o recalque. É importante salientar que o "afeto de que o 'eu' sofre e permanece como antes, inalterado e não diminuído, com a única diferença

4 Esse processo ocorreria em todos os quadros de sofrimento, o que guiaria o diagnóstico seria os destinos da quantidade de afeto separada de suas representações originais. Nas obsessões e fobias, os afetos sem representação ficam no esteio do psiquismo, sofrendo deslocamentos constantes entre as cadeias de representações devido às "falsas conexões"; por essa razão Freud (1894/2006) falou em "transposição de afetos". A respeito da psicose alucinatória, o eu rejeitaria a representação intolerável em conjunto com o seu afeto, comportando-se como se a representação não tivesse sido vivida e sentida, fato responsável pela confusão alucinatória. O mecanismo de defesa para a psicose alucinatória seria o da rejeição (*Verwerfung*).

de que a representação incompatível é abafada e isolada da memória" (Freud, 1894/2006, p. 61). O eu é a região do psiquismo que precisava ser protegida de qualquer conflito. A defesa surgiu para explicar a impossibilidade de encadeamento associativo de uma representação com o eu, anestesiando as representações e impondo barreiras para recordá-las. Ela tornava-se patológica uma vez que, ao inibir uma excitação interna, provocaria desprazer. A defesa operaria separando a representação intolerável de seu afeto, tornando-a incompatível e adormecida. O sintoma era uma formação de compromisso após a separação entre representação e afeto, dando forma ao conflito psíquico. Em 1894, Freud propôs uma teoria dos conflitos, e, no processo defensivo,

> *deve-se distinguir algo – uma carga de afeto ou soma de excitação – que possui todas as características de uma quantidade (embora não tenhamos meios de medi-la) passível de aumento, diminuição, deslocamento e descarga, e que se espalha sobre os traços mnêmicos das representações como uma carga elétrica espalhada pela superfície de um corpo. (Freud, 1894/2006, p. 66)*

A defesa, então, barraria as ligações e religações realizadas pela elaboração associativa. Essa hipótese buscaria explicar, segundo Anderson (2000), a relação entre o esforço voluntário do sujeito em rechaçar uma representação insuportável de seu psiquismo e a consequente formação de sintomas.

De forma similar à "Comunicação preliminar" (1893a), noto aqui a existência de um fator dinâmico na hipótese freudiana para explicar o surgimento do sintoma pela contenção de um afeto. Também há um econômico, o sintoma seria produto da modificação do excesso de excitação que invadiu o psiquismo pelo fato de a representação não ter sido encadeada com seu afeto original.

O caráter *traumático* foi dado pela impossibilidade de atuação da elaboração associativa.

> *Desse ponto de vista, uma ideia [representação] insuportável era considerada uma "ideia forte" exercendo uma grande demanda sobre a capacidade pessoal de desviar o aumento da "soma de excitação" – ocorrida por ocasião do surgimento da "ideia forte" na constância – por meio de um "trabalho mental associativo". (Andersson, 2000, p. 182)*

Quando uma representação, sempre de origem sexual, ficava *carregada* com uma grande cota de afeto, além de um certo limite, era necessária sua neutralização, pois a carga de excitação psíquica era tamanha, ocasionando uma impossibilidade de atuação da elaboração associativa. Nesse momento, havia a deflagração do trauma, ainda ocasionado somente por eventos reais, e a novidade era a reação do psiquismo: a defesa.

Freud (1894/2006) acreditava que, quando a carga de afeto era muito grande, ela transbordaria a capacidade associativa do sujeito, pois as representações relacionadas a ela "são descartadas por meio da 'defesa', são moralmente repugnantes, incompatíveis com a autoestima e mais ou menos relacionadas aos eventos reais" (Andersson, 2000, p. 182). O sofrimento seria originado por uma impossibilidade de descarga na vida associativa do sujeito. O conjunto de afetos desvinculados de suas representações necessitavam de algum destino no psiquismo, pois seu acúmulo aumentaria a carga aflitiva.

Por mais que a defesa fosse eficiente ao recalcar uma representação, o afeto relacionado a ela continuava a circular no âmbito consciente demandando por ligação e descarga; como a sua representação original estava repelida, o conflito psíquico se instalava e a formação do sintoma seria a consequência. Em 1894, Freud concebeu o sofrimento não mais por reminiscências, mas por representações recalcadas, o que já é possível de identificarmos nos casos Lucy (Breuer & Freud, 1893b/2006) e Katharina (Breuer & Freud, 1893c/2006).

Lucy foi tratada por Freud em dezembro de 1892 durante nove semanas. Seu principal sintoma eram alucinações olfativas frequentes, principalmente cheiro de pudim queimado. Ela era uma jovem inglesa que trabalhava como governanta em Viena. Sem utilizar a hipnose, mas ainda seguindo uma abordagem sugestiva, Freud apertava a testa de sua paciente quando ela estava deitada no divã, isso para auxiliar no fluxo das recordações dela.

Freud passou a investigar a primeira vez que a paciente sentiu tal cheiro. Lucy começou dizendo que se lembrava de uma experiência um pouco antes de seu aniversário: ela cuidava e brincava com as filhas do patrão quando chegou uma carta de sua mãe; ela queria muito lê-la, mas as crianças pegaram a carta, começaram a brincar fugindo dela e não a deixaram ler. Nesse momento, ela sentiu um forte cheiro de algo queimando; ela esqueceu que havia deixado um pudim assando no forno. A partir de então, foi perseguida por esse cheiro.

Freud não entendeu o que de tão perturbador houve nessa experiência e, de uma forma um tanto enigmática, disse a sua paciente que ela possivelmente estava apaixonada por seu patrão. Após essa proposição, um interessante diálogo ocorreu:

> – *"Mas, se você sabia que amava seu patrão, por que não me disse?"* – *"Não sabia... ou melhor, não queria saber. Queria tirar isso de minha cabeça e não pensar mais no assunto, e creio que ultimamente tenho*

> *conseguido." – "Por que foi que você não estava disposta a admitir essa inclinação? Estava envergonhada de amar um homem?" – "De forma alguma, não sou assim tão pudica. De qualquer forma, não somos responsáveis por nossos sentimentos" (Breuer & Freud, 1893b/2006, p. 144)*

No entanto, como os sintomas de Lucy permaneceram, mesmo que deslocados da manifestação original, Freud continuou sua investigação a partir de episódios anteriores aos da carta, principalmente relacionados ao patrão. Ela então se recordou de uma ocasião em que o patrão teve uma conversa menos formal com ela sobre como cuidar das crianças que haviam perdido a mãe pouco tempo atrás; ele parecia calmo e a olhava de um modo terno enquanto falava. Freud acreditava que Lucy começou a nutrir sentimentos amorosos pelo patrão naquele momento, mas, como não havia contexto para expressá-los, ela intencionalmente rechaçou tudo isso. Freud fez essa interpretação direto a sua paciente; embora ela tenha concordado, nenhuma melhora foi constatada. A persistência das manifestações sintomáticas o fazia supor que haveria outros acontecimentos correlatos com o patrão.

Após uma breve interrupção no tratamento, Lucy retornou com outra alucinação olfativa: dessa vez sentia cheiro de fumaça de charuto. Freud passou a ter como hipótese uma estratificação de memórias. O sinal disso seria a mesma manifestação do sintoma, agora com um tipo diferente de aroma.

Depois de fazer uma leve insistência e pressionar a testa de Lucy outra vez, ela se lembrou quando o contador chefe da indústria de seu patrão foi recebido para um almoço e, ao ir embora, tentou se despedir das crianças com um beijo, mas foi duramente impedido pelo patrão. Lucy, vendo a cena, sentiu "uma punhalada no coração" (Breuer & Freud, 1893b/2006, p. 146). Como se fumava charutos ali, esse traço ficou em sua memória. Freud interpretou essa vivência dizendo a Lucy que o impacto ocorrera porque ela pensou que se o patrão foi tão violento com algo insignificante com um convidado, o que poderia ser dela, caso fosse a esposa dele. Ela prontamente negou essa intervenção.

Surgiu então uma terceira recordação, temporalmente anterior às duas faladas até o momento. Lucy se lembrou de um episódio no qual uma senhora visitou a casa e, na saída, beijou as crianças na boca. O patrão viu, não falou nada à mulher, mas repreendeu-a veementemente. Essa seria a experiência traumática, acreditava Freud, porque ocorreu na época que ela sentia amor pelo patrão. Como houve esse desentendimento, suas esperanças haviam terminado. Seria o reaparecimento da representação aflitiva dessa experiência que invadiu a consciência de Lucy nos episódios do contador chefe e da carta. Depois dessa recordação, Lucy teve uma melhora significativa e falou da seguinte maneira sobre a impossibilidade de expressar seu sentimento ao patrão:

> *"Não aconteceu nada. Ocorre apenas que o senhor não me conhece. O senhor só me viu doente e deprimida. Em geral, sou sempre alegre. Quando acordei ontem pela manhã, não sentia mais aquele peso na cabeça, e desde então tenho-me sentido bem." – "E o que acha de suas perspectivas na casa?" – "Tenho uma ideia bem clara sobre o assunto. Sei que não tenho nenhuma possibilidade e não vou ficar infeliz por isso." . . . "E você ainda está apaixonada por seu patrão?" – "Sim, é claro que estou, mas isso não faz nenhuma diferença. Afinal,* posso guardar comigo meus próprios pensamentos e sentimentos". *(Breuer & Freud, 1893b/2006, p. 147, grifo nosso)*

Freud, a partir desse caso, teve confirmada a hipótese de que a recordação de uma representação aflitiva, alvo da defesa, é fundamental para o processo clínico. Ele sustentou, por meio da condução clínica realizada, que a memória do que foi experienciado fica presente, não na consciência, mas na manifestação dos sintomas. O conflito psíquico de Lucy ocorreu pela impossibilidade de ela elaborar associativamente o que sentia pelo patrão e essa "representação precisa ser intencionalmente recalcada da consciência e excluída das modificações associativas" (Breuer & Freud, 1893b/2006, p. 143).

Logo, quando a intensidade de uma experiência supera a capacidade de associação, a defesa se instalaria para resolver o conflito mediante o recalque da representação aflitiva. No caso de Lucy, é curioso o fato de que o trauma originário[5] não ocasionou os sintomas diretamente, foram os traumas auxiliadores ou secundários que dispararam os sintomas, pois possivelmente aumentaram a intensidade da representação recalcada. Acredito que foi a partir dessas ideias que Freud apontou o quanto a distribuição e ligação de intensidades afetivas sempre é instável:

> *A excitação, forçada a escoar-se por um canal impróprio (pela inervação somática) vez por outra reencontra o caminho de volta para a representação da qual se destacou, e* compele então o sujeito a elaborar a representação associativamente ou a livrar-se dela em

5 "Quando esse processo ocorre pela primeira vez, passa a existir um núcleo e centro de cristalização para a formação de um grupo psíquico divorciado do ego – um grupo em torno do qual tudo o que implicaria uma aceitação da ideia incompatível passa então a se reunir. A divisão da consciência nesses casos de histeria adquirida é, portanto, deliberada e intencional" (Breuer & Freud, 1893b/2006, p. 149).

> ataques histéricos – *como vemos no conhecido contraste entre os ataques e os sintomas crônicos. (Freud, 1894/2006, p. 57, grifo nosso)*

Aqui, Freud não deixou claro, mas parece-me que a elaboração associativa também pode produzir sintomas, haja vista que uma representação pode se ligar a um afeto, isso pode não produzir uma diminuição da excitação, mas sim aumentar a angústia. Dada a instabilidade da ligação entre intensidades afetivas e o grande número de representações disponíveis no psiquismo, a defesa atuaria sempre no intuito de diminuir a excitação psíquica, ela seria um vigilante de intensidades, um crivo corretor de conexões equivocadas.

Pelo caso de Lucy, noto que Freud buscava clinicamente, da mesma maneira que no método catártico, reconduzir a excitação do somático ao psíquico. A principal diferença é o espaço clínico que ele alterou para possibilitar isso, uma vez que o "processo terapêutico, neste caso, consistiu em compelir o grupo psíquico que fora dividido a se reunir mais uma vez com a consciência do ego" (Breuer & Freud, 1893b/2006, p. 150).

Reconheço que a pressão na testa é um ato sugestivo, contudo a hipnose não estava mais presente nesse momento. Mesmo que as interpretações fossem diretas e fechadas, elas partiam das associações e recordações de Lucy. É importante pontuar que já houve aqui uma significativa alteração técnica em relação ao método catártico: a partir da noção de resolução de conflitos e estratificação da memória em camadas, Freud buscava restabelecer a fluidez presente na elaboração associativa, pois era concebida como tendência natural do aparelho psíquico, da atividade consciente.

Ao fornecer uma interpretação pronta e acabada, inferindo e traduzindo em palavras o que Lucy expressava com seu corpo,

Freud supunha que as barreiras da defesa iriam cair, ocorreria a ligação da representação intolerável com seu afeto correspondente, provocando a admissão dos sentimentos negados até então. O resultado seria a atenuação dos sintomas.

O sujeito era convocado a ter um trabalho de recordação, trazer à tona o acontecimento traumático era a finalidade do tratamento. O sintoma carregava o símbolo da experiência traumática, o recalque procurava manter os alvos da defesa neutralizados e a sexualidade aparecia como o pano de fundo do trauma. A atenuação do sofrimento exigia uma correção associativa: promover a inserção de certas experiências na cadeia representacional a que originalmente pertenciam.

Schneider (1993) destaca que as cenas lembradas por Lucy não eram inacessíveis, o importante era compreender e comunicar a ela as razões que a levaram a fazer, intencionalmente, uma separação, no caso dela a recusa do que sentia pelo patrão. A ideia de separar e isolar a representação de seu afeto correspondente não teria embasamento se não evidenciasse essa conduta de intencionalidade sistemática, ou seja, dos motivos que fizeram um sujeito isolar uma representação específica e não outras. Por isso, foi necessário recorrer a um enquadre clínico que proporcionasse trabalhar com a intensidade afetiva; isso porque, se "o 'afeto de repulsão' é responsável pelo recalque intencional, é sobre ele que será necessário atuar para dar às representações sua acessibilidade" (Schneider, 1993, pp. 57-58).

Freud colocou no plano do afeto a localização do recalque para assim transpor as barreiras da defesa, fornecendo condições para o sujeito admitir em si o que acontecia no plano representacional. O trabalho terapêutico pretendia promover a aceitação de uma carga afetiva, e, para tanto, esta precisava ser associada corretamente às representações já existentes no psiquismo. Tais ideias podem ser mais bem compreendidas em outro caso freudiano presente nos "Estudos sobre a histeria".

O caso Katharina é curioso. Freud estava de férias nos Alpes Austríacos durante o verão de 1893. Na pausa de uma caminhada, foi abordado por uma moça que pediu para falar com ele porque havia visto na ficha de hóspedes que ele era médico. Freud aceitou o pedido e escreveu esse caso a partir de uma sessão que durou algumas horas.

Katharina apresentava diversas crises de angústia, seguidas de falta de ar, em conjunto com visões de um rosto que a perseguia. Freud perguntou a ela quando as primeiras crises começaram. Ela então falou que dois anos atrás, em uma temporada de férias, algumas pessoas pararam na hospedaria para comer. A mãe, que cuidava de tudo, havia saído. Katharina e seu irmão mais novo, Alois, foram procurar Franziska, a cozinheira, e também o pai.[6] Sem achar ninguém, eles foram até o quarto do pai; como a porta estava trancada e ninguém atendia, o irmão falou para olhar pela janela. Quando ela olhou, viu o pai em cima de Franziska. Ao retirar a cabeça da janela, sentiu uma dor de cabeça muito forte e sua visão ficou embaçada.

Freud indagou-a dos motivos de ela ter ficado tão assustada; Katharina disse que não havia entendido o que tinha visto e que não sabia de nada. Dias após o ocorrido, os sintomas ficaram ainda mais fortes; ela estava impossibilitada de trabalhar, ficou vários dias acamada. Depois de guardar para si o que testemunhou, falou para a mãe sua descoberta. Na sequência, a mãe se separou do pai e se mudou com os filhos para outra hospedaria próxima dali.

---

6 No relato do caso, Freud escreveu que Katharina e o irmão foram procurar o tio. Em uma nota acrescida em 1924, corrigiu a informação: na verdade, sua paciente não era sobrinha, mas filha do dono da hospedagem.

De forma semelhante ao que ocorreu no caso Lucy, Katharina foi lembrando de outras situações mais antigas que a primeira recordação. Certa vez, quando tinha por volta de 14 anos, ela acompanhou o pai em uma viagem. Enquanto ele bebia e jogava cartas, ela foi dormir. Os dois acabaram dormindo no mesmo cômodo; quando o pai chegou, deitou-se na cama em que ela estava e a pressionou com seu corpo. Katharina também falou de outras situações em que precisou se defender das tentativas de abuso sexual do pai, principalmente quando ele bebia e, também, de uma certa desconfiança de que algo acontecia entre ele e Franziska.

Depois de relatar essas situações, Freud notou que ela parecia mais aliviada, então propôs uma intervenção: ao ver o ato sexual entre o pai e Franziska, ela fez uma ligação entre o que via e os episódios das tentativas de abuso do pai de tempos atrás. O que conduzia o pensamento clínico de Freud era que a intensidade das experiências de Katharina havia sido tamanha que, concomitante à compreensão do que estava em questão ali, rechaçou o sentido do que vivera.

> *Seguiu-se então um curto período de elaboração [*Ausarbeitung*], de "incubação", após o qual os sintomas de conversão se instalaram, com os vômitos funcionando como um substituto para a repulsa moral e física. Isto solucionou o enigma. Ela não sentia repulsa pela visão das duas pessoas, mas pela lembrança que aquela visão despertara. (Breuer & Freud, 1893c/2006, pp. 156-157)*

Nesse contexto, a interpretação que ele fez foi a seguinte:

> *Sei agora o que foi que você pensou ao olhar para dentro do quarto: "Agora ele está fazendo com ela o que*

> *queria fazer comigo naquela noite e nas outras vezes." Foi disso que você sentiu repulsa, porque lembrou-se da sensação de quando despertou naquela noite e sentiu o corpo dele. (Breuer & Freud, 1893c/2006, pp. 156-157)*

Freud procurou buscar uma confirmação do que entendia ter acontecido com Katharina, perguntando a ela se o rosto presente em suas alucinações era do pai. Ela confirmou que sim, disse que as visões começaram depois que ela contou à mãe a traição dele com Franziska. Na ocasião, foi acusada pelo pai de trazer a ruína e a desunião familiar para a casa. A técnica de Freud consistia em ir reconstruindo as lembranças de Katharina a partir de elos que ele ia sugerindo, para daí fazer uma intervenção que buscava elucidar o conflito que acometia sua paciente.

Mahony (1990) destaca três tempos envolvidos na reação de Katharina diante da descoberta traumática da relação entre o pai e Franziska: (1) logo após a visualização da cena sexual, ela fez conexões diretas com suas experiências com o pai, rechaçando-as de sua cadeia associativa logo após compreendê-las, e a ansiedade caracterizava o conflito, que ganhava expressão nos seus sintomas; (2) após ver a cena, houve um período refratário de três dias, no qual todas as representações do que Katharina viu e sentiu foram isoladas de suas conexões associativas, e este seria o motivo do esquecimento dos detalhes do que viu pela janela; (3) após este tempo, ela ficou muito debilitada, os vômitos constantes seriam o símbolo da repugnância dela diante do que lhe ocorreu.

Freud apontou, na discussão do caso, que ver o ato sexual entre o pai e Franziska só se tornou traumático depois de associado às tentativas de sedução que Katharina sofreu; só assim a primeira cena teria a qualificação de um trauma. O tempo para isso ocorrer é o chamado período de incubação (*Ausarbeitung*).

Temos aqui uma forma de conceber o impacto traumático, sugere Mahony (1990), na qual seria possível perceber que Freud começou a delimitar o papel da defesa psíquica na ligação entre representações e afetos. Seria responsabilidade da defesa o esquecimento inicial de experiências, uma vez que ela bloquearia a operação da elaboração associativa.

Acredito que foi pela mudança na maneira de constituir um enquadre clínico para propiciar a aceitação de afetos, promovendo a atividade da elaboração associativa, que Freud se deparou, inicialmente, com os efeitos da defesa psíquica e, a partir daí, introduziu importantes mudanças teóricas e técnicas em sua prática.

Pela discussão do caso Katharina, notamos que uma nova experiência desencadeia a elaboração associativa de experiências passadas, contudo isso não significa uma consequente diminuição da excitação. Quando isso não ocorre, será papel da defesa separar o par afeto-representação recém-admitido pelo sujeito. Mesmo tendo ligação, a defesa barraria a associação por ter um acúmulo de excitação no psiquismo. Então, a dúvida apontada anteriormente se a elaboração associativa poderia causar sintomas é respondida aqui: pela sua atividade, ela não seria capaz disso, uma vez que os sintomas apareceriam após a atuação da defesa. Penso que essas ideias podem ser utilizadas para reconhecer o quanto passou a ser importante para a clínica freudiana reconhecer a etiologia dos sintomas, porque eles guardariam uma relação simbólica com o que foi alvo da defesa.

No percurso trilhado até aqui, vimos que Freud buscava decifrar e devolver para o sujeito a representação da experiência aflitiva. Aponto que essa técnica inicial teria um duplo objetivo: superar a defesa e promover a elaboração associativa do que foi vivido, desde que não envolvesse um grande incremento de excitação. Contudo, Freud supunha que a contenção feita pela defesa só poderia ser vencida com uma interpretação direta, explícita e veemente da parte dele. Por isso ele diz à Lucy que ela estava apaixonada pelo patrão e à Katharina que ela teve verdadeiro horror da possibilidade de o pai fazer com ela o que fazia com Franziska. Abre-se aqui uma possibilidade de discutir o tempo, o ritmo e o tom de intervenções na prática clínica de Freud,[7] mesmo que esses pontos só tenham aparecido em sua obra nos artigos técnicos (1911-1915).

A intervenção que Freud fazia até então guardava relação com a maneira como ele concebia o processo terapêutico: reintegrar a intensidade de uma carga afetiva a uma representação, transpondo assim o desinvestimento feito pela defesa e mantido pelo recalque. É a promoção de um desbloqueio associativo que Freud buscava. Uma vez que a elaboração associativa era definida como uma tendência inerente ao psiquismo para ligar e religar afetos a representações, Freud acreditava que bastava anunciar a lógica envolvida na produção do conflito, até então desconhecido pelo sujeito, para que a admissão do que foi vivido acontecesse instantaneamente. O que provocaria uma atenuação do sofrimento devido à ressignificação da experiência traumática. Essas ideias ficam mais claras pela discussão do caso Elisabeth.

Elisabeth tinha 24 anos e foi tratada por Freud entre o outono de 1892 e o verão de 1893. Ela tinha vários problemas para conseguir se locomover. Anos atrás, havia perdido o pai e a irmã. Durante esse período, a mãe teve que realizar uma séria operação oftalmológica. Como ela era a única mulher solteira da família, prestou cuidados a todos os enfermos.

Ela começou falando da doença do pai, das dificuldades envolvidas e de quão custoso foi ela o ter auxiliado até a morte dele.

---

7 Reflexões que veremos a partir do caso Dora.

Devido a isso, toda a família foi descansar em uma estação de veraneio. Foi nessa viagem que as dores físicas de Elisabeth começaram. Um dos médicos visitados sugeriu que ela fosse fazer um tratamento hidropático. Elisabeth foi com a sua mãe, porém uma nova emergência familiar apareceu: sua irmã ficou grávida, mas seu estado de saúde era muito ruim e ambas voltaram da estação de tratamento para cuidar da irmã. Quando encontrou a irmã, Elisabeth relatou que ela estava muito debilitada, sua condição estava muito frágil e sua morte era inevitável. A perda da irmã foi muito sofrida para Elisabeth e esse fato constituiu o ponto central desse caso.

> *Incompatibilizada com seu destino, amargurada pelo fracasso de todos os seus pequenos planos para o restabelecimento das antigas glórias da família, com todos aqueles a quem amava mortos, distantes ou estremecidos, e despreparada para refugiar-se no amor de algum homem desconhecido, ela viveu dezoito meses em reclusão quase completa, não tendo nada a ocupá-la senão os cuidados com a mãe e com suas próprias dores. (Breuer & Freud, 1893d/2006, pp. 168-169)*

Freud relatou grande dificuldade em conduzir este atendimento, justamente porque não conseguia estabelecer qualquer relação entre os sintomas de sua paciente, principalmente a dor nas pernas, e os fatores que os desencadeavam. Em uma das sessões, apertou a testa de Elisabeth e lhe pediu que dissesse tudo o que lhe ocorria. Para a alegria de Freud, ela se lembrou de uma noite em que um rapaz a acompanhou até em casa depois de uma festa. Durante o caminho, tiveram uma conversa divertida, era um rapaz que contava com a aprovação familiar para um possível relacionamento. Tiveram um breve período de enamoramento, interrompido pelo agravamento da saúde do pai de Elisabeth, já que ela era a encarregada de grande parte de seus cuidados. Um dia, por insistência do próprio pai, ela foi a uma festa para encontrar o rapaz, lá se divertiram, conversaram. Ela queria voltar mais cedo, estava preocupada com o pai, mas acabaram ficando um pouco mais. Quando chegou em casa, soube que o estado de saúde do pai havia piorado. O conflito foi inevitável: ela se recriminou muito por ter se divertido em vez de cuidar do pai.

Esta foi a última vez que ela se afastou do pai uma noite inteira, e encontrou poucas vezes o rapaz em questão. Depois que o pai morreu, ela renunciou a possibilidade de ter uma vida amorosa. Freud localizou aqui um primeiro conflito, relacionado aos sentimentos de alegria e prazer que Elisabeth sentiu no contato com esse rapaz e a piora no estado de saúde do pai, coincidentemente quando ela estava ausente. A saída defensiva para o conflito foi uma conversão:

> *a representação erótica foi recalcada para longe da associação e o afeto ligado a essa representação foi utilizado para intensificar ou reviver uma dor física que estivera presente simultaneamente ou um pouco antes. (Breuer & Freud, 1893d/2006, p. 171)*

Freud fez uma intervenção falando isso e a recordação do episódio do fracasso amoroso fez Elisabeth ligar um fato a outro: as dores nas pernas começaram quando o estado de saúde do pai piorou ao mesmo tempo que parou de ver o rapaz. Ainda, falou que a sua coxa direita doía mais porque era ali que o pai apoiava a perna para ela trocar as ataduras. Depois disso, houve uma relativa melhora nas dores que sentia, porém elas apareciam ocasionalmente, algumas vezes com a mesma gravidade habitual.

Em uma sessão, Elisabeth interrompeu o atendimento pois seu cunhado a chamava do lado de fora do consultório. Até esse instante, ela estava sem nenhuma dor em suas pernas, porém, quando voltou, sentia dores agudas. Ela então disse que suas dores também apareceram logo após a morte de sua irmã. Recordou-se que, no momento em que entrou no local no qual sua irmã era velada, pensou que seu cunhado agora estaria livre e eles poderiam se casar.

Mesmo sentindo ternura e carinho pelo cunhado, admitir o desejo de ter uma relação com ele não foi de fácil custo para Elisabeth: "Ela conseguiu poupar-se da dolorosa convicção de que amava o marido da irmã induzindo dores físicas em si mesma" (Breuer & Freud, 1893d/2006, p.180). Freud acreditou ter comprovado essa hipótese quando Elisabeth disse a ele que sentiu as dores mais fortes nas pernas quando passeava certa vez com o cunhado. A intensidade dessa conversão, segundo Freud, remontaria "à energia com que a representação incompatível fora expulsa de suas associações" (Breuer & Freud, 1893d/2006, p. 180). Se a energia para repelir a representação do que ela sentia pelo cunhado tinha sido tamanha, era de se esperar que o retorno dela não seria de fácil custo. Quando Freud falou a Elisabeth que ela amava o cunhado, ela sentiu dores muito intensas nas pernas, autorrecriminou-se: "não era verdade . . . não podia ser verdade, ela será incapaz de tanta maldade, jamais poderia perdoar-se por isso" (Breuer & Freud, 1893d/2006, pp. 180-181).

Freud supunha que, depois de extirpada a representação erótica em relação ao cunhado, a carga de afeto correspondente não se ligou a outra representação, por isso havia sido convertida em sensações físicas de dor. Houve aqui o isolamento de um representante psíquico pois o incremento de excitação foi muito grande. Isso porque Elisabeth teria que admitir duas mudanças: a morte da irmã e a possibilidade de ela se relacionar com o cunhado.

Na "Comunicação preliminar" (1893a) havia a hipótese de que, quando a lembrança do trauma era encontrada, a carga afetiva até então desligada era reconectada com a representação original. Entretanto, não foi o que ocorreu quando Freud revelou a Elisabeth a razão de seu sofrimento. A interpretação freudiana não teve o esperado efeito libertário, a hipótese da "admissão instantânea" de 1893 caiu por terra. Apenas apontar diretamente a origem do sofrimento não parecia produzir efeito terapêutico.

No método catártico havia um excesso de afeto retido que precisava ser liberado por não ter sido vivenciado adequadamente na época da experiência traumática. A partir da dificuldade que Freud enfrentou com Elisabeth, ele pensou que, entre o desejo que ela sentia pelo cunhado e sua possível admissão, havia uma relação de conflito, que seria resolvida pelo desinvestimento da representação relacionada a esse desejo, o que foi chamado de defesa em 1894. Ela operaria fazendo um encobrimento e desencadeamento representacional quando a carga excitatória era muito intensa. Freud usou o termo inconsciência para falar do desejo de Elisabeth pelo cunhado, no sentido do não reconhecimento de si diante do próprio desejo. A representação que sofreu incidência da defesa, segundo Schneider (1993), seria *desafetada* e por isso não estava conectada com os encadeamentos representacionais, à atividade consciente do sujeito.

Esse apontamento encontra sua base ao vermos o efeito perturbador que Freud notou em Elisabeth quando fez a interpretação de que ela amaria o cunhado, o "resgate dessa representação recalcada teve um efeito devastador sobre a pobre moça" (Breuer & Freud, 1893d/2006, p. 180). Apareceu no pensamento freudiano a dimensão de que a admissão em si de uma representação até então desconectada da atividade consciente do sujeito não é algo instantâneo, mas um processo. A partir do caso Elisabeth, é possível relacionarmos como esse processo se torna possível devido à elaboração associativa. O termo admissão é a tradução do termo *die*

Annahme e, no uso que Freud fez,[8] relaciona-se a um processo de assimilação:

> *Não se trata somente de constatar um processo, mas de desposá-lo, de acolhê-lo em si, de dar-lhe um lugar, e quando se trata de representações anteriormente aprendidas como insuportáveis, este movimento de admissão evoca mais a ideia de uma abdicação que de uma tomada de poder, e compreende-se que o sujeito "resiste", tanto quanto pode, antes de aceitar a rendição. (Schneider, 1993, p. 72)*

Essa admissão carrega uma noção de tempo e, ao seu final, é esperado que o sujeito se responsabilize por seu desejo. A partir dessa ótica, a impotência e o sofrimento que Elisabeth sentiu para exteriorizar o desejo pelo cunhado é necessária, isso porque a clínica freudiana caminhava para não transformar o paciente em um espectador passivo diante de seu sofrimento, mas sim colocá-lo em um processo de reconhecimento de si por meio de um sentimento até então renegado. O trabalho era acolher em si um desejo conflituoso, melhor dizendo, ter possibilidades de conseguir admiti-lo como sendo seu.

De acordo com Schneider (1993), o processo de admissão implica uma noção de que o reconhecimento de si exige trabalho e, consequentemente, esforço e paciência. A clínica freudiana passou a adquirir uma tonalidade de ressignificar experiências, não apenas somar ou rejeitar determinados aspectos de si. A partir do caso Elisabeth, houve o início da concepção de que o enquadre clínico

---

8 Por exemplo: "Essa moça sentia pelo cunhado uma ternura cuja aceitação [*die Annahme*] na consciência deparara com a resistência de todo o seu ser moral" (Breuer & Freud, 1893d/2006, p. 180).

freudiano deixou de ser uma decodificação e expulsão de experiências e conteúdos aflitivos. É um distanciamento significativo das concepções clínicas presentes na "Comunicação preliminar" (1893a).

Aponto que destravar o bloqueio associativo não seria possível mediante uma simples constatação, uma vez que implicaria um movimento de acolhida em si do que é sentido, o que requer uma reorganização da atividade consciente, operada pela elaboração associativa. Ao atender Elisabeth, a ideia de Freud era que ao falar das lembranças, principalmente relacionadas ao início das dores nas pernas, a possibilidade de admissão de intensidades afetivas poderia acontecer. A interpretação pontual e direta teria um papel organizador para possibilitar o encadeamento representacional. Reconheço que ainda havia a prática de pressão na testa, que é uma atividade sugestiva, mas que não anula o fato de que Freud começou a construir uma prática clínica na qual o sujeito era convocado a um trabalho de descoberta de si.

Sigo aqui as ideias de Schneider (1993) quando ela coloca que o caso Elisabeth trouxe uma mudança na orientação clínica freudiana. O fator preponderante para isso foi que a experiência com as intensidades afetivas ganhou um destaque fundamental, falar dela tendo como fio condutor a maneira como o conflito se desenvolvia faria com que desinvestimentos fossem descobertos e conexões novas entre representações e afetos acontecessem. O desejo de Elisabeth pelo cunhado, mesmo tendo surgido em condições casuais e até dramáticas, não era mais concebido como algo acidental, fortuito, motivado por um incidente externo, do qual bastaria apenas se livrar. O propulsor do desejo é interno, pulsional, o sujeito nada pode fazer para contornar ou evitar o que deseja, restando a ele lidar com as consequências do que o invade.

A partir do que foi discutido até aqui, defendo que na construção do enquadre clínico freudiano nenhum trabalho pode ser realizado fora do campo que circunscreve as intensidades afetivas e suas possíveis ligações com representações, sempre levando em conta a quantidade de excitação envolvida. Quando essa é muito grande, a defesa atua e a etiologia dos sintomas é estabelecida. A noção de conflito em conjunto com a de balanço energético construiu a escuta freudiana.

Mezan (1993b) sugere a neologismo "in-quecer" para definir como se dá o processo de admissão: "o sujeito é que 'cai para dentro' da sua lembrança, molha-se nela, abre-se para ela, pois já não pode ser tido como soberano neste processo, ele que defendia com todas as suas forças sua ilusória autonomia frente ao esquecido" (p. 62).

Destaco que Freud buscou promover com Elisabeth um processo de admissão afetiva, e com isso está presente um momento importante da elaboração associativa no pensamento freudiano: ela só operaria na realocação de um desinvestimento afetivo quando a etiologia do sintoma era descoberta e revelada. Não como um trabalho de liberar um excesso, mas de integrar novamente uma parte de si até então desconectada da atividade consciente. A partir do caso Elisabeth, podemos ver que Freud conferiu um papel importante na admissão afetiva como o produto da elaboração associativa.

Noto que a amenização do sofrimento não era mais encarada como uma descarga afetiva atrasada, isso porque a admissão seria viabilizada pela elaboração associativa das representações desinvestidas. O sinal que a admissão ocorreu, acreditava Freud (Breuer & Freud, 1893d/2006), era a diminuição da excitação no aparelho psíquico acompanhada de uma atenuação dos sintomas. A elaboração associativa continuou no pensamento freudiano relacionada ao trabalho de ligar e religar a energia pulsional, considerada como um trabalho intrapsíquico inerente à atividade consciente; quando ela não ocorre é devido à intensidade de uma experiência, seja intrapsíquica ou relacional, e como contrapartida a reação defensiva atua.

Curiosamente, no fim do tratamento de Elisabeth, Freud teve uma entrevista com a mãe dela, que confirmou a paixão da filha pelo cunhado. A interpretação de Freud tinha sido confirmada, a suposta admissão de tal desejo fez com que o tratamento fosse encerrado e considerado bem sucedido.[9] Contudo,

> *Elisabeth se chamava Ilona Weiss. Muitos anos depois de um casamento feliz, sua filha lhe fez perguntas e deixou um depoimento que sublinhou que a imagem fornecida dela nos* Estudos *era conforme à realidade. No entanto, ao falar de seu tratamento, a ex-paciente afirmou que o "médico barbudo" de Viena a quem a tinham encaminhado, havia tentado, contrariando sua vontade, convencê-la de que estava apaixonada pelo cunhado. (Plon & Roudinesco, 1998, p. 206)*

Meu objetivo não é discutir a veracidade do sentimento de Elisabeth pelo cunhado, mas sim destacar que, na tentativa de lidar com as dificuldades deste caso, o processo de admissão (*die Annahme*) ganhou um destaque importante na clínica freudiana, pois seria o resultado do tratamento, levando ao sentimento de convicção.

---

9 "Na primavera de 1894, eu soube que ela iria a um baile particular para o qual eu poderia obter um convite, e não deixei escapar a oportunidade de ver minha ex-paciente passar por mim rodopiando numa dança animada. Depois dessa ocasião, por sua própria vontade, casou-se com alguém que não conheço" (Breuer & Freud, 1893d/2006, p. 183).

Até esse momento de sua obra, Freud ainda não havia discutido a dimensão da resistência e da transferência em sua prática clínica. Havia uma ideia de que bastava a explicitação do conflito para que a defesa cedesse e a admissão ocorresse. Nos casos Lucy e Katharina está presente a ideia de que esse movimento seria automático. A novidade importante do caso Elisabeth é que a admissão foi encarada como um processo, muitas vezes penoso, já que requer uma (re)integração em si de intensidades afetivas desinvestidas.

O direcionamento futuro da teoria da técnica freudiana teve como baliza os fatores envolvidos no processo de admissão como possibilidade de avanço do processo clínico, envolvendo as ligações, separações e religações entre representações e intensidades afetivas. Até aqui, vimos a introdução e o desenvolvimento da primeira matriz da elaboração psíquica no pensamento freudiano. A partir da introdução dos conceitos de resistência e de transferência, veremos como foi possível a formulação da segunda matriz, a perlaboração.

Resistência e transferência: apontamentos iniciais

No ensaio clínico "A psicoterapia da histeria" (1895), Freud apresentou os conceitos de transferência e de resistência, que edificaram a clínica psicanalítica propriamente dita. Nesse texto, discutiu que o método catártico não seria eficaz pois não trabalhava com as causas da histeria, o que seria a razão do reaparecimento de novos sintomas pelo deslocamento do fator desencadeante do sofrimento histérico.

Para Freud (1895/2006), a proposta terapêutica de Breuer não integrou no tratamento um fator fundamental: a resistência. Entendida, nesse momento, como o conjunto de todas as expressões e comportamentos do sujeito que dificultavam o avanço do tratamento. Seria por não a ultrapassar que o sintoma era sempre deslocado e a etiologia da histeria não era conhecida. Foi devido aos obstáculos em elucidar o sentido do sintoma para o tratamento avançar que Freud se deparou com os efeitos da resistência.

De acordo com o que vimos até aqui, o método catártico utilizava a hipnose para desvelar conteúdos traumáticos aos quais o sujeito não conseguia ter acesso mediante sua atividade consciente, rememorando e promovendo o conhecimento do que causava o sofrimento. Contudo, a partir dos casos Lucy, Katharina e Elisabeth, observamos que a rememoração poderia acontecer por uma série de associações, seguidas das perguntas e interpretações diretas que Freud fazia, sem utilizar a hipnose.

O abandono do método catártico aconteceu porque alguns pacientes eram mais sugestionáveis a serem hipnotizados do que outros, fato sem explicação coerente. Também conta o fato de que essa prática era feita porque ainda não havia outra abordagem terapêutica. Assim, como dissemos anteriormente, foram as dificuldades etiológicas as grandes responsáveis por Freud não utilizar mais o método catártico. No entanto, a questão de como ter acesso às lembranças conflituosas do sujeito sem intervenções sugestivas precisava de resposta.

Foi desse lugar que Freud partiu ao perguntar para o paciente quando o sintoma havia tido sua primeira manifestação, quais pensamentos ocorreram e o que foi sentido na ocasião. Para lidar com a insegurança e a imprevisibilidade do que poderia ser lembrado, Freud reassegurava que o conhecimento estava ali e seria recordado. A partir daí, lembranças eram produzidas, sendo ligadas a outras mais retroativas e relações com o sintoma do sujeito iam sendo mapeadas.

Freud (1895/2006) passou a acreditar que, por sua presença e insistência, grupos de representações inconscientes poderiam ser recordados. Bastaria expor a origem do conflito que a elaboração associativa operaria novamente no encadeamento dos pares representação-afeto correspondentes. Considerando essa concepção de dinâmica psíquica, Freud intervinha colocando diretamente o que ele acreditava ser a razão do sofrimento de seus pacientes. O que exigia um certo esforço de sua parte, já que essa

> *situação conduziu-me de imediato à teoria de que,* por meio de meu trabalho psíquico, eu tinha de superar uma força psíquica nos pacientes que se opunha a que as representações patogênicas se tornassem conscientes (fossem lembradas). *(Freud, 1895/2006, p. 283, grifo do original)*

Essa carga de trabalho psíquico exigida de Freud seria em virtude de uma "força" que estava presente no psiquismo do sujeito e o impedia de relacionar a carga afetiva conflituosa a uma representação possível. Tal "força" seria

> *uma característica universal de tais representações: eram todas de natureza aflitiva, capazes de despertar afetos de vergonha, de autocensura e de dor psíquica, além do sentimento de estar sendo prejudicado; eram todas de uma espécie que a pessoa preferia não ter experimentado, que preferia esquecer. De tudo isso emergiu, como que de forma automática, a ideia de defesa. (Freud, 1895/2006, p. 283)*

O mecanismo psíquico defensivo operaria da seguinte forma: ao vivenciar uma experiência, o eu do sujeito entraria em contato com uma experiência aflitiva, que só ganharia essa qualificação ao gerar um excesso na carga de excitação do aparelho psíquico. Como forma de contrabalancear essa intensidade, ocorreria a ação de uma força de repulsão, a defesa, ao expulsar da consciência o conteúdo aflitivo. Esse isolamento seria mantido pelo recalque. A defesa fazia parte da dinâmica fundante do aparelho psíquico. Já a resistência era vista como uma força psíquica que impedia que a representação inconsciente fosse associada, uma vez que barrava o retorno da representação à memória. Quando o paciente começava a ter conhecimento da representação inconsciente, gerava-se um aumento da carga aflitiva, principal sinal de manifestação da resistência.

O tratamento buscava rememorar o que era defendido, preenchendo lacunas representacionais no suposto esquecimento do sujeito, associando-as aos afetos correspondentes. A novidade seria que a principal tarefa terapêutica de Freud era fazer com que o paciente vencesse suas resistências à recordação. Em um primeiro momento, Freud (1895/2006) realizava todo o trabalho associativo e, em seguida, o anunciava diretamente ao sujeito. A razão disso seria que

> *o "não saber" do paciente histérico seria, de fato, um "não querer saber" – um não querer que poderia, em maior ou menor medida, ser consciente. A tarefa do terapeuta, portanto, está em superar, através de seu trabalho psíquico, essa resistência à associação. (Freud, 1895/2006, p. 284)*

Por essa razão, Freud ainda manteve alguns atos sugestivos em sua abordagem, tais como pressionar a testa de Lucy e de Elisabeth; também dizia, repetidas vezes, que elas se lembrariam de tudo, bastava um pouco mais de esforço. Aponto que, nesse momento, o efeito terapêutico repousava na recordação de representações inconscientes acompanhadas de sua admissão afetiva, eliminando ou atenuando o sintoma.

Freud recebia todas as recordações de suas pacientes, fazia possíveis relações destas com os sintomas em conjunto com as situações traumáticas e devolvia a elas, de uma forma um tanto *persuasiva*, o motivo do sofrimento que as acometia. Esperava, assim, que essa concepção de processo clínico, por si só, eliminasse a resistência relacionada a uma ou mais representações inconscientes.

Em "A psicoterapia da histeria" (1895), Freud retomou a ideia de desinvestimento que fez em 1894, quando teorizou a respeito da atuação da defesa na dinâmica psíquica. Fez isso para apontar que o sinal de reconhecimento de uma lembrança conflituosa era dado quando o paciente a descrevia sem importância, tentando evitar o assunto, ou com grande embaraço. É importante destacar que o material psíquico estava estratificado em camadas, que conteriam a sequência de todos os eventos relacionados à experiência traumática, e ao redor "desse núcleo encontramos uma quantidade incrivelmente grande de outro material mnêmico que tem de ser elaborado em análise" (Freud, 1895/2006, pp. 300-301).

Em 1895, o material mnêmico era visto por Freud em três diferentes planos: (1) havia uma ordem cronológica linear nas recordações para acessar uma representação inconsciente, a experiência mais recente apareceria em primeiro lugar até ocorrer a lembrança da experiência traumática inaugural; (2) as recordações estavam agrupadas conforme sua tonicidade de resistência, distribuídas em camadas ao redor do núcleo traumático, à medida que o tratamento evoluía, a passagem de uma camada a outra tinha, por consequência, um aumento na força da resistência, acompanhado, por vezes, da intensificação do sintoma; e (3) o encadeamento representacional até o núcleo traumático, mesmo seguindo um caminho irregular e confuso, era unidirecional, indo da periferia ao centro. Esses planos carregam um caráter dinâmico na estratificação do psiquismo, uma vez que relacionam intensidades da resistência, possibilidades de intensificação do sintoma e o caminho no acesso à representações inconscientes. Tudo em uma relação de *sobredeterminação.*

> *A cadeia lógica corresponde não apenas a uma linha retorcida, em ziguezague, mas antes a um sistema de linhas em ramificação e, mais particularmente, a um sistema convergente. Ele contém pontos nodais em que dois ou mais fios se juntam e, a partir daí, continuam como um só; e em geral diversos fios que se estendem de forma independente, ou não, ligados em vários pontos por vias laterais, desembocam no núcleo. Em outras palavras, é notável a frequência com que um sintoma é determinado de vários modos, é "sobredeterminado". (Freud, 1895/2006, p. 302)*

A intensidade afetiva aqui, pontuo, não era mais vista por Freud como um corpo estranho, haja vista que necessitava ser associada de alguma maneira aos encadeamentos representacionais conscientes. Nesse ponto, a resistência seria o *agente infiltrado* que tecia um emaranhado multiconectado, distante do núcleo traumático. O objetivo do processo clínico até então era dissolver a ação da resistência, permitindo a elaboração associativa de uma ou mais representações inconscientes por causa do desvelamento do sentido oculto acompanhado do(s) afeto(s) correspondente(s).

Freud (1895/2006) defendia que, durante o tratamento, uma recordação por vez entraria no âmbito da consciência do sujeito, demandando por ligação. Quando o sujeito se via envolto na tarefa de entender o que uma determinada lembrança carregava, seria necessária uma intervenção que mostrasse a relação de sentido entre a recordação e o sintoma. Por isso, as interpretações freudianas eram categóricas e veementes, pois ele acreditava que sem intervenções dessa ordem nenhuma conexão seria possível.

Tendo em vista a estratificação representacional em camadas, quando o sujeito se encontrava diante de uma grande dificuldade em lidar com a representação de uma lembrança conflituosa, todo o encadeamento era bloqueado pois a ação da elaboração associativa relacionada a essa representação ficava paralisada. Freud, então, realizava todo o trabalho psíquico de decodificação, reunindo elementos, e depois entregava ao sujeito o que ele presumia que esse experienciava no plano afetivo.

A elaboração associativa, acredito, era o trabalho de ligação do psiquismo; Freud concebia-o como automático quando o nível excitatório não era excessivo. Ao transpor uma resistência, Freud presumia que o excesso de intensidade era liberado, com isso a elaboração associativa voltaria a operar e o sintoma seria atenuado.

Mesmo essa sendo uma concepção técnica inicial de um processo clínico, principalmente ao ser relacionada na forma e no efeito de superar resistências, Freud (1895/2006) já destacava a importância da paciência, pois a decifração dos encadeamentos envolvidos para acessar uma representação inconsciente requeria grande esforço. Aqui, a paciência foi colocada como uma advertência técnica que ele precisava ter, pois o trabalho psíquico realizado por ele era muito exigente.

Também é possível notar o aspecto da confiança na clínica freudiana, mesmo ainda sendo próxima da sugestionabilidade. Entretanto, essa postura foi fundamental para Freud abandonar a hipnose e constituir uma clínica com menos enquadres pré-situacionais; ele pretendia "dar ao paciente assistência humana, até o ponto em que isso é permitido pela capacidade da própria personalidade de cada um e pela dose de compreensão que se possa sentir por cada caso específico" (Freud, 1895/2006, p. 296).

O embasamento para essa argumentação é que, para Freud (1894/2006, 1895/2006), os sintomas, não só os histéricos, carregavam símbolos mnêmicos das experiências traumáticas e desvelar o sentido por trás da manifestação sintomática só era possível mediante ao acesso da representação inconsciente relacionada ao trauma. Quando Freud acreditava ter feito isso, bastava revelar ao sujeito o sentido acompanhado da causa, o que poderia ser feito diversas vezes, "até que a elaboração do material patogênico tenha eliminado o sintoma de uma vez por todas" (Freud, 1895/2006, p. 309). O principal trabalho do sujeito era lembrar, ele era convocado a falar livremente de suas recordações, sempre as remontando às manifestações sintomáticas, para delas Freud ir constituindo o caminho dos encadeamentos representacionais defendidos.

Esse convite à fala livre, dar o poder da palavra ao sujeito, foi a maneira que Freud encontrou para ter material clínico, já que havia abandonado o método catártico. Quando houve a concessão de uma maior liberdade de fala aos pacientes, de pedir a eles que dissessem o que os afligia, houve a pré-condição do surgimento do que foi chamado posteriormente por Freud (1925/2013) de "regra fundamental da psicanálise": a associação livre. Constituinte técnico que emoldurou a situação analítica, o convite freudiano era para seus pacientes

> *dizerem tudo o que lhes passar pela cabeça, mesmo o que julgarem sem importância, ou irrelevante, ou disparatado. Ao contrário, pede com especial insistência que não excluam de suas comunicações nenhum pensamento ou ideia pelo fato de serem embaraçosos ou penosos. (Freud, 1904[1903]/2006, p. 237)*

Seguimos aqui a argumentação de Laplanche e Pontalis (2001) ao dizer que a origem da associação livre não é possível de ser feita com precisão no pensamento freudiano, contudo ocorreu entre 1892 e 1898. Claro que ela surgiu em uma concepção pré-analítica de acesso ao inconsciente, porém, mesmo havendo aspectos sugestivos, essa mudança de enquadre clínico foi notável na posterior formação da clínica psicanalítica. Retomando a sugestão de Bleger (1967/1985), ao sustentar um enquadre que possibilitasse a expressão espontânea do sujeito, acompanhada de suas falhas e dificuldades, Freud se viu obrigado a realizar mudanças técnicas e teóricas em seu pensamento, no processo, com vistas a atenuar o sofrimento de quem o procurava.

Houve um destaque no papel da recordação; o paciente era convocado a preencher as lacunas de sua memória mediante uma fala que pretendia ser *livremente associativa*. Freud supunha que esta seria a única maneira de propiciar o aparecimento das resistências e, concomitantemente, ter contato com estas, uma vez que o seu conteúdo se tornava a base da interpretação. *Livre*, importante dizer, relaciona-se ao fato de que, no decorrer da clínica freudiana, ele não orientaria ou controlaria o fluxo associativo do sujeito, tampouco ofereceria um ponto de partida.

As lacunas da memória eram o resultado do que Freud (1894/2006, 1895/2006) até então chamou de defesa, baseado na ideia de que a consciência repele tudo o que traga desprazer, aumento excessivo de excitação, para a vida psíquica do sujeito. O conteúdo repelido, as representações inconscientes, são as formações psíquicas defensivas. Não seria possível ter acesso a elas de uma maneira direta, isso porque são alvo de distorções e deslocamentos feitos pela resistência. De acordo com Laplanche e Pontalis (2001), Freud parecia

> *ver a origem última da resistência numa repulsa que vem do recalcado enquanto tal, na sua dificuldade para se tornar consciente e, sobretudo, plenamente aceito*

> *pelo sujeito. Encontramos, pois, aqui dois elementos de explicação: a resistência é regulada pela sua distância em relação ao recalcado; por outro lado, corresponde a uma função defensiva.* Os escritos técnicos mantêm esta ambiguidade. *(p. 459, grifo nosso)*

A base segura de que o tratamento se aproximava de representações inconscientes era a manifestação da resistência, seu principal sinal era a inibição do fluxo associativo. O que levaria, segundo Freud (1895/2006), a um aumento da intensidade dos sintomas e, possivelmente, ocasionaria o surgimento de novos. No texto "O método psicanalítico de Freud" (1904[1903]/2006), algumas dessas ideias ficam mais evidentes; Freud argumentou que, quanto maior a distorção relacionada a uma recordação, mais intensa seria a resistência envolvida e, portanto, maior seria sua proximidade da experiência traumática. Foi a partir dessas considerações que ele teve condições de criar um enquadre clínico distante da aplicação do método catártico,

> *quando se dispõe de um procedimento que permita avançar das associações até o recalcado, das distorções até o distorcido, pode-se também tornar acessível à consciência o que era antes inconsciente na vida anímica, mesmo sem a hipnose. (Freud, 1904[1903]/2006, p. 238)*

Vemos aqui que o abandono da hipnose se relacionou com o fato de que esta ocultaria as manifestações da resistência, não havendo possibilidade de conhecimento do conflito e da dinâmica envolvida no psiquismo. Por isso, Freud (1904[1903]/2006) defendeu que, ao não eliminar a resistência, a hipnose apenas traria dados incompletos sobre o sujeito, resultados passageiros e novas manifestações, mesmo que deslocadas, do sintoma. O sofrimento do sujeito não seria tratado. Em "Sobre a psicoterapia" (1905[1904]), a partir de uma citação de Leonardo Da Vinci sobre a arte, houve uma comparação entre a psicanálise e a sugestão hipnótica, para destacar a diferença entre ambas:

> *A pintura, diz Leonardo, trabalha* per via di porre, *pois deposita sobre a tela incolor partículas coloridas que antes não estavam ali; já a escultura, ao contrário, funciona* per via di levare, *pois retira da pedra tudo o que encobre a superfície da estátua nela contida. (Freud, 1905[1904]/2006, p. 247)*

A sugestão hipnótica, base técnica do método catártico, não levava em consideração a origem e o sentido para o sujeito dos sintomas, apenas buscava eliminá-los pelo ato sugestivo. Logo, não havia em tal método uma teoria etiológica das neuroses. Já a psicanálise não acrescentaria nada novo, pelo contrário, buscava desvelar conteúdos que o sujeito já carregava em si – eles estariam no seu inconsciente. Seria tarefa do tratamento descobrir, interpretar e, assim, fazer com que o sujeito admitisse as representações inconscientes. Para tanto, Freud teorizou sobre a origem dos sintomas, dando destaque para a noção dinâmica e conflituosa presentes no psiquismo do sujeito.

Até esse momento, vale pontuar que, quando Freud falava de eliminar todas as resistências como meta principal do tratamento psicanalítico, a associação livre era o recurso técnico que procuraria, em um primeiro tempo, rebaixar a censura entre o pré-consciente e o consciente. Buscava-se diminuir a escolha voluntária do que era associado pelo sujeito, para, em um segundo momento, desvelar a censura entre o pré-consciente e o inconsciente. O sinal para reconhecê-la era a manifestação das resistências.

A resistência era a força que barrava o acesso das representações inconscientes defendidas pelo Eu, sendo sustentada pelo recalque. Nesse sentido, era função do analista descobrir as representações inconscientes, superando as resistências envolvidas no caminho e devolver ao sujeito a relação delas com seu sofrimento. Por isso, as interpretações freudianas eram diretas, veementes, próximas de um tom professoral. Seria suficiente mostrar ao sujeito porque ele sofria, esperando que assim a elaboração associativa de uma ou mais representações inconscientes ocorresse.

Freud (1895/2006) deixou claro que tudo que perturbava o acesso às representações inconscientes, via recordação do sujeito, eram resistências. Inicialmente, a relação terapêutica, chamada de transferencial, foi concebida como uma *forma de resistência*. Ele acreditava que a relação transferencial não podia ser perturbada, uma vez que isso seria a pior adversidade para a continuação do tratamento. Seguimos aqui a argumentação de Mezan (1998) de que Freud discutiu em 1895 o *fenômeno* da transferência, como ela se manifestava nos atendimentos que realizava. Contudo, o *conceito* de transferência apareceu no pensamento freudiano uma década depois, em 1905, a partir de reflexões das dificuldades que Freud enfrentou na análise de Dora.

As "perturbações" transferenciais apresentadas em 1895 seriam: (1) alguma desavença pessoal ocorreu, o que levaria o sujeito a acreditar que foi negligenciado pelo analista; (2) quando o sujeito estava muito envolvido com o analista e por isso seria tomado por uma angústia de perder sua independência em relação a ele; e (3) o sujeito percebia que transferia para o analista as próprias representações inconscientes oriundas do tratamento. Seria a partir dessa terceira perturbação, que "A transferência[10] para o

10 O termo em alemão para transferência é *Übertragung*, tendo o significado de transporte, deslocamento. O substantivo *Übertragen* carrega o sentido de

médico se dá por meio de uma *falsa ligação*" (Freud, 1895/2006, p. 313, grifo do original).

Nesse momento, a transferência seria uma modalidade de deslocamento de afetos de uma representação para outra, sendo vista como uma barreira para os trabalhos de recordação e de associação, logo, uma resistência. Discutindo tal fenômeno, Freud (1895/2006) colocou que a transferência acontecia quando um desejo inconsciente irrompe, aparentemente sem nenhuma relação com a lembrança da experiência passada na qual surgiu, e acaba sendo transferido para sua pessoa.

Da mesma maneira que enfrentava toda resistência, Freud buscava superar o entrave transferencial abordando-o diretamente com o sujeito, isto é, dizendo abertamente o que se passava na relação terapêutica. Haja vista que a transferência era um erro associativo, pois vinculava o afeto, até então desconectado da representação original, com a figura do analista. De acordo com a concepção técnica de então, bastaria resolver a "falsa ligação" presente no tratamento e, aos poucos,

> *os pacientes aprenderam a compreender que nessas transferências para a figura do médico tratava-se de uma compulsão e de uma ilusão que se dissipavam com a conclusão da análise. (Freud, 1895/2006, p. 315)*

Esse mecanismo transferencial era baseado na ideia de que houve um recalque de um desejo no passado do sujeito e, na relação com Freud, no presente, ocorreria o ressurgimento do mesmo afeto aflitivo que motivou a ação defensiva. A questão é que essa forma de vinculação, na visão de Freud (1895/2006), dificultava a

---

transpor de um contexto para outro uma estrutura, um modo de ser ou de se relacionar (cf. Hanns, 1996, pp. 412-413).

admissão de representações inconscientes pelo sujeito. Nada mais era do que um obstáculo nos trabalhos de recordação e de associação, constituindo um sinal seguro da proximidade ao acesso de representações inconscientes fundamentais para a continuidade do tratamento.

> *Fruto da compulsão associativa, ela resulta de um processo análogo ao do trabalho do sonho: um desejo antigo liga-se a uma representação recente – o "resto diurno" – e assim atravessa a barreira da censura. Interpretar "uma" transferência é assim desfazer o equívoco, vincular novamente o afeto à representação que lhe corresponde, no caso de uma pessoa significativa do passado que está sendo substituída pela imagem do psicanalista. (Mezan, 1998, pp. 252-253)*

O que assegurava essa visão era a concepção freudiana de neurose. Ela era formada por representações aflitivas que sofreram a atuação da defesa, sendo separadas de seus afetos correspondentes, tornando-se inconscientes. Tais afetos, agora livres no psiquismo, investiriam outras representações, guardando uma certa relação de sentido com a primeira. Acredito que a amenização do sofrimento neurótico era buscada solucionando a rede de ligações representacionais equivocadas, restabelecendo a atuação da elaboração associativa. Nesse contexto, Freud, ao apontar os motivos da ligação errônea junto com o sentido dos sintomas, via interpretação direta, acreditava que a ação terapêutica estaria feita, justamente porque tudo o que se opunha ao ato de recordar era tido como uma resistência, que era a face visível do recalque.

Quando Freud concedeu um maior espaço de escuta para seus pacientes, notou o surgimento de inclinações afetivas para a figura que ele representava. Inclinações que, originalmente, direcionavam-se para as imagos parentais. Os sentimentos dirigidos a ele eram constituídos por *ligações equivocadas* que necessitavam de um redirecionamento para o trabalho de recordação não ficar comprometido. Não havia aqui um trabalho sob transferência, ela era um erro associativo, nada mais. A transferência seria "um fenômeno derivado do jogo de forças que organiza a sessão, forças que tendem a ir em busca da representação oprimida e forças que se opõem a esta busca" (Mezan, 1998, p. 253).

Pontuo que, mesmo sendo mais uma forma de manifestação da resistência, Freud anunciou a gênese da transferência em "Psicoterapia da histeria" (1895). Nesse texto, ela já carregava uma importância técnica, pois promovia, mediante a própria relação terapêutica, o ressurgimento de representações que, originalmente, foram alvo da defesa. A transferência era vista como um fenômeno restrito e momentâneo, mas poderia auxiliar na recordação, desde que Freud informasse ao sujeito o que se passava na relação analítica apontando a conexão entre a postura expressa na sessão com as experiências do sujeito fora do espaço clínico.

Quando Freud relacionou a transferência a uma "falsa ligação" endereçada a ele, pretendia aliviar a intensidade da experiência promovida pelo tratamento que oferecia. A insígnia "falsa" ganha destaque pois conectaria duas figuras heterogêneas: a representação que o sujeito faz do analista em conjunto com um afeto passado. Devido a isso, as intervenções que Freud realizava explicando, de modo literal, a transferência, buscavam uma *correção representacional.*

> *O conteúdo do desejo apareceu, antes de mais nada, na consciência da paciente, sem nenhuma lembrança das circunstâncias contingentes que o teriam atribuído a uma época passada. O desejo assim presente foi então,*

> *graças à compulsão a associar que era dominante na consciência da paciente, ligado à minha pessoa, na qual a paciente estava legitimamente interessada; e como resultado dessa* mésalliance *– que descrevo como uma falsa ligação – provocou-se o mesmo afeto que forçara a paciente, muito tempo antes, a repudiar esse desejo proibido. (Freud, 1895/2006, p. 314)*

Porém, esse posicionamento freudiano com relação ao *fenômeno* transferencial esbarrou em problemas técnicos, pois havia uma incongruência entre a concepção da transferência e a experiência afetiva durante o tratamento. Essa defasagem, como veremos a seguir, foi discutida por Freud nas reflexões que fez depois do término da análise de Dora, que o levaram a pensar a transferência ao nível conceitual, tornando-a a questão técnica central na condução de um processo analítico.

Resistência de transferência?

O caso Dora foi o primeiro grande tratamento psicanalítico publicado por Freud. Ele começou a atender Dora (Ida Bauer), uma adolescente de 18 anos, em outubro de 1899, e essa análise teve duração de onze semanas. O relato clínico foi escrito logo depois, porém sua publicação ocorreu apenas em 1905. Inicialmente, Freud pretendia dar ao "Fragmento da análise de um caso de histeria" (1905[1901]) o nome de "Sonho e histeria". Com a discussão desse caso, Freud buscou validar sua concepção sobre a neurose histérica, a partir das relações entre o papel da sexualidade, já fundamentado em sua obra com a publicação dos "Três ensaios sobre a teoria da sexualidade" (1905), ao lado da noção de conflito. Tecnicamente, pretendia esclarecer a importância da interpretação dos sonhos e da associação livre como constituintes basais do método psicanalítico.

Dora chegou até Freud porque tinha uma série de distúrbios nervosos, tais como enxaquecas, tosse convulsiva, tendências suicidas, depressão. Todo o seu sofrimento começou depois que foi vítima de uma hipocrisia familiar. Ela chegou até Freud porque ele, ainda enquanto neurologista, cuidou do pai dela (Philipp Bauer), que apresentava um quadro de confusão mental, possivelmente causado pela sífilis. Freud descreveu Dora como uma pessoa inteligente, cativante, bonita, que enfrentava uma história conflituosa que rapidamente despertou sua curiosidade. Por muito tempo, ela adiou o início do tratamento e, somente devido a um posicionamento enérgico de seu pai, iniciou sua análise. Plon e Roudinesco (1998) apontam que, quando Philipp levou sua filha até Freud, esperava "que este lhe desse razão e que tratasse de pôr fim às fantasias sexuais da moça" (p. 52).

O fator desencadeante e determinante para o início dos sintomas de Dora foi o conhecimento de um caso de adultério de seu pai com a esposa de um dos amigos mais próximos de sua família, a Sra. K. Ocasião que ocorreu durante uma temporada de férias em Merano, Itália. Na versão que Freud nos apresentou, inicialmente, o marido traído, Sr. K., tomado de ciúmes, buscou seduzir a cuidadora dos seus filhos. Logo depois, movido por um possível sentimento de vingança, ficou galanteando Dora durante toda essa viagem à Itália.[11] Em um certo dia da viagem, enquanto passeavam

11 Plon e Roudinesco (1998) oferecem um compêndio dos principais acontecimentos deste caso: "A história de Ida Bauer é a de um drama burguês, tal como encontrado nas comédias ligeiras do fim do século XIX: um marido fraco e hipócrita engana sua mulher, uma dona de casa ignorante, com a esposa de um de seus amigos, conhecida numa temporada de férias em Merano. A princípio enciumado, depois indiferente, o marido enganado tenta, de início, seduzir a governanta de seus filhos. Depois, apaixona-se pela filha

sozinhos em torno de um lago e conversavam tranquilamente, o Sr. K., de um modo inesperado, aproximou-se de Dora, abraçou-a e deu um beijo em sua boca. Perplexa e um tanto horrorizada, ela deu um tapa no rosto dele e fugiu dali. Em virtude disso, Dora foi embora da estação de veraneio antes do programado, sem revelar a ninguém o ocorrido, o que aconteceu logo depois.

Freud acreditava no poder desencadeante dessa cena pois Dora teria sentido uma excitação sexual nesse contato, porém a intensidade psíquica, em conjunto com a vergonha e "confusão" social, motivaram todo o conflito que ela se viu, principalmente após contar à mãe, depois para o pai e daí ocorreram toda a série de desmentidos ao lado da hipocrisia dos envolvidos: pai, mãe, Sr. e Sra. K.

Fato é que depois desse incidente ela passou a sentir repulsa e um certo horror pelos homens. Sinais considerados por Freud como sintomas histéricos característicos. Ele acreditava que o pai de Dora estava preocupado com a manutenção do seu relacionamento com a Sra. K., por isso não deu ouvidos à filha, acusando-a de ter inventado toda essa história do beijo que teria recebido do Sr. K. Ainda, Dora foi reprovada pela Sra. K., considerada sua grande amiga, isso porque a jovem estava lendo livros "pornográficos", com destaque para *A fisiologia do amor*, de Paolo Mantegazza. Ironicamente, foi a própria Sra. K. quem indicou a leitura do livro em questão.

---

de seu rival e a corteja durante uma temporada em sua casa de campo, situada às margens do lago de Garda. Horrorizada, esta o rejeita, pespaga-lhe uma bofetada e conta a cena a sua mãe, para que ela fale do assunto com seu pai. Este interroga o marido da amante, que nega categoricamente os fatos pelos quais é recriminado. Preocupado em manter o romance extraconjugal, o pai culpado faz com que a filha passe por mentirosa e a encaminha para tratamento com um médico que, alguns anos antes, prescrevera-lhe um excelente tratamento contra a sífilis" (p. 51).

Entre o acontecimento do lago e o descuido familiar, teve início a série de sintomas que levaram Dora a iniciar o tratamento com Freud. Semelhante à condução clínica que teve com Lucy, Katharina e Elisabeth, Freud buscava que suas interpretações reconstruíssem, da maneira mais fiel possível, os acontecimentos que levaram ao surgimento dos sintomas de Dora. Fundamentavam o pensamento clínico freudiano as associações, os sonhos e as lembranças infantis relatadas por sua paciente. A interpretação, como recurso técnico, continuava a ter a mesma importância: preencher as lacunas da memória. É importante ressaltar que, quando comparado aos casos clínicos iniciais, havia um maior espaço para Dora falar espontaneamente, acompanhado de uma nova forma de acesso ao inconsciente: a interpretação dos sonhos.

Ao analisar o primeiro sonho[12] relatado por Dora, relacionado a um incêndio na casa da família dela no qual ela foge desesperadamente, Freud acreditava que ela se masturbava frequentemente e, também, estaria apaixonada pelo Sr. K. A razão de ela ter ido buscar ajuda do pai no sonho foi interpretada como um pedido de proteção da tentação do desejo que ela sentia por um homem casado e mais velho. Ao ser desmentida, perdeu o seu direito de voz e fugiu "da vida para a doença" (Freud, 1905[1901]/2006, p. 116).

Em relação ao segundo sonho,[13] no qual a temática era a morte do pai, Freud notou que Dora tinha conhecimento do que era a

12 "Uma casa estava em chamas. Papai estava ao lado de minha cama e me acordou. Vesti-me rapidamente. Mamãe ainda queria salvar a sua caixa de joias, mas papai disse: 'Não quero que eu e meus dois filhos nos queimemos por causa da sua caixa de joias'. Descemos a escada às pressas e, logo que me vi ao lado de fora, acordei" (Freud, 1905[1901]/2006, p. 67).

13 "Eu estava passeando por uma cidade que não conhecia, vendo ruas e praças que me eram estranhas. Cheguei então a uma casa onde eu morava, fui até meu quarto e ali encontrei uma carta de mamãe. Dizia que, como eu saíra de casa sem o conhecimento de meus pais, ela não quisera escrever-me que

sexualidade genital. Pela interpretação que fez, tentou revelar a Dora os conteúdos inconscientes relacionados às suas fantasias. A fuga dela para o pai no primeiro sonho quando, possivelmente, sentiu medo do homem que a seduzia, agora foi vista como o fator desencadeante da atração dela por Freud. Um mecanismo de substituição da figura do sedutor, o Sr. K., por ele. Depois de analisar os dois sonhos exaustivamente, Freud acreditava que teria conseguido revelar todas as representações inconscientes que estariam na base de formação dos sintomas de Dora. A interpretação dos dois sonhos possivelmente "anunciou que ela se desprenderia do pai e ficaria recuperada para a vida" (Freud, 1905[1901]/2006, p. 116).

Após esse avanço terapêutico, foi uma grande surpresa para Freud quando Dora interrompeu a análise três meses depois. Para ele, isso teria ocorrido porque sua paciente não teria suportado a revelação e, principalmente, a aceitação de seu desejo pelo Sr. K. Contrariamente ao que Freud esperava de sua interpretação, ao dizer a ela o que supostamente esta sentia pelo Sr. K., Dora escutou "sem me contradizer como de costume. Parecia emocionada; despediu-se da maneira mais amável, com votos calorosos para o Ano-Novo, e... nunca mais voltou" (Freud, 1905[1901]/2006, p. 105). No Posfácio do caso estão presentes reflexões, questionamentos e as prováveis razões das dificuldades clínicas que Freud

---

papai estava doente. 'Agora ele morreu e, se quiser, você pode vir'. Fui então para a estação [Bahnhof] e perguntei umas cem vezes: 'Onde fica a estação?' Recebia sempre a resposta: 'Cinco minutos'. Vi depois à minha frente um bosque espesso no qual penetrei, e ali fiz a pergunta a um homem que encontrei. Disse-me: 'Mais duas horas e meia'. Pediu-me que o deixasse acompanhar-me. Recusei e fui sozinha. Vi a estação a minha frente e não conseguia alcançá-la. Aí me veio o sentimento habitual de angústia de quando, nos sonhos, não se consegue ir adiante. Depois, eu estava em casa; nesse meio tempo, tinha de ter viajado, mas nada sei sobre isso. Dirigi-me à portaria e perguntei ao porteiro por nossa casa. A criada abriu para mim e respondeu: 'A mamãe e os outros já estão no cemitério [*Friedhof*]'" (Freud, 1905[1901]/2006, p. 93).

enfrentou durante esse tratamento, com uma precaução que não conseguiu ter durante toda a análise de Dora:

> *ao surgir o primeiro sonho, no qual ela se alertava a abandonar o tratamento tal como antes deixara a casa do Sr. K., eu mesmo deveria ter-me precavido, dizendo--lhe: "Agora você fez uma transferência do Sr. K. para mim . . . Ou será que algo em mim chamou sua atenção, ou que você soube de alguma coisa a meu respeito que me fez cair em suas graças, como lhe ocorreu antes com o Sr. K.?" (Freud, 1905[1901]/2006, p. 113)*

Freud destacou aqui que, se ele tivesse feito uma comunicação desse tipo sobre a transferência de Dora, ela teria percebido o lugar em que havia colocado Freud nessa relação, em conjunto com os sentimentos dirigidos à figura que ele representava para ela. Por trás disso, se esconderia algo análogo, contudo fundamental: os sentimentos dela pelo Sr. K. Devido à resolução dessa *transferência*, era esperado que a análise conseguisse acessar e proporcionar o surgimento de novas recordações. Porém, Freud foi

> *surpreendido pela transferência e, por causa desse "x" que me fazia lembrar-lhe o Sr. K., ela se vingou de mim como queria vingar-se dele, e me abandonou como se acreditara enganada e abandonada por ele. Assim, atuou uma parte essencial de suas lembranças e fantasias, em vez de reproduzi-las no tratamento. (Freud, 1905[1901]/2006, p. 105)*

A partir dessa citação, podemos ver que Freud acreditava que Dora, inconscientemente, havia sentido atração por ele, o que despertou conflito, já que os sentimentos eram semelhantes aos dirigidos para o Sr. K. Havia um desejo de se vingar do sedutor, por isso ela *atuou* na transferência uma cota do conflito que vivia, culminando no abandono da análise. No Posfácio, está presente a ideia de que o mecanismo da transferência aconteceria pela projeção no analista de apenas uma pessoa do passado do sujeito. No caso Dora, contudo, não havia somente uma figura transferida na relação terapêutica estabelecida. Freud notou que também representava para a sua paciente outra figura, o pai dela.[14] Porém, essa dimensão não foi trabalhada por ele na condução desse processo clínico.

Freud buscou abordar com Dora que um acontecimento real e recente na vida dela, o beijo do Sr. K. no lago, remeteu-a a situações passadas anteriores a esse incidente, ligadas à vivência do Complexo de Édipo, à fantasia de ela ter sido seduzida pelo pai. No entanto, durante o atendimento de ela, suas resistências eram atribuídas aos sentimentos ternos e desejos sexuais somente relacionados aos homens: Sr. K., pelo pai ou por Freud. Apenas a dimensão heterossexual da transferência foi identificada, Freud acreditava que Dora via nele um substituto paterno. Todavia, em uma longa nota acrescida em 1923 no final do item a respeito do segundo sonho de Dora, Freud reconheceu que não percebeu uma possível identificação e/ou atração homossexual de Dora em relação à Sra. K.:

> parece que meu erro técnico *tenha consistido na seguinte omissão:* deixei de descobrir a tempo e de comunicar a doente *que a moção amorosa homossexual (ginecofílica) pela Sra. K., era a mais forte das*

14 Aqui está o preâmbulo da ideia de que os conteúdos transferidos para o analista são variados e acontecem concomitantemente; são os complexos de imago, apresentados por Freud nos "Artigos técnicos" (1911-1915).

> *correntes inconscientes em sua vida anímica. (Freud, 1905[1901]/2006, p. 114, grifos nossos)*

Vale apontar que, em conjunto com a escrita do caso Dora, Freud publicou os "Três ensaios sobre a teoria da sexualidade" também em 1905. Texto que traz uma teorização a respeito do Complexo de Édipo,[15] o que possibilitou a Freud a constituição de elementos para integrar a transferência como parte fundamental na condução de um tratamento, pois ela seria a reedição e atualização de imagos parentais. Na análise de Dora, Freud teve problemas em identificar sua posição na transferência, inicialmente em relação a uma figura paterna. Essas dificuldades estariam ligadas à bissexualidade histérica,[16] embora o papel que a Sra. K. ocupou para Dora não tenha ficado claro no relato clínico. Dora poderia sentir atração por ela e/ou se identificar com uma mulher madura que conseguia manejar os homens ao seu redor, ao contrário de sua mãe. Devido ao fato de Freud não identificar *a tempo* sua posição na transferência e, consequentemente, não a interpretar, Dora abandonou a análise.

No Posfácio, estão presentes articulações interessantes que forneceram a base para a operacionalidade técnica da transferência. Os sintomas só desapareceriam quando os vínculos com o analista estivessem totalmente dissolvidos. Durante uma análise, não ocorreria uma nova formação de sintomas, mas sim outra(s) forma(s)

---

15 De acordo com Laplanche e Pontalis (2001), Freud não escreveu um texto exclusivo sobre o Complexo de Édipo, mas sua presença está na obra freudiana desde 1897. Na obra de Freud, a expressão "Complexo de Édipo" apareceu pela primeira vez em 1910, no texto "Um tipo especial da escolha de objeto feita pelo homem (contribuições à psicologia do amor I)".

16 Constatação que apareceu em sua obra já nos "Três ensaios sobre a teoria da sexualidade" (1905/2016, p. 63) e mais claramente em "Fantasias histéricas e bissexualidade" (1908a/2015, p. 347).

de manifestação deles, chamados por Freud de "*transferências*" (Freud, 1905[1901]/2006, p. 111).

No estabelecimento dessas transferências, o analista não teria nenhum papel, o que causaria essa vinculação era o espaço de escuta oferecido por uma situação analítica. O sofrimento neurótico passaria a operar sob transferência, desencadeando a manifestação de novos sintomas a partir da relação terapêutica. Com o reconhecimento do papel da transferência, timidamente presente no Posfácio, o sujeito atuaria em vez de recordar. Essa era a visão que concebeu as *transferências* como

> *reedições, reproduções das moções e fantasias que, durante o avanço da análise, soem despertar-se e tornar-se conscientes, mas com a característica (própria do gênero) de substituir uma pessoa anterior pela pessoa do médico. (Freud, 1905[1901]/2006, p. 111)*

Houve uma ênfase na constituição de experiências afetivas que são revividas, não como situações passadas, mas com todo seu poder de vinculação atual. Desse lugar vem a importância do *aqui* e *agora* de uma situação analítica. Porém, no Posfácio, é importante destacar que as transferências seriam reedições inalteradas do passado do sujeito e só se diferenciariam da relação original porque agora os afetos seriam endereçados ao analista. Com isso, essa vinculação era uma forma de colocar obstáculos para o tratamento avançar no acesso à representações inconscientes. Tendo esse ponto como referência, Freud disse que tais transferências não seriam nada mais do que uma criação da neurose, não seria possível evitá-las e, portanto, deveriam ser combatidas. *Como?* Precisariam ser descobertas e interpretadas ao sujeito, sendo assim aniquiladas. Eram intrusas aos trabalhos de associação e de recordação feitos pelo sujeito, "só depois de resolvida a transferência é que surge no enfermo o sentimento de convicção sobre o acerto das ligações construídas [durante a análise]" (Freud, 1905[1901]/2006, p. 112).

Resumindo, em uma situação analítica seriam despertados afetos no sujeito, tanto amorosos quanto hostis, que seriam transferidos ao analista como forma de evitar a recordação das experiências em que foram originalmente sentidos. Pela interpretação direta das transferências, essa *resistência de transferência* seria superada, a conexão entre afeto e representação original seria possível e a elaboração associativa voltaria a operar em relação a uma determinada experiência. O resultado seria a admissão afetiva, responsável pelo sentimento de convicção, sinal claro de que o tratamento seguia o caminho correto. Todo o posicionamento clínico freudiano até aqui se dava em torno da *aniquilação* da transferência, não *sob* transferência.

O obstáculo posto pela transferência seria ultrapassado quando a ligação equivocada com o analista fosse detectada e interpretada ao sujeito. Ela era uma perturbação associativa que embaralhava o trabalho de recordação. Porém, seu alcance psicológico era consideravelmente maior do que em 1895, quando era apenas uma modalidade de resistência. Certamente foi mais pelo abandono de Dora, em vez de fruto da análise dela, que Freud reconheceu que o analista participa ativamente da transferência. No âmbito técnico, sua aniquilação era a condição básica para que o processo clínico prosseguisse.

A guinada na concepção da transferência presente no Posfácio contém a ideia de que a vinculação transferencial era uma maneira de acessar representações inconscientes. Só que dissolvê-la não era a abordagem técnica mais eficaz, justamente porque a transferência era *mais uma* forma de apresentação do inconsciente do sujeito, assim como eram os sonhos, os atos falhos e os chistes. Não seria mais possível pensar a respeito das produções psíquicas do sujeito durante o tratamento sem considerar a duplicidade da relação transferencial, tanto resistência quanto possibilidade de revelar representações inconscientes. Laplanche e Pontalis (2001) nos esclarecem que:

> *Freud encontra desde a origem o que constitui a própria contradição da transferência e o que motiva as formulações muito divergentes que apresentou acerca de sua função; em certo sentido, ela é, relativamente à rememoração verbalizada, "resistência de transferência" (*Ubertragungswinderstand*); em outro, na medida em que constitui tanto para o sujeito como para o analista uma maneira privilegiada de apreender a "quente" e in* stati nascendi *os elementos do conflito infantil, ela é o terreno em que se representa, em sua atualidade irrecusável, a problemática singular do paciente, em que este se encontra confrontado com a existência, com a permanência, com a força dos seus desejos e fantasias inconscientes. (p. 518)*

Voltando ao caso Dora, a desconsideração das inclinações transferenciais dela impediu que Freud tivesse dimensão da dinâmica dos desejos e das fantasias inconscientes de sua paciente, manifestos na relação com ele e não apenas pela interpretação dos sonhos dela. O efeito disso foi que o lugar da transferência, durante a análise de Dora, foi apenas ocupado enquanto resistência ao desvelamento de conteúdos inconscientes. Partindo da condução clínica freudiana, Forrester (1990) ressalta a dificuldade que Freud teve em aceitar uma posição feminina na transferência. Nessa visão, Freud não negligenciou a paixão de Dora pela Sra. K., mas sim a relação que a jovem tinha com sua mãe. Durante todo o tratamento, as falas de Dora sobre a Sra. K. não foram alvo de nenhuma manifestação hostil, mesmo sendo ela quem caluniou Dora a respeito do livro de Mantegazza. Partindo desse fato, a conversa sobre temas sexuais seria um possível elo do amor e da atração de Dora por mulheres, tornando-se uma maneira de vinculação dela na relação transferencial.

É importante pontuar também, partindo das ideias de Forrester (1990), que a repulsa de Dora por homens foi despercebida por Freud, era vista apenas como um sintoma histérico. Freud, convencido de que Dora estava apaixonada pelo Sr. K., não notou a dimensão do sentimento de horror que ela descreveu de maneira impactante em relação ao episódio do lago, seu efeito ficou restrito a uma excitação sexual muito intensa que não foi possível de ser descarregada. A dimensão da assimetria de intenções do Sr. K. e dela, o efeito do desmentido familiar e da hipocrisia do pai de Dora passaram distantes das considerações freudianas, possivelmente devido a uma concepção mais simplista do processo clínico naquele momento.

Meu intuito, claro, não é apontar possíveis erros ou falhas no enquadre clínico de Freud, mas sim situar o lugar da transferência durante essa análise e, principalmente, o lugar que ela passou a ocupar a partir das reflexões presentes no Posfácio. A *forma* e o *tom* da interpretação entraram em discussão, inaugurando o campo das articulações de Freud sobre o processo clínico, a chamada teoria da técnica. Freud já havia reconhecido o fenômeno da transferência em 1895; no Posfácio ele delimitou o seu local na técnica psicanalítica. Seria *na* e *pela* transferência que um tratamento iria acontecer. Esse fato, aparentemente simples, reordenou a fundamentação epistemológica do enquadre clínico, concedendo uma dimensão nova ao encontro transferencial. Podemos pensar o papel e a função que a interpretação tinha antes e após a formalização do conceito de transferência.

Anzieu (1970) sugere que a interpretação, em conjunto com os sonhos e a transferência, são os pré-requisitos básicos para o surgimento e a manutenção do pensamento psicanalítico. De acordo com ele, é possível percorrer toda a formação da clínica freudiana a partir do conceito de interpretação. O sentido técnico do termo interpretação é de *interpretação comunicada* ao paciente. Tendo esse ponto como referência, ela está presente desde os primeiros casos clínicos freudianos. Contudo, a principal tarefa terapêutica nos "Estudos sobre a histeria" era informar e convencer o sujeito do que o fazia sofrer. Curiosamente, o termo interpretação não está presente nos "Estudos sobre a histeria" (cf. Laplanche e Pontalis, 2001, p. 246). Conforme apresentamos, Freud buscava, no campo técnico, superar a resistência motivada pelo recalque em um trabalho de tradução do conflito, isso para restabelecer a elaboração associativa do que fazia sofrer, religando a representação original separada de seu afeto correspondente. O termo *interpretação intelectual*, sugerido por Anzieu (1970), é fundamental para definir como era esse tipo de intervenção que ainda não considerava a transferência como parte fundamental na dinâmica do processo clínico, o que ocorreu, durante o pensamento freudiano, até o caso Dora.

Pela discussão do caso Dora, é possível notarmos que o uso de interpretações diretas e fechadas em si mesmas do que era vivido transferencialmente não parecia muito efetivo e tinha um tom fortemente dogmático. Comentando o enquadre clínico de Freud durante a análise de Dora, Gay (2007) diz:

> *Quase que por princípio disposto a não aceitar dúvidas de Dora a respeito de suas interpretações, ele se manteve pronto a ler suas negativas como afirmações veladas. De acordo com sua prática naquela época, depois bastante modificada,* Freud apresentou interpretações

> imediatas e categóricas. *Insistindo que ela estava apaixonada pelo pai, ele tomou a "negativa extremamente enfática" dela como prova de que sua hipótese estava correta . . . Freud assim abria-se à acusação de insensibilidade e, pior, de pura arrogância dogmática: embora ouvinte profissional, agora não estava ouvindo, mas forçando as comunicações do analisando dentro de um molde predeterminado. (pp. 236-237, grifo nosso)*

Nas descrições das intervenções feitas durante a análise de Dora, é notável o quanto Freud acreditava que a neurose, no presente caso a histérica, era uma estrutura delimitável e seria possível mapeá-la até o seu núcleo traumático. Era um objeto passível de ser apreendido, principalmente pela interpretação de sonhos. Toda a sua lógica representacional poderia ser decifrada e encadeada associativamente. Por esse motivo, acreditava que expondo diretamente ao sujeito seus conflitos inconscientes, incluindo também as posições transferenciais deste, o *jogo elucidativo* estaria completo e as resistências seriam vencidas porque o motivo que as sustentava, o não conhecimento do que fazia sofrer, havia sido desvelado. Partindo dessas ideias, acredito que o objetivo de Freud era que essa correção representacional direta desbloquearia a atuação da elaboração associativa.

Pelas reflexões presentes no Posfácio, notamos que Freud (1905[1901]/2006) começou a se deslocar no plano de uma análise puramente representacional, concedendo uma importância maior para a relação transferencial. Ele deixou claro que as representações psíquicas, acompanhadas de toda a dinâmica de conflito do aparelho psíquico, são aderidas à relação transferencial. Partindo deste ponto, nos "Artigos técnicos" (1911-1915), houve a conceitualização que seria *na* e *pela* transferência que o conflito do sujeito é expresso transferencialmente com todo o seu poder de verdade atual.

A partir da concepção de psiquismo presente durante a análise de Dora, Mezan (2014) observa que, quando combinadas as teorias do inconsciente e da sexualidade, o processo clínico freudiano pretendia desatar bloqueios associativos. Para isso, necessitava anular a incidência do recalque, tendo como meta final a mobilização da libido. A hipótese freudiana seria que durante esse caminho, ao fazer uma intervenção ao sujeito, o sinal de que o conteúdo dela estava correto era a presença da angústia acompanhada do aparecimento das resistências, provando a atualidade e a existência da causa responsável pela formação da neurose. As resistências se entrelaçariam em dois movimentos conjuntos: a recordação de experiências ao lado de todos os encadeamentos representacionais, conscientes e inconscientes, que sustentam o sofrimento neurótico.

No âmbito técnico, o trabalho de superar as resistências acontecia pelo esforço e argúcia intelectuais de Freud. No caso Dora, as constantes negações e subterfúgios dela nada mais eram do que sinais de resistência. Ao citar qual interpretação deveria ser feita a Dora quando ela relatou o primeiro sonho, Freud buscava fazer uma correção associativa, manifestada na transferência, desfazendo uma ligação equivocada ao elucidar o destinatário e merecedor de tal sentimento. A transferência, "destinada a constituir o maior obstáculo à psicanálise, converte-se em sua mais poderosa aliada quando se consegue detectá-la a cada surgimento e traduzi-la ao paciente" (Freud, 1905[1901]/2006, p. 112).

Partindo dessa concepção de processo clínico, Freud identificou quais seriam as inclinações transferenciais de Dora e as devolvia a ela. Nesse contexto, a interpretação não era uma tradução *literal* da dinâmica afetiva expressa na situação analítica, porque estaria em jogo uma correção da fonte original de um afeto. As interpretações intelectuais, relembrando a sugestão de Anzieu (1970), visavam reverter o modo de expressão do sujeito, do desconhecido e expresso transferencialmente para o recordado e admitido. A questão técnica problemática aqui é como, o *modo*, que o analista devolve ao sujeito o que percebe. Discussão que não está presente no Posfácio. Contudo, há nele a noção de que a transferência carrega a reedição de experiências e fantasias infantis do sujeito, sendo que seu surgimento seria facilitado pelo espaço de escuta oferecido.

Sublinho que a novidade técnica seria a concepção de *tempo*, no sentido de que a transferência seria aliada do analista desde que fosse percebida e interpretada no tempo correto, em um momento em que fosse possível ao sujeito admitir a dinâmica conflituosa expressa ali. Se o tempo de uma intervenção é desconsiderado, o *modo* que é formulada é desajustado. A ideia de *ritmo* é importante, pois une tempo e modo, com isso o analista estaria em sintonia com a dinâmica do processo clínico. Quando não está, o ritmo fica descompassado e as interpretações, mesmo que plausíveis no conteúdo, não produzem efeito ou até atrapalham o próprio andamento do processo. É possível vermos o erro técnico pelo qual Freud se recriminou no Posfácio a partir dessa perspectiva.

Vemos o quanto ele se acusou de não ter percebido que as falas do primeiro sonho de Dora relativas ao Sr. K. poderiam tê-lo como destinatário. Caso isso acontecesse, deveria ter perguntado a ela acerca do que em sua pessoa a fazia lembrar do Sr. K. e, a partir das respostas fornecidas, formular possíveis interpretações. Como Freud não fez isso, Dora atuou uma parcela de sua dinâmica conflituosa inconsciente em vez de reproduzi-las transferencialmente. Segundo as ideias de Mezan (1998), interpretar a transferência, nesse momento, seria deixar claro qual era a trilha associativa que Dora seguiu e que teria colocado Freud no lugar do Sr. K. A ideia era que, se tal caminho tivesse sido descoberto e revelado, Dora continuaria sua análise e voltaria a falar do Sr. K.

Se essa aposta freudiana fosse concretizada, a intenção era permitir que Dora tivesse novas associações sobre os motivos da experiência dela com o Sr. K. ter sido tão intensa. Sublinho que Freud continuava fiel à ideia de que o caráter traumático de uma experiência, intrapsíquica ou relacional, remete àquilo que extravasa a capacidade da elaboração associativa do sujeito. O que depende de fatores particulares, que podem ser mais ou menos tensos, decorrente das peculiaridades históricas e possibilidades presentes na vida de cada um de nós. Freud não interpretou a Dora a posição transferencial que ela o teria colocado, talvez porque não percebeu a tempo, como ele mesmo disse. Vale pontuar também que isso não aconteceu, talvez, porque Dora *falava* muito do Sr. K. Como o fluxo associativo estava presente, Freud acreditava que as resistências não eram tão fortes, isso porque a angústia não barrava a fala de Dora sobre o Sr. K., então não havia razões para questionar a função e o lugar que Dora o colocou durante essa análise. Ao refletir sobre seu insucesso, Freud se deparou com o fato de que uma situação analítica não ocorreria apenas no plano representacional-associativo, uma vez que também a transferência revelaria representações inconscientes e despertaria afetos até então não associados a elas, o que não aconteceria só por meio da fala, mas também pela maneira que um sujeito estabelece sua transferência.

A posição técnica que Freud começou a desenvolver no Posfácio seria que quando as representações inconscientes são interpretadas, incluindo aí as manifestações transferenciais, o sentido delas é revelado ao sujeito e, consequentemente, a elaboração associativa relativa a tais representações voltaria a operar porque a resistência foi superada. Nesse caminho, alguns hiatos na recordação do sujeito seriam preenchidos, o inicial não sentido dos sintomas ganharia significado, sendo atenuado.

A partir do Posfácio, a transferência, inicialmente obstáculo para o prosseguimento de uma análise, tornou-se uma aliada interessante se o analista percebesse e tornasse claro ao sujeito o sentido dela, o que aconteceria pela interpretação. O modo de operação da transferência se daria em torno das capacidades de plasticidade e de deslocamento. Para abarcar essa dinâmica, a questão que entra em cena aqui não seria o conteúdo que o analista *fala*, mas sim o *ritmo* com que ele propõe interpretações do impacto presente em uma situação analítica, isto é, qual seria o momento e o formato mais adequado para uma interpretação ser feita. A principal diferença está no lugar que a interpretação ocupou antes e depois do Posfácio, em relação à veemência e à intensidade do seu formato. A partir dessas considerações, a interpretação pode ser vista como uma fala do analista que possibilita ao sujeito continuar seu fluxo associativo, dando condição para a realização de novas relações. Perspectiva bem diferente das interpretações categóricas que Freud fazia a Dora, uma vez que restava a ela aceitar o que era dito.

Graças aos problemas técnicos da análise de Dora, a intensidade da carga afetiva vivenciada no tratamento ganhou um peso verdadeiro e atual e o trabalho analítico passou a acontecer pelo enfrentamento do sujeito diante do seu desejo. Não importando para o tratamento se sua referência é ao passado ou ao presente, já que é dessa luta que as resistências surgem e precisam ser superadas para que o tratamento avance. É a relação transferencial que define a maneira como o analista escuta e se posiciona na constituição e na operatividade de uma situação analítica.

Sugiro que, a partir dos impasses transferenciais presentes no enquadre clínico do caso Dora, as seguintes observações são fundamentais para o estabelecimento de uma situação analítica: o próprio espaço clínico, contrariando as formulações freudianas, impõe dificuldades nas associações e recordações do sujeito, pois a resistência não atuaria somente inibindo o fluxo associativo; é no modo que o analista interpreta, sob transferência, que a superação das resistências pode ocorrer, proporcionando a recordação de experiências traumáticas pelo desvelamento de representações até então inconscientes.

O trabalho de ligação psíquica exigido aqui é realizado pela elaboração associativa. Quando uma experiência, psíquica ou relacional, introduz uma cota a mais de excitação no aparelho psíquico, este terá que ligá-la, encadeando-a com as representações disponíveis no psiquismo, proporcionando assim a admissão afetiva. Todo esse trabalho é feito pela elaboração associativa, ela é a dinâmica global do psiquismo consciente freudiano. Quando ela não se faz presente, dependendo da particularidade e da intensidade da experiência, a defesa atua nas representações envolvidas, o recalque as mantém no inconsciente e o adoecimento psíquico é produzido. A partir do que foi visto na condução clínica do caso Dora, toda a atividade intelectual freudiana, seguida das interpretações categóricas, não foram capazes de superar as resistências, ocasionando o abandono de Dora. Até então, Freud acreditava que apenas anunciar diretamente o conflito acompanhado dos motivos de ele ter aparecido, seria suficiente para fazer a elaboração associativa voltar a operar diante de uma representação inconsciente.

As dificuldades técnicas que Freud reconheceu na análise de Dora o fizeram alterar seu enquadre clínico; ele notou a insuficiência de convergir o processo do tratamento com o objetivo de desfazer o embaraço representacional provocado pela transferência a partir de suas interpretações categóricas e literais. A transferência deixou de ser um intruso, uma resistência, para se tornar um fator clínico manipulável. O *ritmo* na realização das interpretações seria importante de ser considerado, pois o que se busca com elas é auxiliar o fluxo associativo do sujeito e não colocar um ponto final com uma intervenção pronta e fechada em si mesma.

A partir dos apontamentos presentes no Posfácio, concluo que houve uma recontextualização na forma e no lugar da interpretação, ela ganhou um papel importante como auxílio para o sujeito superar resistências. Destaco que a mudança na concepção da transferência foi o que deu as bases teóricas e técnicas necessárias para a introdução da segunda matriz da elaboração psíquica, a perlaboração, no pensamento freudiano. No próximo item, abordaremos como as problemáticas e mudanças aludidas por Freud no Posfácio foram aplicadas em sua abordagem clínica.

Interpretação sob transferência

O caso "Observações sobre um caso de neurose obsessiva", conhecido como Homem dos ratos, foi publicado por Freud em 1909. Ernst Lanzer começou seu tratamento no dia primeiro de outubro de 1907. Na época, tinha 29 anos, e sua análise durou nove meses e meio. Freud considerou que seu paciente teve um tratamento bem-sucedido. Com a publicação desse caso, buscou deixar claro que sintomas obsessivos graves também eram tratados pela psicanálise, uma vez que a neurose obsessiva seria um quadro de sofrimento de origem psíquica e, da mesma forma que a histeria, era originada por conflitos sexuais inconscientes vividos na infância e o acesso a representações inconscientes desses traria a atenuação dos sintomas. A partir desse caso, houve um destaque no papel do erotismo anal na formação da neurose obsessiva ao lado dos conflitos de ambivalência.

Ernst nasceu em 1878, em Viena, e pertencia a uma família judia de classe média. Foi o quarto de sete filhos. Iniciou o curso de direito em 1897, ano em que também se apaixonou por uma prima, Gisela Adler, sofrendo grande represália de seu pai, pois queria que o filho se envolvesse com uma mulher mais rica. Em

1898, o pai de Ernst morreu, ele então decidiu seguir, da mesma maneira que seu progenitor, uma carreira militar. Levou cerca de dez anos para conseguir titular-se doutor em direito. Na época, formação fundamental para trabalhar como advogado. Entre idas e vindas em relacionamentos, terminou vários deles. Contrariando a família, não quis se relacionar com mulheres abastadas. Por fim, conseguiu se casar com Gisela em 1910. Tornou-se advogado em 1913. No ano seguinte, foi convocado para servir o exército em razão da Primeira Guerra Mundial. Tornou-se prisioneiro dos russos e morreu em novembro de 1914.

A razão de Ernst ter procurado Freud foi devido a uma série de sintomas que chegaram ao ponto de impedi-lo de trabalhar. Era assolado, a qualquer momento, por um pavor de que algo terrível aconteceria com o pai ou com Gisela, e também sentia um impulso frequente de cortar a própria garganta. Logo na primeira sessão, aceitou de bom grado seguir a regra da associação livre. Relatou, na sequência, que, quando tinha 6 ou 7 anos, tocou a vagina de sua governanta ao ser colocado na cama para dormir, quando ela ainda lia um livro para ele. Em um pacto, ela deixou que ele a tocasse, com a contrapartida de não contar nada a ninguém. Tinha ereções frequentes nesse período. Certa vez, ao falar sobre isso com a mãe, foi tomado pela ideia de que

> meus pais sabiam de meus pensamentos, e a explicação que dava a mim mesmo é que os havia falado sem ouvi-los. *Vejo aí o começo de minha doença. Havia pessoas, garotas, que me agradavam muito, e que desejava ver nuas. Mas com esses desejos eu tinha* uma sensação inquietante de que algo aconteceria, se eu pensasse tais coisas, e eu devia fazer de tudo para evitá-lo. *(Freud, 1909a/2013, p. 21, grifos do original)*

Perguntado sobre os temores que sentia, Ernst disse que sofria muito com a ideia de que o pai poderia morrer a qualquer momento. Tais pensamentos obsessivos continuaram acometendo Ernst até a vida adulta, mesmo depois de o pai já ter morrido. Tendo como ponto de articulação o excesso excitatório, Freud acreditava que as experiências sexuais de Ernst com a governanta não foram possíveis de serem integradas em sua cadeia associativa. Produto de uma operação defensiva que instaurou o pavor obsessivo em Ernst de que, ao ver uma mulher nua, seu pai morreria, resultando em um grande sentimento de culpa.

Freud entendia esses rituais como medidas de proteção. Para compreender a função e a que respondiam, buscou traçar a origem deles a partir das experiências infantis de Ernst. A ideia era que o sintoma obsessivo sempre se expressa a partir da contradição entre amor e ódio. Porém, o ódio não é possível de ser admitido, uma vez que o sujeito busca justificar suas ações por meio das constantes racionalizações e justificativas idiossincráticas, apenas para manter esse sentimento no registro inconsciente. Por isso, Freud conduziu essa análise com o objetivo de preencher as lacunas da memória de seu paciente, uma vez que os conflitos recalcados de Ernst teriam ocorrido antes dos 6 anos de idade.

> *O afeto penoso adquire claramente o matiz do inquietante, do supersticioso, já dando origem a impulsos de fazer algo para prevenir a desgraça, impulsos que se afirmarão depois nas medidas protetoras. Portanto: um instinto erótico e uma revolta contra ele, um desejo (ainda não obsessivo) e um temor (já obsessivo) que a ele se opõe, um afeto penoso e um impulso a atos de defesa; o inventário da neurose está completo. (Freud, 1909a/2013, p. 23)*

No curso do tratamento, Ernst relatou uma vivência que o perturbou muito e foi o estopim para ele buscar ajuda: em 1907, durante o verão, ele estava com o exército na Galícia[17] e tomou conhecimento de uma tortura oriental, contada por um capitão. Antes de falar sobre isso, Ernst ficou extremamente inquieto, estava muito agitado, não queria continuar a sessão, levantou-se do divã. Em uma tentativa de tranquilizá-lo, Freud fez uma intervenção curiosa:

> *Eu lhe asseguro que não tenho inclinação alguma para a crueldade, que certamente não desejo atormentá-lo, mas . . . A superação das resistências, disse-lhe, é um imperativo do tratamento a que não podemos nos furtar. (O conceito de resistência eu lhe havia explicado no início da sessão, quando ele afirmou que tinha muita coisa a superar dentro de si, para relatar aquela vivência.) (Freud, 1909a/2013, p. 26)*

Um pouco mais calmo, Ernst voltou ao divã e falou a respeito da tortura: um prisioneiro era despido, ajoelhava-se no chão, nas nádegas dele uma vasilha era colocada com um rato em seu interior. Na parte superior do balde, havia um pequeno furo, por meio dele uma barra quente de ferro castigava o rato que, ao procurar um lugar para fugir da dor, entrava no reto do torturado, causando machucados intensos. Passado um tempo, tanto o rato quanto o torturado acabavam mortos. Logo depois, Ernst disse que havia perdido seus óculos, um pincenê, em um dos exercícios militares. Para pedir outro, ele enviou uma carta para seu oculista em Viena, que mandaria seus novos óculos. Dias depois, o mesmo capitão que relatou a tortura entregou a ele o envelope respondido pelo médico.

---

17 Região do Império Austro-Húngaro dissolvida após a Primeira Guerra Mundial.

Tal capitão pediu a Ernst que pagasse as despesas referente à postagem, e ele se viu tremendamente ansioso e perturbado com esse fato; sentia-se em dívida e precisava liquidá-la o quanto antes.

A partir da reação expressa por Ernst, Freud viu aí um indício de uma possível relação entre a tortura e o saldo de uma dívida. Decidiu investigá-la, perguntando ao seu paciente os motivos da reação dele; obteve como resposta uma recordação envolvendo um pagamento. Ernst disse que uma vez, durante um exercício militar, seu pai se endividou em um jogo; na ocasião não tinha como pagar e, por sorte, um amigo emprestou-lhe dinheiro. Terminada a incursão, o pai procurou o amigo, sem sucesso, de forma que o pagamento ficou em aberto. Depois de ouvir a tortura, Ernst teve o pensamento de que o mesmo castigo poderia ocorrer com o pai e com Gisela caso não pagasse a postagem. Enquanto falava sobre tudo isso, Freud notou que seu paciente apresentava uma "expressão facial muito peculiar, que posso entender apenas como *de horror ante um prazer seu que ele próprio desconhecia*" (Freud, 1909a/2013, pp. 26-27, grifo do original). Tal conteúdo foi o ponto de articulação para Freud estruturar a variedade dos medos e das ações obsessivas que perseguiam Ernst durante sua vida.

No âmbito técnico, segundo Coelho Junior (1995), a maneira que Freud buscou promover as recordações e associações de Ernst, ao colocar opiniões pessoais, quando disse, por exemplo, que não lhe agradava nenhum tipo de crueldade, acentuou sua presença real, oposta à presença transferível, representada naquele contexto pela figura do capitão. O enquadre clínico dessa análise, importante ter em evidência, abdicou "em parte as fantasias do paciente e oferecendo-se como presença *real* irrecusável, dirige o paciente a também abandonar suas fantasias inconscientes" (Coelho Junior, 1995, p. 135, grifo do original). O que poderia, em um primeiro momento, dificultar algumas possibilidades de vinculação transferencial de Ernst.

Voltando ao caso, as sessões seguintes foram produtivas. Ernst falou sobre o final da vida do pai, nove anos atrás, vítima de enfisema. Em uma noite, enquanto acompanhava-o, seu pai teve uma forte crise respiratória. Quando o médico chegou para prestar seus cuidados, Ernst perguntou se a crise do pai passaria, e o médico disse que sim. O paciente de Freud, cansado, decidiu se deitar um pouco. Ao acordar, descobriu que o pai havia morrido naquela noite. O efeito foi devastador. As autorrecriminações por não estar ao lado do pai em seu final de vida foram tenazes, e ficaram ainda piores ao saber, por uma enfermeira, que o pai falou o nome dele quando recebia os últimos cuidados. Após um ano do falecimento do pai, Ernst fazia injunções terríveis por ter sido negligente, via seu ato como criminoso. Depois desse relato, Freud novamente usou partes da teoria para compor uma intervenção; dessa vez falou a Ernst a respeito da dinâmica presente na produção de um conflito psíquico:

> *um leigo diria que o afeto é demasiado grande para o ensejo, isto é, exagerado, e a inferência tirada da recriminação – a de ser um criminoso – é falsa, portanto. Já o médico diz: "Não, o afeto é justificado, a consciência de culpa não deve ser criticada, mas liga-se a outro conteúdo, que não é conhecido (inconsciente), e que deve antes ser procurado. O conteúdo ideativo conhecido chegou a esse lugar devido a um nexo errado. Mas não estamos habituados a ver em nós afetos poderosos sem conteúdo ideativo, e por isso, na falta de um conteúdo, tomamos algum outro aceitável como substituto, mais ou menos como nossa polícia, não conseguindo achar o verdadeiro assassino, prende outro em seu lugar.*[18]

18 Podemos fazer uma articulação aqui de que não necessariamente a elaboração associativa operaria apenas conectando representações e afetos

> *O fato da conexão errada também explica a impotência do lavor da lógica para combater a ideia penosa. Concluo, então, admitindo que essa nova concepção resulta inicialmente em grandes problemas, pois como justificaria ele sua recriminação de ser um criminoso, se sabia que na realidade não cometera nenhum crime contra o pai? (Freud, 1909a/2013, pp. 35-36)*

Possivelmente tocado pela carga de sofrimento de Ernst, Freud fez uma promessa onerosa: a culpa seria redimida uma vez alcançada a representação inconsciente correta. Comprometimento não esquecido por Ernst, que perguntou, logo na sessão seguinte: "Como poderia ter efeito curativo a informação de que a recriminação, a consciência de culpa, é justificada?" (Freud, 1909a/2013, p. 36). Como tentativa de resposta, mais uma vez, Freud recorreu a aspectos teóricos, falando das diferenças entre consciente e inconsciente, especificamente a maneira como derivados de conteúdos recalcados teriam correspondência com os temores obsessivos, ocasionando sofrimento.

Mahony (1991) acredita que algumas afinidades pessoais entre Freud e Ernst influenciaram o posicionamento clínico freudiano. Seriam elas: (1) de modo semelhante aos pais do Homem dos Ratos, a família de Freud era oriunda de regiões eslávicas afastadas do Império Austro-Húngaro e, ocasionalmente, estabeleceram-se em Viena; (2) ambos perderam precocemente um irmão, o que poderia promover um certo antagonismo na relação pai-filho, ainda, tanto Freud quanto Ernst, durante o conflito edípico, urinaram na cama dos pais, que eram mais velhos, autoritários e patriarcais;

---

correspondentes. Como uma intensidade sem ligação incrementava a angústia, como resposta para diminuir o desprazer, a atividade consciente busca a ligação com uma representação substituta.

(3) Ernst tinha Jacob como seu nome judeu, o mesmo que o pai de Freud e (4) o primeiro nome de Ernst era Brücke, professor que teve um grande impacto na vida de Freud e, como homenagem, deu esse mesmo nome para seu filho mais velho. Ademais, o grande amor de Ernst chamava-se Gisela, o mesmo nome de uma paixão do adolescente Freud, Gisela Fluss.

Buscando uma garantia, Ernst queria ter certeza se suas autorrecriminações e injúrias diminuiriam ao serem revelados os conteúdos inconscientes relacionados a elas. Freud ratificou que os

> *derivados desse inconsciente reprimido seriam os elementos responsáveis pelo pensar involuntário em que consiste o seu sofrimento. Ele poderia, digo eu, descobrir mais uma característica do inconsciente; prefiro que ele mesmo o faça . . . digo que sua idade o favorece bastante, assim como a natureza intacta de sua personalidade, e* nisso expresso um bom juízo a seu respeito, o que visivelmente o alegra. *(Freud, 1909a/2013, pp. 37-38, grifo nosso)*

Depois dessa intervenção, Ernst recordou que, quando tinha 12 anos, deu-se conta de que talvez gostasse da irmã de um amigo, não de maneira erótica, mas esse sentimento não era retribuído. Na sequência, pensou que, se algo ruim acontecesse com ele, a garota ficaria com pena e alguma inclinação da parte dela poderia aparecer. O evento penoso ocorreu: a morte do pai. Contudo, se esforçou muito para esquecer o que pensou junto com o sentimento pela garota. Freud questionou os motivos de tamanho desgaste se ele não sentia desejo sexual por ela. Ernst respondeu que tinha medo de o pai morrer, contudo este já estava morto. Freud respondeu dizendo que Ernst tratava

> *essas palavras como se fossem uma expressão de lesa-majestade, em que notoriamente é punido tanto quanto quem diz: "O imperador é um asno" quanto quem assim disfarça esses termos proibidos: "Se alguém disser que..., terá de se haver comigo. Eu poderia, sem dificuldade, inserir o conteúdo ideativo que ele rejeita num contexto que excluiria tal rejeição, por exemplo: "Se meu pai morrer, eu me mato sobre o túmulo". (Freud, 1909a/2013, p. 39)*

Aqui, é interessante vermos o lugar que Freud fez a interpretação; ele não expôs diretamente o conflito em questão, como fez anteriormente nos casos clínicos que já discutimos. O efeito esperado dessa interpretação, o surgimento de novas associações, aconteceu. Ernst, surpreso e abalado com a ambivalência que sentia em relação ao pai, falou sobre a objeção que enfrentou quando quis se casar com Gisela e sofreu a reprovação, principalmente do pai, por ela ser pobre. Vale apontar que o pai de Ernst teve um casamento de conveniência, a esposa era oriunda de uma família rica. Certa vez, Ernst pensou que, quando o pai morresse, herdaria uma parcela do dinheiro da família e assim se casaria com a mulher que gostava. Imediatamente, desejou que o pai não deixasse nenhum bem material, compensando assim a culpa por desejar a morte dele. Tecnicamente, durante o tratamento de Ernst, Freud usou de colocações reais, encorajamentos pessoais e também explicações da teoria psicanalítica, o que fica claro em frases como "Após essas palavras, exprimidas intensamente por ele, acho oportuno apresentar-lhe mais um pouco da teoria" (Freud, 1909a/2013, p. 40). Abordagem que constituiu o enquadre clínico desse tratamento. Podemos adicionar que ao fazer uma confissão pessoal, quando Freud disse que não tinha tendências violentas, foi possível que ele ocupasse transferencialmente o lugar de um pai para Ernst, permitindo entender a relação entre a ambivalência de sentimentos paternos com a obsessão pelos ratos.

Diante do empenho de seu paciente, Freud explicou para Ernst que tamanho pavor se relacionava a um desejo recalcado, sendo que muitas vezes esse se apresentava de maneira contrária ao seu sentido. Ernst ficou agitado, não entendia por que e o que o fazia sentir tanto ódio do pai, já que havia recebido muito carinho e consideração da parte dele, e teve como resposta que "esse amor intenso é condição para o ódio reprimido" (Freud, 1909a/2013, p. 40).

Freud buscava deixar claro a Ernst que os desejos sexuais eram a fonte do ódio de que ele buscava se defender a todo custo e a figura do pai embaralhava toda a relação de sentido. A ideia era que as intervenções propostas introduzissem

> *os complexos reprimidos na consciência, avivar a luta em torno deles no terreno da atividade psíquica consciente e facilitar a emergência de novos materiais do inconsciente. (Freud, 1909a/2013, p. 41)*

Parece-nos que Freud utilizou algumas explicações teóricas como recurso para lidar com o abalo recebido do sofrimento de Ernst e, também, buscava promover condições para seu paciente falar do que o fazia sofrer. Contudo, mesmo com explicações da teoria e de como seria uma terapia psicanalítica, Ernst parecia não encontrar condições para *admitir* o desejo ambivalente que nutria em relação ao pai.

Aponto aqui que as considerações feitas por Freud no Posfácio do caso Dora foram materializadas em sua prática clínica durante a análise do Homem dos Ratos: a transferência foi colocada como uma criação da neurose, impõe resistências ao tratamento, carrega toda a ambivalência de sentimentos característica do sofrimento neurótico e seria após a sua resolução, ao tornar consciente ao sujeito seu modo de vinculação, que este conseguiria admitir em si um ou mais desejos recalcados e, assim, alcançar a convicção esperada. A interpretação buscava proporcionar novas associações, ela era a principal intervenção do analista, já as dificuldades e a superação de resistências ficariam a cargo do sujeito.

Atormentava muito Ernst o fato de que os posicionamentos de sua família, principalmente os do pai, o prendiam muito. Com particular destaque para a sua vontade de se relacionar com Gisela. Sem mais recursos, Freud disse que não seria possível "matar alguém *in absentia*" (Freud, 1909a/2013, p. 43), ou seja, o desejo de ódio contra o pai teria sido recalcado muito tempo atrás, tendo origem em circunstâncias mais antigas do que Ernst havia se recordado até então.

Tendo isso em vista, Freud arriscou um outro tipo de intervenção, a construção:[19] o desejo incontrolável que assolava Ernst havia surgido antes dos seis anos de idade, por isso era tão intenso, e as lacunas na memória dele anteriores a essa idade eram o sinal disso. Entretanto, dessa vez, Ernst não disse nada. Em uma frase que concluiu essa sessão, presente apenas no diário clínico do caso,[20] Freud demonstrou certo cansaço e também honestidade na

---

19 Importante citar as ideias de Laplanche e Pontalis (2001) para diferenciar interpretação e construção, pois são duas modalidades de intervenção distintas. A interpretação "traz à luz as modalidades do conflito defensivo e, em última análise, tem em vista o desejo que se formula em qualquer produção inconsciente. No tratamento, comunicação feita ao sujeito, visando dar-lhe acesso a esse sentido latente, segunda as regras determinadas pela direção e evolução do tratamento" (p. 245). Já a construção é "uma elaboração do analista mais extensiva e mais distante do material que a interpretação, e essencialmente destinada a reconstituir nos seus aspectos simultaneamente reais e fantasísticos uma parte da história infantil do sujeito" (p. 97).

20 Este foi o único diário clínico mantido por Freud. A publicação integral desse

busca de promover uma situação analítica mais eficaz: "Mas agora é o momento para abandonar a teoria e retornar à auto-observação e às recordações" (Freud, 1909b/1989, p. 85).

Perplexo ainda com os motivos de nutrir tanto ódio pelo pai, Ernst começou a sessão seguinte com várias autorrecriminações. Novamente, Freud fez uso de explicações teóricas, falou que havia uma parcela de satisfação nesse tipo de refúgio neurótico e, toda vez que ele buscava evidenciar isso no tratamento, uma resistência aparecia. Nessa oportunidade, essa intervenção ajudou Ernst a falar sobre uma cena de ciúmes com um dos irmãos: em uma brincadeira, ele atirou uma arma de brinquedo na testa dele. Em seguida, Freud perguntou se ele conseguia se lembrar de algo parecido com o pai, e não ocorreu nenhuma recordação. O Homem dos Ratos se sentia muito mal por ter realizado atos violentos durante a infância; Freud enfatizou de modo veemente que todas essas posturas reprováveis envolviam o pai de seu paciente e as representações dessas estariam inconscientes. Nada parecia adiantar, Ernst relutava em aceitar sua ambivalência de sentimentos em relação ao pai, mantendo firme a delimitação do enquadre clínico. Freud disse: "Eu prometo demonstrar isso no curso do tratamento" (Freud, 1909a/2013, p. 46).

Vemos aqui Freud assumir uma grande responsabilidade, talvez por sentir mais segurança na abordagem e na condução clínica que empreendia nesse momento. Ele confiava que o desvelamento de representações inconscientes relativas ao ódio que Ernst sentia pelo pai iria atenuar o sofrimento de seu paciente, e também supunha que Ernst havia sofrido um grande castigo do pai na infância. Nosso foco aqui é refletir sobre qual foi o enquadre clínico feito por Freud no decorrer do caso para alcançar a recordação relacionada

---

texto ocorreu em 1974, em uma edição bilíngue alemão-francês, editada por Hawelka.

a tal reprimenda. Tendo como base tudo o que Ernst havia dito até então, Freud propôs uma complementação à primeira construção:

> *aos seis anos de idade, ele incorrera em alguma má conduta sexual relacionada à masturbação e fora então sensivelmente castigado pelo pai. Este corretivo pusera fim à masturbação, mas também deixara um indelével rancor ao pai, fixando para sempre o papel deste como estragador do prazer sexual. (Freud, 1909a/2013, p. 66)*

Ernst concordou que se masturbava na infância, mas não se lembrava diretamente desse fato. Tinha conhecimento dele por relatos de sua mãe; como ele não recordava nenhuma cena dessas, relutou e desconfiou até aceitar essa construção freudiana. Entretanto, lembrou-se de outra cena, também contada pela mãe. Ele tinha 4 anos e, depois de ter mordido uma pessoa, seu pai repreendeu-o com castigos físicos; na verdade levou uma surra do pai. Muito bravo,

> *o meninote se enraiveceu terrivelmente e soltou imprecações até debaixo dos golpes do pai. Mas, como ainda não sabia xingar, aplicara a este os nomes de objetos que lhe ocorriam, dizendo: "Seu lâmpada! Seu lenço! Seu prato!" etc. O pai, assustado com tal explosão elementar, parou de golpeá-lo e afirmou: "Esse menino será ou um grande homem ou um grande criminoso!". (Freud, 1909a/2013, p. 67)*

Depois de ter contado esse episódio, Ernst, novamente, expressou muitas dúvidas dos sentimentos de ódio que teve em relação ao pai. Contudo, desde o início de sua análise, em sonhos e falas, ofendia muito Freud, ao mesmo tempo que demandava um castigo. Pelo modo que Ernst estabeleceu sua transferência, Freud procurou evidenciar a seu paciente como ele buscava fugir e, concomitantemente, confessava seu ódio inconsciente pelo pai. Sobre o enigma dos ratos, Freud acreditava que o relato da tortura redespertou o erotismo anal de Ernst e o fez recordar do episódio da mordida. A recordação dessa cena era o que faltava para confirmar a hipótese levantada na construção freudiana.

Nesse contexto, considerando a punição corporal presente na tortura com os ratos, o capitão assumiu para Ernst o lugar do pai e atraiu para si uma truculência comparável aos castigos relacionados ao episódio da mordida. Segundo Freud, o rato tomou o significado do dinheiro, logo, da dívida, que se manifestava na análise por meio da associação verbal "Tantos ratos – tantos florins" (Freud, 1909a/2013, p. 76). Desde o começo de sua análise, Ernst calculava o valor a ser pago sempre comparando florins a ratos. Apontar essa relação, tendo como ponto de articulação a punição da mordida, fez com que o sintoma em relação aos ratos terminasse. Conforme destaca Coelho Junior (1995), no caso do Homem dos Ratos, Freud oscilou na determinação do papel da fantasia e da realidade no acesso às recordações infantis de seu paciente. A ideia de que a formação de uma história de vida envolve um entrelaçamento entre fantasias e parcelas reais das experiências de Ernst foi parcialmente abandonada. Chama nossa atenção o quanto Freud foi irredutível para defender a suposta *realidade* do episódio que Ernst vivenciou com o pai. O sentimento de convicção que faltava a Ernst para admitir em si tal construção seria viabilizado "somente pela dolorosa via da transferência que ele chegou a convencer-se de que sua relação com o pai exigia aquele complemento inconsciente" (Freud, 1909a/2013, p. 69).

O modo como Freud sustentava essa posição tinha como pano de fundo, semelhante aos casos que trabalhamos até aqui, o balanço excitatório de intensidades: como o afeto da experiência da reprimenda não estava ligado com a experiência correspondente, a não admissão desse afeto, especificamente o ódio sentido com relação ao pai, foi dirigido tanto à família quanto à figura de Freud. Inclusive, Ernst levantou-se do divã em várias ocasiões, questionava como Freud aguentava seus insultos, queria ser mandado embora da análise, pois era o que merecia.

Pacientemente, Freud esperava toda a sucessão de xingamentos e autorrecriminações de seu paciente, via-os, para além de uma manifestação de resistências, também como uma tentativa de proteção, caso houvesse uma resposta agressiva de sua parte. Durante o processo clínico, sustentou uma reserva e com isso esperava que Ernst adquirisse a convicção do ódio nutrido pelo pai. É notável, destaco, o quanto a transferência passou a ser o lugar no qual experiências passadas seriam ressignificadas e as resistências superadas. Mesmo recebendo o impacto violento da dor e do sofrimento de Ernst, contrariamente ao que fez com Dora, Freud reconheceu e legitimou a transferência do Homem dos Ratos.

Sobre a concepção freudiana da situação analítica durante a condução desse caso, segundo Coelho Junior (1995), Freud notou que, quando o analista empresta sua figura para receber as inclinações transferenciais de um paciente, a intensidade dos afetos também vai ser dolorosa para o analista, haja vista que também há na transferência a presença de afetos reais para a pessoa do analista e não só transferidos para "sua figura". O que quer dizer que o analista participa do processo, sendo que o reconhecimento da intensidade dos sentimentos dirigidos a ele mostra que a concepção inicial da transferência, presente na análise de Dora, estava alterada. Afinal, o analista, a pessoa dele, também está presente na análise e negligenciar isso poderia levar a problemas, como aconteceu com Dora.

Enfaticamente, Mahony (1991) afirma que o enquadre clínico de Freud nesse caso foi diretivo e autoritário. Pela comparação entre o diário e o relato público desse tratamento, o pesquisador canadense sublinha três irregularidades técnicas cometidas por Freud. A respeito da primeira delas, Freud pediu a Ernst para trazer uma foto de Gisela. Como esse tinha muita dificuldade para falar da mulher que amava, tal requisição foi feita como tentativa de fazer com que o Homem dos Ratos percebesse isso, assim como falasse mais da mulher que polarizava grande parte dos sentimentos de ódio que sentia em relação ao pai. Não nos parece que essa foi uma tentativa descuidada de Freud; o uso da fotografia, um elemento externo ao enquadre, buscou fazer com que Ernst falasse e reconhecesse um aspecto primordial de sua vida que ele tinha dificuldades em relacionar com suas vivências passadas, principalmente com o pai. Na visão de Mahony (1991), Freud foi muito invasivo, o que teria aumentado ainda mais a tenacidade das resistências de Ernst relacionadas ao seu sentimento por Gisela, isso porque eles ainda não estavam juntos nessa época, o que quase o fez abandonar o tratamento.

A segunda seria o envio de um cartão-postal para Ernst. Em uma das sessões, o Homem dos Ratos levou o cartão e falou, repetidamente, de todas as reações ambivalentes com o pai. Mahony (1991) defende que todo esse conteúdo produzido foi dirigido pela colocação *real* de Freud, causando um descontentamento em Ernst. Como não conseguiu expressar isso de modo direto, fez inúmeras acusações sobre como o pai era autoritário, mal-educado, não civilizado, um vigarista e oportunista, já que queria que o filho se casasse por dinheiro e não por paixão. Freud, contudo, interpretou esse episódio dizendo a Ernst que ele queria se casar com alguém oriundo de uma família de posses e assim seguir as recomendações do pai. Mesmo que Freud acreditasse que teria interpretado sob transferência, é claro que queria remeter Ernst à origem dos sentimentos ambivalentes dele com o pai, porém reconhecemos que, se comportando assim, "Freud estava desprezando a presença centrífuga do 'aqui e agora', bem como do episódio do cartão postal, ao longo de todas as associações do paciente" (Mahony, 1991, p. 124). Já a terceira seria o oferecimento de um prato de arenque a Ernst. A grande questão aqui era que, possivelmente, Freud esqueceu que foi durante uma refeição que seu paciente soube da tortura oriental. De maneira semelhante àquela refeição, teriam sido reavivados em Ernst sentimentos e fantasias oriundos daquela ocasião, sem nenhum tipo de manejo da parte de Freud. Por essa razão, a comida não foi tocada.

É reconhecido o quanto Freud conteve e lidou, em diversas ocasiões, com a angústia de seu paciente. Os episódios constantes em que Ernst levantava-se do divã ao lado dos xingamentos que fazia, ou a paciência de Freud para Ernst voltar a deitar-se no divã e falar sobre o que sentia, são exemplos disso. Contudo, é fato que a intromissão de fatores reais esteve presente durante esse tratamento.

Certa vez, Ernst tomou conhecimento de um assassinato cometido em Budapeste. A pessoa considerada culpada foi condenada à morte, e ele foi tomado pela vontade de saber se seu analista seria irmão do assassino. Freud prontamente respondeu dizendo que nunca teve parentes naquela cidade. Importante destacar o efeito dessa resposta em Ernst: "Tranquilizado ele confessa que, por esta razão, desde o início manteve certa desconfiança" (Freud, 1909b/1989, p. 161). Conforme aponta Coelho Junior (1995), mesmo Freud buscando garantir e conter a realidade dos fatos, não só na análise, mas em um evento da sociedade também, isso não provocou mudanças na relação transferencial. As intervenções freudianas, mesmo que com traços mais realistas, tranquilizavam Ernst, inclusive não prejudicaram sua capacidade de fantasiar e de incluir elementos da realidade exterior em sua complexa realidade psíquica.

Podemos citar outra intervenção não usual de Freud: ele presenteou Ernst com um livro de Émile Zola, *A alegria de viver*. A conjuntura para isso foi que Ernst estava diante de impulsos suicidas por ter desejado a morte de Gisela, e ele aceitou a lembrança.[21] Tendo como base as reflexões de Coelho Junior (1995), é possível destacarmos que, durante o processo clínico desse caso, além de fornecer explicações da teoria psicanalítica e de não recusar situações da realidade exterior, Freud trouxe elementos externos para o enquadre: o livro de Zola como um presente e o pedido para Ernst trazer uma fotografia de Gisela simbolizam isso. A introdução desses buscava ajudar no surgimento de elementos internos, da realidade psíquica, de Ernst. A ideia aqui era proporcionar ao Homem dos ratos um maior trânsito entre comportamentos, percepções, representações e afetos.

É digno de nota que, mesmo rápidas ou *concretas* demais, as intervenções que Freud fez ajudaram a enfraquecer as idiossincrasias e as resistências de Ernst. Ele ficou mais confiante e seguro de si, teve a oportunidade *real* de vivenciar o fato de que Freud continuou vivo diante de suas manifestações hostis, tendo um espaço para falar mais sobre as fraquezas e as imposições do pai. Fato esse que permitiu a Ernst enfrentar algumas exigências da vida; ele

---

21 Duas passagens na obra de Freud nos fornecem elementos para entendermos o que ele buscou com esse ato: "Émile Zola, um conhecedor da alma humana, retrata em *La joie de vivre* [A alegria de viver, de 1884] uma garota que, com alegre abnegação e sem esperar recompensa, sacrifica às pessoas que ama tudo o que possui ou poderia reivindicar – seu patrimônio e suas expectativas. A infância dessa garota foi dominada por uma necessidade de afeto insaciável, que se transforma em crueldade numa ocasião em que ela é preterida em favor de outra" (Freud, 1905/2016, p. 166) e "os romances que poderíamos denominar 'excêntricos', em que a personagem apresentada como herói tem o mínimo papel ativo, vendo passar à sua frente, como um espectador, os atos e sofrimentos das demais pessoas. Desse tipo são vários dos últimos romances de Zola" (Freud, 1908b/2015, p. 335).

voltou a trabalhar, obteve a titulação de doutor em direito e, mais importante, conseguiu estabelecer e manter a relação com a mulher que amava, Gisela.

Considero importante a sugestão de Mahony (1991) relacionada com os possíveis deslizes transferenciais de Freud com Ernst,[22] contudo é importante deixar claro a diferença de enquadre clínico nesse tratamento quando comparado ao caso Dora. Na análise do Homem dos Ratos, Freud estava mais seguro e confiante para lidar com a transferência. As *aparições reais* de Freud para Ernst foram os encorajamentos constantes, as diversas explicações teóricas sobre a teoria psicanalítica, pedir para ele trazer uma foto de Gisela, o envio de um cartão-postal, o oferecimento de um prato de comida, dizer que um assassino não era de sua família e a entrega do livro de Zola como presente. Contudo, nenhuma dessas colocações inibiu o fluxo associativo do Homem dos Ratos, a manifestação de suas fantasias e a superação de resistências. Como principal êxito, Freud proporcionou a Ernst um espaço no qual foi possível a expressão de sentimentos hostis. O resultado desse posicionamento clínico fez com que Freud se deparasse com outras situações transferenciais, não só abordadas com interpretações, mas também com construções.

Nos casos clínicos freudianos que trabalhamos até aqui, vale dizer, sempre houve uma contraposição entre realidade psíquica e realidade externa. O que apresentamos sobre como Freud estruturava seu enquadre clínico também pode ser visto a partir dos elementos de uma realidade, de outra ou da união de ambas. Tendo como base as ideias de Coelho Junior (1995), de que diferentes planos de realidade constituíram o solo do tratamento de Ernst, podemos dizer que seria pelo contínuo deslocamento de posições do

---

22 Cf. Mahony, 1991, pp. 132-133.

analista que a superação de resistências pode acontecer. Tanto no caso Dora quanto no Homem dos Ratos, houve o uso de elementos da realidade externa, sendo que essa forma de se colocar, abordada brevemente por Freud em sua obra, foi decisiva para o desenvolvimento da técnica psicanalítica, abrindo um campo de reflexão, na minha leitura, sobre o *ritmo* de uma interpretação, em conjunto com o papel da construção.

Todas essas variações no processo clínico, defendo, só puderam acontecer enquanto potencialidade pela reordenação epistemológica do lugar da transferência na constituição do próprio enquadre. Interpretar sob influência da transferência ajuda o analista a estar em compasso com o *ritmo* do sujeito, logo tanto o conteúdo quanto o momento da interpretação seriam considerados em conjunto.

Essa afirmação adquire força se lembrarmos a maneira como as interpretações freudianas eram feitas inicialmente, literais, categóricas e veementes; nada mais era buscado do que uma correção a respeito da realidade de vida de seus pacientes. Por vezes, como no abandono de Dora, o "excesso" corretivo não foi produtivo. Já no caso do Homem dos Ratos, o cruzamento de realidades não causou uma interrupção na expressão das fantasias inconscientes durante a análise. Friso que é o impacto transferencial recebido pelo analista que norteia uma ou outra variação no processo e, por vezes, no próprio enquadre.

Não desconsidero o fato de que, em alguns momentos, as intervenções freudianas possam ser vistas como pedagógicas demais, pouco abstinentes, mas discordo da observação de que na análise de Ernst faltou um espaço no "qual fantasias arcaicas pudessem ser construídas e convicções profundas adquiridas" (Mahony, 1991, p. 137), haja vista as escolhas e possibilidades de vida que Ernst conseguiu alcançar após sua análise.

Não é meu objetivo aqui questionar as possíveis falhas ou deslizes de Freud na condução desse caso, uma vez que há o risco de padronização e enrijecimento de como uma análise ocorreria. Minha intenção é colocar em destaque que as variações do enquadre feito por Freud durante o tratamento do Homem dos Ratos só aconteceram pois tinham como anteparo a transferência como fator técnico operante. Tendo como ponto de apoio as ideias de Coelho Junior (1995), podemos afirmar que Freud ocupou vários níveis de realidade para seu paciente, com o intuito de auxiliar na produção de associações e de recordações de Ernst. Como efeito terapêutico, houve um aumento no número de fantasias expressas, tanto verbais quanto transferenciais, ao lado da superação de resistências.

As intervenções que Freud fez neste caso tinham como alvo uma tradução verbal das representações inconscientes. As falas de Ernst, em sua maioria, eram curtas, muito rápidas, desarticuladas no tempo. Dependendo da maneira como seu paciente falava, Freud propunha intervenções mais próximas de uma interpretação ou uma construção. Teoricamente, o que deu aporte a esse manejo foi a ideia de que, na neurose obsessiva, o recalque estaria restringido ao âmbito psíquico, diferente das conversões histéricas, por exemplo. Mesmo os atos obsessivos não teriam um estatuto de carregar um símbolo ou traço, uma vez que seriam medidas de proteção contra uma representação inconsciente, e a "distinção entre luta defensiva primária e secundária certamente se justifica, mas seu valor é inesperadamente limitado pelo conhecimento de que os doentes *ignoram o teor de suas próprias ideias obsessivas*" (Freud, 1909a/2013, p. 84, grifo do original).

Por isso, Freud corrigia lexicalmente algumas palavras, com diversas retificações, explicações teóricas e colocações reais de sua pessoa durante esse tratamento. Como bem aponta Mahony (1991), as intervenções freudianas eram realizadas na primeira pessoa ou do lugar da segunda pessoa de quem Ernst falava em uma tentativa de se aproximar ao máximo do nível da experiência de seu paciente, tornando mais fácil o desvelamento de representações inconscientes relacionadas ao sofrimento do Homem dos Ratos. Era buscado um trabalho de exploração, "peça por peça" (Freud, 1914a/2010, p. 202), dos sentimentos ambivalentes de Ernst.[23]

A presença clínica que Freud conseguiu ter com Ernst foi significativa; Freud fez uso de muitos pronomes na primeira pessoa, autorreferências, elementos externos ao enquadre como forma de criar uma maior disponibilidade e confiabilidade com seu paciente. Houve o desaparecimento do sintoma em relação aos ratos, mudança clinicamente considerável.

Mahony (1991) destaca que, mesmo com intromissões, excessivas explicações e retomadas teóricas, Freud teria sido mais empático e disponível com Ernst do que com Dora. Ernst teve um espaço para confessar seus tormentos. Comentando a técnica empregado por Freud nesse caso, Lipton (1977) constata que foi a partir desse tratamento que Freud teve elementos suficientes para constituir aquilo que foi chamado de "técnica clássica", apresentada formalmente no pensamento freudiano nos "Artigos técnicos" (1911-1915), balizada no princípio de abstinência, na associação livre e na interpretação sob transferência.

23 Como exemplo, tomando como alvo o principal fio condutor dessa análise, a ambivalência de sentimentos de Ernst em relação ao pai, Freud (1909a/2013) disse a ele "A ideia que rapidamente lhe passou na cabeça, de que algo assim poderia suceder a alguém de que gostava, seria traduzida num desejo como: 'Deviam fazer assim com você', dirigida ao narrador do suplício, mas, através dele, ao pai" (p. 79) ou ainda "Podendo-se obter um exemplo específico, para alguma das vagas generalidades da neurose obsessiva, tenha-se a certeza de que tal exemplo é a coisa original e autêntica mesma, que devia permanecer escondida pela generalização. Restaurado conforme o seu sentido, o temor obsessivo é este portanto: 'Se tenho o desejo de ver uma mulher nua, meu pai vai morrer'" (p. 23).

Destaco que foi pelo modo de Freud estruturar a situação analítica no caso do Homem dos ratos que a transferência ganhou seu estatuto de principal constituinte da técnica psicanalítica, apontando para o fato de que o trabalho de superação de resistências é feito pelo sujeito. Na abertura do segundo Congresso Internacional de Psicanálise, em 1910, fazendo um exercício de reflexão a respeito de sua prática clínica, Freud (1910b/2013) disse:

> *No início, o tratamento psicanalítico era implacável e cansativo. O paciente tinha de falar tudo ele mesmo, e a atividade do médico consistia em pressioná-lo ininterruptamente. Hoje a coisa é mais amigável. O tratamento se compõe de duas partes: do que o médico percebe e fala ao paciente e da elaboração [*Verarbeitung*], por parte deste, daquilo que escutou. É fácil compreender o mecanismo de nosso auxílio; nós fornecemos ao doente a ideia antecipatória consciente, cuja semelhança com a ideia reprimida inconsciente lhe permite encontrar esta dentro de si. Este é o auxílio intelectual que lhe facilita a superação das resistências entre consciente e inconsciente. (p. 289)*

Essa citação pode ser vista como um resumo de toda a apresentação técnica que fizemos até esse ponto da pesquisa, claro, mantendo em relevo que nosso fio condutor são as duas matrizes da elaboração psíquica. Temos aqui a constituição do solo que permitiu a formulação da perlaboração no pensamento freudiano em 1914: durante uma análise, a partir do manejo da transferência, intervenções, interpretações e construções são propostas pelo analista com o intuito de auxiliar o sujeito em superar suas resistências. Trabalho chamado por Freud de perlaboração.

No próximo item, veremos a concepção de transferência e de resistência presente nos "Artigos técnicos" (1911-1915), demonstrando como foram precursores fundamentais para a introdução da segunda matriz da elaboração psíquica no pensamento freudiano.

O primeiro modelo da perlaboração

A partir do nosso percurso, podemos dizer que o desenrolar de uma análise pode ser visto como o *tempo* e o *ritmo* na proposição de intervenções, interpretações e construções, a partir da transferência. Nos casos Dora e Homem dos Ratos, é possível apreendermos que haveria uma relação da transferência com o conceito de repetição. Essa ideia apareceu no pensamento freudiano em 1912, no artigo técnico "A dinâmica da transferência"; nesse texto vemos que uma dimensão de repetição estaria presente em toda relação transferencial e seria fundamental para acessar fantasias e experiências infantis recalcadas. Pensando em como a transferência surge em uma relação, Freud (1912b/2010) afirmou que cada sujeito tem uma maneira particular de se vincular com o outro, que seria determinada pelas "condições que estabelece para o amor, os instintos que satisfaz então, os objetivos que se coloca" (p. 134). A relação com os outros seria forjada por certos padrões, que Freud (1912b/2010, p. 136) chamou de clichês, que se repetiriam durante a vida de um sujeito.

Esses padrões moldariam as inclinações transferenciais que, em um tratamento analítico, tomariam o analista como alvo do investimento libidinal. No adoecimento neurótico, contudo, haveria uma introversão da libido, operação que acontece por uma impossibilidade de elaborar associativamente uma cota de intensidade, tornando-a alvo da defesa. A libido relacionada a essa cota faria uma regressão, reinvestindo imagos infantis. Nesse cenário, o tratamento analítico buscaria seguir as trilhas dessa libido introvertida, "procurando achá-la, torná-la novamente acessível à consciência, pô-la a serviço da realidade" (Freud, 1912b/2010, pp. 138-139).

Em uma situação analítica, um investimento libidinal parcialmente insatisfeito toma o analista como objeto. Quando o tratamento se depara com uma cota de libido defendida, os fatores envolvidos na regressão dela atuam para mantê-la nesse mesmo estado, constituindo as resistências ao tratamento.

Freud (1912b/2010) acreditava que, quando uma representação inconsciente estava para ser descoberta, a transferência ocorreria, liberando assim a libido introvertida. Essa cota de libido, demonstrando toda a sua força, gerenciaria a produção de associações do sujeito, sendo vista como um sinal indubitável de resistência na transferência, uma vez que

> *a transferência na análise sempre nos aparece, de imediato, apenas como a mais poderosa arma da resistência, e podemos concluir que a intensidade e a duração da transferência são efeito e expressão da resistência. (Freud, 1912b/2010, p. 141)*

De maior aliada ao tratamento, a transferência, novamente, era mais uma maneira de manifestação da resistência. Para sair dessa encruzilhada, Freud (1912b/2010) propôs pensar a transferência em mais de uma versão, dividindo-a em duas: positiva e negativa. Aquela expressaria sentimentos ternos e afetuosos, esta hostis e agressivos. A vertente positiva seria a melhor companheira do tratamento. Por meio dela, o analista teria a garantia do comprometimento do sujeito em análise e também perceberia a efetividade de suas intervenções. A transferência negativa e a transferência positiva de representações eróticas recalcadas comporiam a vertente de resistência, impondo as maiores dificuldades em uma análise. Seria pela via da transferência positiva que um tratamento operaria, compondo a parcela da relação analítica na qual as trincheiras da resistência seriam superadas.

A interpretação da transferência ganhou um estatuto importante aqui: afastar da figura do analista, tanto quanto possível, sentimentos hostis e padrões eróticos recalcados, pois procurava tornar consciente ao sujeito seus modos de relação com o outro. A maneira de propor uma intervenção aconteceria, então, a partir do impacto transferencial percebido pelo analista. Essa ideia pode carregar em seu bojo uma certa ingenuidade no fato de que uma intervenção, simplesmente, contextualizaria a expressão de sentimentos de um sujeito e, com isso, alcançaria uma separação ascética. Fazendo referência a isso, Freud usou a expressão ambivalência, criada por Bleuler em 1910. O analista seria o depositário, ao mesmo tempo, dos sentimentos positivos e negativos de um sujeito, inclusive a "ambivalência nas inclinações afetivas é o que melhor explica a capacidade dos neuróticos colocarem suas transferências a serviço da resistência" (Freud, 1912b/2010, p. 145).

O analista, ao buscar fazer com que o sujeito reconhecesse os fatores e detalhes envolvidos na retirada de uma cota de libido do consciente, depara-se com uma reação contrária: a resistência. Essa dificuldade foi realocada no âmbito técnico. Freud foi categórico ao dizer que o acesso às representações inconscientes não se daria apenas pelo ato do sujeito recordar, muitas vezes, tais conteúdos não são "lembrados como a terapia o deseja, procurando, isto sim, reproduzir-se, de acordo com a atemporalidade e a capacidade de alucinação do inconsciente" (Freud, 1912b/2010, p. 146). Podemos ver aqui que Freud converteu o que seria apenas um obstáculo no desvelamento de representações inconscientes, uma resistência via transferência, em um mais um material clínico, isto é, a recordação do sujeito aconteceria também a partir da reprodução de seus padrões transferenciais.

Aponto que a técnica freudiana, reordenando epistemologicamente a resistência na transferência, criou uma maneira de conceber uma manifestação de resistência como mais um meio de acesso ao inconsciente do sujeito, uma vez que essa vinculação substituía a lembrança pela ação. Temos aqui a constituição do lugar e da importância da repetição em um tratamento analítico. O que um sujeito repete seriam experiências, intrapsíquicas e relacionais, de situações infantis recalcadas.

Em 1912, além de ser a base constitutiva do tratamento analítico, a transferência ganhou um novo estatuto: sua dimensão de repetição. A figura do analista se tornaria objeto do investimento libidinal introvertido do sujeito, sendo um suporte na expressão de fantasias.

> *aos produtos do despertar de seus impulsos inconscientes; ele quer dar corpo a suas paixões, sem considerar a situação real. O médico quer levá-lo a inserir esses impulsos afetivos no contexto do tratamento e no da sua história, a submetê-los à consideração intelectual e conhecê-los segundo o seu valor psíquico. (Freud, 1912b/2010, p. 146)*

A relação transferencial seria permeada por uma luta entre a atividade consciente, função da elaboração associativa, e a inconsciente, pulsional. Lidar com as intensidades, buscando nomeá-las, contextualizá-las e conhecê-las, teria como contrapartida uma prestação de contas à resistência. A interpretação sob transferência ganhou destaque como intervenção fundamental para o avanço do tratamento, pois a maneira de vinculação do sujeito oferece ao analista uma atualização do passado recalcado na própria transferência, "afinal é impossível liquidar alguém *in absentia* ou *in effigie*" (Freud, 1912b/2010, p. 146). Quando o analista faz uma interpretação tendo como referência o modo como o sujeito vincula-se no tratamento, resistências se levantam, as quais o sujeito precisa superar sozinho.[24]

Todo o trabalho analítico passou a ser concebido com o mote: *sob repetição na transferência*. O analista precisava reconhecer todas as dimensões, positivas e negativas, do impacto transferencial para daí formular e dar ritmo em suas intervenções. Contudo, questionamentos aparecem: como intermediar resistência e transferência? A ideia apreendida a partir da análise de Ernst, de que o sujeito teria que lidar sozinho com suas resistências, é um tanto vaga: qual trabalho seria esse? Que segurança é possível um analista ter para afirmar que uma resistência foi superada e a tão estimada convicção foi adquirida? Na minha leitura, a perlaboração foi introduzida no pensamento freudiano para responder a tais questões, todas envolvidas não só em qual seria o papel do sujeito em uma análise, mas também em como identificar os efeitos que ela pode proporcionar.

Até a escrita dos "Artigos técnicos" (1911-1915), destaco, o enquadre clínico que Freud foi desenvolvendo e alterando, guiado pelo lugar epistemológico da transferência na teoria da técnica, e balizou-se pela primeira tópica do aparelho psíquico. Observação fundamental, pois implica no reconhecimento do fato de que Freud buscava promover recordações de representações inconscientes que, anteriormente, foram alvo da defesa. Tudo havia sido

24 Mesmo já tendo usado a construção como um recurso técnico importante, principalmente no caso do Homem dos Ratos, nos "Artigos técnicos" (1911-1915), Freud destacou a importância da interpretação na técnica psicanalítica e não fez nenhuma menção à construção.

anteriormente representado pelo sujeito em um momento de sua vida, porém foi rechaçado de seu âmbito associativo pelo excesso na carga excitatória de uma experiência, seja ela intrapsíquica ou relacional, não ser passível de ligação. Estamos falando aqui de lembranças e conteúdos representacionais que já pertenceram aos registros consciente/pré-consciente e que não o são mais.

A representação defendida vai ao inconsciente, mantida ali pelo recalque; o afeto recém-liberado, enquanto intensidade, produziria angústia, necessitando ser ligado a outras representações, a fim de diminuir a excitação do aparelho psíquico, rebaixando a sensação de desprazer. O efeito colateral seria a produção da neurose e, para haver a atenuação do sofrimento, era necessário desvelar as representações inconscientes. A transferência, a partir da introdução da compulsão à repetição, seria um meio de acesso fundamental para realizar esse desvelamento.

A transferência, inegavelmente, impõe uma grande exigência ao analista, pois ele necessita apreender os sentidos das intensidades e das vinculações que circundam uma situação analítica. Em todos os casos clínicos que discutimos nessa pesquisa, noto como as dificuldades impostas pela transferência fizeram Freud dar maior destaque a três "planos" transferenciais: (1) à sugestão, visto que poderia ser usada em sua versão positiva; (2) como resistência à análise, na variante negativa e (3) na dimensão de repetição dos complexos edipianos infantis, uma outra maneira de recordação.

Dando especial destaque a este último ponto, Freud (1912b/2010) defendeu que a direção o tratamento é balizada pela interpretação sob transferência a partir do que é repetido transferencialmente. A chamada superação das resistências é o guarda-chuva que busca dar forma a todo o trabalho e implicação que o sujeito, em análise, é convocado a ter diante de seu desejo. A unidade, acredito, foi dada pela formulação da perlaboração.

O início do texto "Recordar, repetir e elaborar" (1914a) levanta questões e reflexões a respeito das dificuldades no ato de recordar. O esquecimento do sujeito seria produto da ação do recalque, por isso a recordação só aconteceria pela superação das resistências. A interpretação faria o sujeito entrar em contato, reconhecendo pouco a pouco, suas resistências. Nesse trabalho que visa a admissão afetiva, a recordação era vista por Freud como fundamental e a transferência concederia direito de voz ao que até então estava impronunciável. Sistematizando a dinâmica presente na análise: "Em termos descritivos: preenchimento de lacunas da recordação; em termos dinâmicos: superação das resistências da repressão [*Verdrängung*]" (Freud, 1914a/2010, p. 195).

Freud (1914a/2010) enunciou aqui que a compulsão à repetição (*Wiederholungszwang*) seria o principal meio de recordação em um tratamento analítico. Em um primeiro tempo, o analista precisaria montar uma situação analítica que fornecesse espaço e condições a esse modo de expressão, peculiar, pois substitui a ação do recordar pelo repetir. Esse mecanismo foi entendido a partir de uma perspectiva energética: quanto mais tenaz uma resistência, mais forte será a substituição da recordação pela repetição. Quando a transferência se tornava muito hostil, o sujeito atuaria sua dinâmica conflituosa, repetindo-a na relação analítica, em vez de recordá-la. Na técnica apresentada por Freud em 1914, a repetição é vista como uma parcela da vida do sujeito que necessitava ser reavivada na transferência.

A resistência, nessa visão, determina como e o que é repetido na transferência, "o analisando repete em vez de lembrar, repete sob as condições da resistência" (Freud, 1914a/2010, p. 202). Em 1914, a transferência também passou a ter um uso técnico em relação à recordação, especificamente, seria no local onde o sujeito não se recorda de um conflito que ocorre a troca do recordar pelo repetir.[25] A dinâmica conflituosa conduziria a relação do sujeito em análise. Esse é o momento que haveria a troca da neurose regular pela neurose de transferência,[26] formação intermediária entre a neurose pregressa, histórica, e a neurose "artificial", manifesta na análise.

A partir da posição transferencial em que foi colocado, o analista precisaria reconduzir o sujeito em um caminho de volta, do repetir ao recordar. A interpretação da transferência seria o principal meio de locomoção, a melhor maneira de "domar a compulsão à repetição do paciente e transformá-la num motivo para a recordação" (Freud, 1914a/2010, p. 206). A ideia é a seguinte: ao perceber a dimensão de repetição na transferência, o analista faria uma interpretação e o efeito esperado era a volta das recordações. Freud buscava, sempre, fomentar o fluxo associativo do sujeito. Falar sobre o que faz sofrer e relacionar com o passado, buscando criar sentido da experiência vivida.

Conforme destaca Roussillon (2016), a interpretação é uma espécie de "pensamento em espera" em direção às representações inconscientes, bem como uma atração para elas. A postura cuidadosa no exame "peça por peça" (Freud, 1914a/2010, p. 202) procura tecer um caminho que levou à formação das representações inconscientes em conjunto com as experiências e recordações que estão contidas nelas. O fator que embaralhava a trama associativa era a resistência.

---

25 "o analisando não recorda absolutamente o que foi esquecido e reprimido, mas sim o atua. Ele não reproduz como lembrança, mas como ato, ele o repete, naturalmente sem saber o que faz" (Freud, 1914a/2010, pp. 199-200).

26 Citado aqui no contexto da teoria da técnica. Nosograficamente, o termo neuroses de transferência faz referência às chamadas psiconeuroses de defesa: histeria de conversão, histeria de angústia e neurose obsessiva, foi usado por Freud como distinção em relação às neuroses narcísicas, psicose maníaco-depressiva e paranoia-esquizofrenia.

O trabalho que conduziria ao caminho buscado para atenuar o sofrimento do sujeito foi chamado de perlaboração. Ela foi o nome dado por Freud ao processo envolvido na superação de resistências, sinal que o tratamento progredia. Como superar padrões não seria de fácil custo, houve uma forte ênfase do ato de perlaborar como um *processo*:

> *nomear a resistência não pode conduzir à sua imediata cessação. É preciso dar tempo ao paciente para que ele se enfronhe na resistência agora conhecida, para que a elabore [*Durcharbeiten*], para que a supere, prosseguindo o trabalho apesar dela, conforme a regra fundamental da análise. (Freud, 1914a/2010, pp. 207-208)*

Fica claro aqui que uma intervenção, por si só, não traria um efeito imediato, ou seja, um reposicionamento subjetivo do sujeito diante do que lhe causa sofrimento. Seria necessário um tempo para assimilação, o tempo da perlaboração, que se faz em um duplo movimento: recordação do passado recalcado, inconsciente, e superação das resistências envolvidas nessa recordação. Houve um destaque no fato de que o sujeito construiria um saber sobre si próprio a partir do que vivenciou durante seu tratamento.

A perlaboração também pode ser vista como uma espécie de advertência a críticas relacionadas com a dificuldade ou duração de um tratamento. Simplesmente exibir uma resistência, seja por uma interpretação veemente, por uma explicação teórica ou uma construção pronta e acabada, não fornece condições para o sujeito lidar com seus conflitos. Se tais intervenções forem propostas com rigidez, as resistências tendem a ficar ainda mais fortes.

Freud (1914a/2010) chamou atenção para o fato de que seria no auge de uma manifestação da resistência que o analista teria elementos para perceber a dinâmica conflituosa inconsciente. A resistência atualizaria o inconsciente no tratamento; a ideia é que, se há resistência, houve um recalque anterior. O conteúdo abafado pelo recalque, até então inconsciente, é reproduzido na transferência. A demonstração e a busca pelo reconhecimento defrontam-se com as resistências. Esse enfrentamento é um trabalho difícil, prolongado, tortuoso e confuso, é uma verdadeira

> *tarefa penosa para o analisando e uma prova de paciência para o médico. Mas é a parte do trabalho que tem o maior efeito modificador sobre o paciente, e que distingue o tratamento psicanalítico de toda influência por sugestão. (Freud, 1914a/2010, p. 209)*

O primeiro modelo da perlaboração é constituído por um trabalho de progressão representacional, em que o analista vai fornecendo indicativos dos fatores ligados ao sofrimento do sujeito, que ajudariam na criação de relações desse, por meio, principalmente, de recordações. A técnica apresentada por Freud em 1914 exige do sujeito uma atividade associativa consciente tendo como mote qual o seu lugar e o seu papel diante daquilo que o faz sofrer. A chamada implicação ou responsabilização são fundamentais para o enfrentamento das resistências nesse momento da clínica freudiana, orientada para o tratamento dos quadros neuróticos. O nome perlaboração dá forma a esse processo, tornando-se a principal característica de um tratamento analítico.

Temos aqui uma alusão na relação com o tempo, tanto do analista quanto do sujeito. A *prova de paciência* indica que a superação de resistências é um caminho vagaroso, muitos fatores envolvidos em um conflito precisam ser compreendidos, uma vez que alterar um modo de posicionamento subjetivo requer um aprofundamento nas próprias resistências para poder lidar com elas e superá-las. Difícil delimitar o tempo de duração de uma tarefa como essa.

Conforme aponta Chaves (2001), a paciência não tem relação com o tempo cronológico, pois exige do analista um enquadre clínico que sustente a temporalidade em uma perspectiva "que não é mais 'homogênea e vazia', linear e contínua, mas que intercepta, impõe uma censura, que exige uma interrupção" (p. 7). Esse tempo da paciência exige uma curiosa relação com o passado, presente e futuro, haja vista que essas três modalidades se cruzam a todo momento em uma situação analítica. A perlaboração pode ser encarada como o momento de gestação do tempo futuro, levando em conta toda as influências passadas e expectativas futuras. A partir desse contexto, não seria possível impedir o aparecimento de resistências ou ainda tentar apressar a ação da perlaboração, o analista "nada tem a fazer senão esperar e deixar as coisas seguirem um curso que não pode ser evitado, e tampouco ser sempre acelerado" (Freud, 1914a/2010, p. 209).

Freud (1914a/2010) enunciou aqui, sublinho, a importância da prudência, que incide no processo clínico para evitar que o analista conduza o sujeito em uma direção e concentre todo o tratamento em um só ponto, prevenindo assim uma abordagem técnica intelectualista e normativa. O respeito ao tempo necessário para realizar a perlaboração ganha sustentação a partir de uma dimensão ética, necessária para o analista reconhecer e legitimar o sofrimento do sujeito. Temos aqui uma dimensão da alteridade balizando a técnica.

> *Ética entendida como* posição *e como* lugar *(morada), como postura fundamental, como modo de escutar e falar ao e do outro na sua alteridade – a alteridade do inconsciente. Uma ética compreendida como abertura,*

> *respeito, resposta e propiciação ao outro. Algo que não se assemelha em nada a uma "moral" e que, portanto, não poderá jamais ser convertido em um código de prescrições e proibições. (Coelho Junior & Figueiredo, 2008, p. 9, grifos do original)*

Tendo essas ideias norteando nossa leitura, a comparação que Freud (1914a/2010) fez, no plano teórico, do trabalho da perlaboração com a ab-reação de afetos do método catártico pode ser vista se considerarmos o destaque naquilo que é *vivido* e *admitido* em análise. Ao sustentar a incerteza do que será descoberto e criado em um tratamento, o analista pode transformar sua figura para o sujeito, a partir da vertente positiva da transferência, em um ideal de eu que forneça suporte e confiança para a realização da perlaboração.

No momento em que um tratamento caminha bem, o lugar transferencial ocupado pelo analista não representa nenhuma resistência, seja diante de conflitos atuais ou passados. Quando as resistências ficam mais agudas, Freud notou a necessidade de criar mecanismos para se proteger do impacto das cargas afetivas da e na transferência, em uma tentativa de garantir maior segurança na criação e manutenção de uma situação analítica ao lado da proposição de intervenções. Entrou em cena mais um aspecto técnico: a importância da neutralidade do analista.

O texto "As perspectivas futuras da terapêutica psicanalítica" (1910b) trouxe a ideia de que seria fundamental o analista controlar a resposta dos afetos direcionados a ele. Essa postura técnica foi mais bem desenvolvida em "Observações sobre o amor transferencial" (Freud, 1915a/2010). O controle da reação do analista diante da transferência do sujeito, a contratransferência, passou a ter suma importância. A noção de abstinência daria unidade nessa abordagem técnica, "Acho, portanto, que não devemos renegar a neutralidade que conquistamos ao subjugar a contratransferência . . . A terapia tem de ser conduzida na abstinência" (Freud, 1915a/2010, p. 218).

Nos "Artigos técnicos" (1911-1915), temos três diretrizes apontadas por Freud para constituir uma situação analítica: (1) a associação livre, (2) a interpretação como ferramenta ímpar para remeter às repetições em recordações e (3) o princípio de abstinência, regulador do campo transferencial-contratransferencial. Todas juntas, garantiriam a restituição psíquica do que era atuado na transferência. Para tanto, destaco, a perlaboração apareceu no pensamento freudiano não com o intuito de eliminar a resistência, e sim por causa da resistência, simbolizando o tempo necessário para a realização do retorno da atuação à rememoração.

A perlaboração é uma modalidade de trabalho clínico *interpsíquico*. As considerações de como montar e sustentar um processo clínico que levasse à superação de resistências tiveram como resultado a formulação da perlaboração como o principal expoente da técnica freudiana. Tendo o sujeito como referência, a perlaboração seria o resultado e o próprio processo analítico. Enquanto processo, ela é o meio de trabalho, superando resistências, para transpor os entraves à memória, a condutora da repetição à recordação. O resultado é a admissão afetiva, uma vez que foi possível integrar as excitações psíquicas oriundas do afeto com representações correspondentes. Está em jogo a criação de uma capacidade de fluidez psíquica, reconhecendo a grande variedade de intensidades e fantasias e, diante delas, encontrar novas maneiras de agir e de sentir.

Vale sublinhar que, em "Recordar, repetir e elaborar" (1914b), há apenas *uma* modalidade de resistência considerada por Freud. É a resistência do Eu pré-consciente, aponta Roussillon (2016). A orientação clínica freudiana voltou a em viabilizar o retorno do inconsciente recalcado por meio das associações feitas sobre as formações do pré-consciente. Para tanto, o processo clínico conta com a associação livre do sujeito e com a neutralidade e a atenção flutuante (cf. Freud, 1912a/2010, pp. 148-149) do analista, que utiliza

> *sua capacidade de "adivinhar", a partir das associações do paciente, quais representações inconscientes organizam as cadeias associativas, de reconstruir quais cenas históricas se escondem atrás delas e, depois, de comunicar ao analisando as que estão ativadas na e pela transferência. (Roussillon, 2016, p. 369)*

O que está em evidência no primeiro modelo da perlaboração é possibilitar a volta do inconsciente recalcado a partir dos encadeamentos pré-conscientes, derivados dele. Quando o sujeito começa a estabelecer relações entre seu sofrimento e os conteúdos desvelados em sua análise, a perlaboração, por meio de uma atividade de exploração dos motivos envolvidos no recalque, proporciona uma criação de novas formas de vida diante do passado repetido e, posteriormente, recordado em análise.

Nesse primeiro capítulo, vimos que as duas matrizes da elaboração psíquica se relacionam a modalidades de trabalho diferentes. A elaboração associativa é intrapsíquica, uma *atividade que produz consciência*, tendência inerente à parte consciente do psiquismo, e tem sua atividade barrada quando a carga excitatória ultrapassa um limite de descarga. A perlaboração é intersubjetiva, relacionada ao esforço envolvido na superação de resistências a partir das intervenções do analista. Retomo uma ideia anterior (Abrantes, 2016), de que a perlaboração, ao superar as resistências, é o pré-requisito para haver a admissão afetiva (*die Annahme*) com a representação original.

Por ora, aponto que, em um primeiro momento, haveria a perlaboração e, depois, a elaboração associativa. A atuação de ambas, uma seguida da outra, resulta no sentimento de convicção. Contudo, o que parecia ser uma relação de casualidade direta, pois a perlaboração tinha um modelo único, precisou ser revista a partir do reconhecimento de que haveria conteúdos inconscientes sem representação anterior. Com isso, não só a técnica foi alterada, mas outra organização estrutural do aparelho psíquico foi proposta por Freud em 1923, o que nos fornece elementos para apresentarmos os dois novos modelos da perlaboração, do Id e do Super-eu.

2. O uivo dos lobos e suas reverberações na técnica psicanalítica

Contemporâneo aos "Artigos técnicos", Freud publicou aquele que talvez tenha se tornado o caso mais discutido e comentado pelo campo psicanalítico: o Homem dos Lobos. Apresentarei o caso e irei propor algumas reflexões para discutir a perlaboração e a elaboração associativa.

O foco de discussão deste capítulo se encontra nas dificuldades técnicas enfrentadas por Freud na condução dessa análise, que envolviam superar a ausência da associação-recordação de seu paciente, a tenacidade das resistências em conjunto com manifestações transferenciais ambivalentes, ora apáticas, ora muito violentas.

Apontaremos que a fixação prévia para essa análise terminar foi uma medida extrema realizada por Freud como tentativa de lidar com tais adversidades e, supostamente, foi o evento que forneceu condições para o surgimento de conteúdos inéditos até então, fundamentais para o prosseguimento desse tratamento. A partir daí, teremos elementos para refletir sobre como o aumento de tensão, balizado em torno do princípio de abstinência, não permitiu ao paciente admitir o que era proposto por Freud, pois a limitação do tempo prejudicou a perlaboração.

Destacaremos a importância, em casos de adoecimento psíquico semelhantes ao apresentado pelo Homem dos Lobos, de o analista considerar a contratransferência como modo de acolher e responder à transferência negativa do sujeito. Para tanto, reconsiderar o papel da repetição como mais uma forma de comunicação é fundamental, fazendo com que o analista passe a levar em conta o efeito no outro do enquadre clínico utilizado. Posicionamento fundamental para promover a perlaboração.

Serguei Constantinovitch Pankejeff, o homem anterior aos lobos

Serguei Pankejeff (1887-1979) nasceu no sul da Rússia, no seio de uma família rica ligada à aristocracia rural. Criado em Odessa, sua família era composta por pai, mãe, irmã mais velha, Anna, e três empregadas: Nânia, a governanta inglesa (*Miss* Owen) e a criada Gruscha. Sua mãe sofria de inúmeros distúrbios psicossomáticos, com sérias enfermidades abdominais, preocupando-se exclusivamente com sua saúde; já seu pai foi diagnosticado com depressão e tinha a vida ligada à política.

Em sua família, de ambos os lados da genealogia, havia muitos quadros de adoecimentos psíquicos, com várias internações em sanatórios. O primeiro irmão do pai, Pedro, sofria de paranoia, realizou tratamento psiquiátrico em algumas ocasiões e terminou a vida em um hospício. Um primo, filho da irmã de sua mãe, sofria de um delírio de perseguição e foi internado em Praga.

Serguei presenciou dois suicídios em um intervalo de dois anos, primeiro sua irmã, em 1905, depois seu pai. Aos 18 anos,

Serguei manteve relações sexuais com uma prostituta e contraiu gonorreia, fato responsável pelo início de seu adoecimento psíquico adulto. Sofreu constantes momentos depressivos, "que em pouco tempo, de sanatórios para hospícios e de clínicas de repouso para termas medicinais, levaram-no a se transformar num doente ideal para o saber psiquiátrico do fim do século" (Plon & Roudinesco, 1998, p. 564).

O sofrimento de Serguei o deixava incapaz de deslocar-se sozinho; ele se locomovia somente com a ajuda de um cuidador ou de seu médico pessoal. Desde a adolescência, realizou inúmeros tratamentos, visitas e internações dos mais variados tipos como tentativas de atenuar seu sofrimento.

Em uma dessas tentativas, no sanatório de Neuwittelsbach, Serguei se apaixonou por uma enfermeira, Teresa Keller, um pouco mais velha do que ele e mãe solteira de uma menina. Ele cultivava uma ternura profunda por Teresa, dando origem a uma relação passional à qual eram contrários: sua família, pelo fato de a futura esposa de Serguei não pertencer a uma classe social semelhante à dele e ter uma filha; e também seu médico psiquiatra, defendendo a ideia de que a sexualidade não era recomendada, tornando-se o *pior dos remédios* para casos de loucura, como o de Serguei.

Depois de sair desse sanatório, de romper o relacionamento com Teresa e reatá-lo novamente, Serguei começou a ser cuidado por Leonid Droznes, que se tornou seu médico pessoal. Diante da gravidade encontrada e pensando em possíveis tratamentos, optou por levá-lo até Viena para uma consulta com o já conhecido Doutor Freud.

O primeiro tempo da análise com Freud

Freud fez o relato da análise de um jovem de 23 anos com um adoecimento psíquico grave e considerado pela psiquiatria da época como incurável. Esta análise começou em janeiro de 1910 e terminou em 28 de junho de 1914,[1] tendo duração de quatro anos e meio. Serguei era atendido por Freud cinco vezes por semana. Ele redigiu este relato clínico logo depois de seu fim, no inverno de 1914-1915, durante a Primeira Guerra Mundial, e nunca usou a denominação que iria tornar o caso mundialmente conhecido: Homem dos Lobos.

Importante ressaltar o lugar que a publicação desse caso teve na história da psicanálise, já que também foi uma resposta àquilo que Freud acreditava ser o conjunto das interpretações divergentes, que provocaram as dissensões de importantes figuras do movimento psicanalítico, como Carl Jung e Alfred Adler.[2] Por essa razão, ele estruturou esse relato clínico a partir da neurose infantil de seu paciente, sendo que seu objetivo era demonstrar que a neurose do adulto seria determinada por uma neurose anterior, ocorrida na infância, e também pretendia, mais uma vez, reafirmar a importância da sexualidade infantil no surgimento da neurose.

Neste texto, Freud fez referências explícitas a Adler e Jung, impactado com as reinterpretações *distorcidas* que tais "desertores" fizeram da chamada teoria psicanalítica *clássica*. Nesse contexto, a publicação desse caso estaria relacionada ao texto "Contribuição

1 Essa foi a data do assassinato do arqui-duque Francisco-Ferdinando, herdeiro do Império Austro-Húngaro, e de sua esposa Sofia, em Sarajevo. Fato que foi um dos antecedentes da Primeira Guerra Mundial, sendo um dos fatores responsáveis pela interrupção do tratamento.

2 Mahony (1992, pp. 186-188) aponta que, possivelmente, esse caso também foi fonte do futuro impasse entre Freud e Otto Rank.

à história do movimento psicanalítico", de 1914, pois é notável o extremo rigor teórico com que Freud estruturou sua exposição, com o uso de afirmações assertivas, sem deixar nenhum espaço para dúvidas ou questionamentos, seja do seu embasamento teórico ou da abordagem técnica que utilizou durante essa análise. Vale apontar que ele tinha a intenção de publicar o texto desse caso em 1914, na mesma edição do "Contribuição à história do movimento psicanalítico" (1914), que ocorreu no número 6 do *Anuário de Psicanálise*. Fato que não aconteceu devido ao início da Primeira Guerra Mundial.

Também cumpre dizer que Freud pretendia mostrar a eficácia da psicanálise em um caso que era visto como sem tratamento pelos principais psiquiatras da época, como Theodor Ziehen e Emil Kraepelin. Inclusive, questionou o diagnóstico de psicose maníaco-depressiva que Serguei recebeu de Kraepelin, dizendo que talvez esse fosse o caso do pai de seu novo paciente. Ao aceitar realizar essa análise, Freud buscou sedimentar a importância da psicanálise no tratamento de quadros graves de sofrimento, comprovando sua validade e utilidade diante da psiquiatria da época. Inserido nesse quadro político-institucional da psicanálise, Serguei foi apresentado da seguinte maneira:

> *Trata-se de um jovem que adoeceu seriamente aos dezoito anos, após uma infecção gonorreica, e que anos depois, ao iniciar o tratamento psicanalítico, estava totalmente incapacitado para a vida e dependente dos outros. (Freud, 1918[1914]/2010, p. 14)*

A partir daí, Freud fez uma exposição minuciosa, repleta de informações a respeito da vida de Serguei. Deu início a essa empreitada dizendo que a juventude de seu paciente transcorreu sem grandes percalços, não havendo nenhum problema para concluir a formação escolar até o ensino médio. Porém, segundo o relato freudiano, sua infância havia sido totalmente permeada por um distúrbio neurótico que teve início um pouco antes de seu quarto aniversário, na forma de fobia de animais. Depois, transformou-se em uma neurose obsessiva com conteúdos religiosos, que teria se estendido até o seu décimo ano de vida. O fato que estruturou o relato desse caso foi o "de uma neurose infantil que não foi analisada enquanto existiu, mas apenas quinze anos depois de seu fim" (Freud, 1918[1914]/2010, p. 15).[3]

Curiosamente, Freud defendeu que uma análise desse tipo seria plausível, pois uma pessoa adulta não teria muita dificuldade em fazer uso de suas palavras e de sua atividade consciente para recordar vivências importantes. Ao mesmo tempo, alertou para uma certa dificuldade e impenetrabilidade de tal ação em algumas camadas do psiquismo, que era a condição de Serguei no início do tratamento.

Na abertura do relato, Freud deixou claro que os primeiros anos dessa análise foram extremamente complicados, não produzindo nenhuma melhora na vida de seu paciente. Relatou grande dificuldade de manejo clínico, ao lado da impossibilidade de encontrar uma intervenção que pudesse ser considerada efetiva:

> *O paciente de que me ocupo permaneceu muito tempo entrincheirado, inatacável, detrás de uma postura de* dócil indiferença. *Ele escutava, entendia e não permitia que nada se aproximasse. (Freud, 1918[1914]/2010, p. 18, grifo nosso)*

3 Em uma nota acrescida em 1923, Freud fez uma cronologia exaustiva da suposta realidade histórica das experiências mais significativas de seu paciente, que seriam determinantes para o desenvolvimento da neurose infantil de Serguei (cf. Freud, 1918[1914]/2010, p. 160).

Ademais, Freud argumentou que a atividade associativa de seu paciente estava desconectada de seu circuito libidinal, sendo preciso:

> *uma longa educação para movê-lo a participar autonomamente do* trabalho [analítico], *e quando em decorrência desse esforço vieram as primeiras liberações, ele imediatamente cessou o* trabalho, *a fim de evitar outras mudanças e manter-se comodamente na situação criada. (Freud, 1918[1914]/2010, pp. 18-19, grifos nossos)*

Logo no início do relato clínico, é possível notarmos a grande complexidade enfrentada por Freud na condução dessa análise. Serguei não parecia criar sentido da experiência analítica, abrindo um campo de discussão de que, a partir dos parâmetros norteadores da técnica até esse momento, ele não *trabalhava* em análise, ou seja, o par associação-recordação não estava presente ali. Penso aqui o quão complicado foi para Freud prover e sustentar uma situação analítica na qual algum movimento pudesse acontecer e, consequentemente, a perlaboração pudesse fluir. Ao se deparar com tamanha impossibilidade, Freud fez algo inédito em seu enquadre clínico até então:

> Determinei . . . *que o tratamento tinha que findar em um* determinado prazo, *não importando até onde tivesse chegado; prazo este que eu estava determinado a cumprir. (Freud, 1918[1914]/2010, p. 19, grifos nossos)*

Sob tal pressão inexorável de um limite de tempo, Serguei teria desatado suas resistências e, em um período curto, a análise obteve todos os conteúdos e recordações que permitiram a elucidação e a atenuação completa de seus sintomas.

> *Depois desse último período do trabalho, em que a resistência desapareceu momentaneamente e o paciente deu a impressão de uma lucidez em geral obtida somente na hipnose, é que vêm todos os esclarecimentos que me permitiram a compreensão de sua neurose infantil. (Freud, 1918[1914]/2010, p. 19)*

Nesse primeiro momento, apenas apontamos que Freud fez essa intervenção "direta" ou "ativa" como uma tentativa para lidar com os obstáculos que impediam Serguei de trabalhar, associar e recordar em análise. Suponho que a massiva adesividade transferencial de Serguei em relação à figura de Freud foi o fator que provocou essa intervenção, até esse momento inédita e peculiar na técnica psicanalítica. Essa variação no enquadre tinha a intenção de superar as resistências que não conseguiam ser transpostas de outra forma. Para isso, contava com o aumento da tensão no processo clínico. Vejamos o tamanho do efeito alcançado: a pobreza associativa de Serguei não existia mais, agora ele estava tão alinhado com o trabalho analítico que sua desenvoltura atingia uma *lucidez* próxima da existente nos estados hipnóticos.

Após anunciar as dificuldades encontradas e o meio de ação técnico para lidar com elas, Freud apresentou um panorama completo da história infantil de Serguei, dizendo-nos que os pais de seu paciente haviam se casado jovens, tendo um casamento feliz, porém algumas moléstias não demoraram a aparecer. Pontuou ainda que Serguei, por causa dos problemas de saúde da mãe, teve pouco contato ela e, consequentemente, o cuidado com os filhos era delegado quase exclusivamente para as babás.

Nesse contexto familiar, a pessoa que cuidava do pequeno garoto de uma maneira muito presente era a babá, Nânia, "uma mulher inculta, do povo, de incansável ternura por ele. Para ela, é o substituto do próprio filho que morreu cedo" (Freud, 1918[1914]/2010, p. 22). Vemos o ambiente familiar em que a criança estava envolta: com as idas e vindas das internações do pai, a ausência de contato com a mãe devido a problemas psicossomáticos e o zelo prestado por Nânia, com extrema dedicação e carinho.

A família de Serguei vivia em uma propriedade rural, mas passava o verão em outra casa. Era costume os pais viajarem por algumas semanas durante esse período do ano, e muitas vezes levavam a irmã e o deixavam com Nânia. Certa vez, os pais viajaram sozinhos e a irmã permaneceu em casa. Devido a isso, foi contratada uma governanta inglesa para auxiliar no cuidado com as crianças. Vale ressaltar que tais comentários foram transmitidos a Serguei por pessoas próximas ou parentes. Na origem de tais conversas familiares sempre havia o prelúdio de que ele era uma criança amável, *dócil* e tranquila, a tal ponto que era comum dizerem que ele deveria ser a menina e a irmã mais velha, muito mais brincalhona e comunicativa do que ele, o menino. Porém, quando os pais voltaram da viagem que fizeram,

> *encontraram-no mudado. Tornara-se descontente, irritadiço e violento, ofendia-se por qualquer motivo, e então se encolerizava e gritava como um selvagem, de modo que os pais manifestaram a preocupação, quando esse estado persistiu, de que não seria possível enviá-lo para a escola mais tarde. (Freud, 1918[1914]/2010, p. 23)*

A única novidade, para a família de Serguei, era a governanta inglesa, que se mostrou muito descontrolada e com um gosto etílico apurado. A mãe de Serguei fez uma relação direta entre a mudança de caráter do filho e a influência da nova empregada da família, supondo que ela o havia tratado de maneira desafetuosa. Durante a viagem dos pais, uma avó também ficou com as crianças, ela suspeitou que a mudança na atitude do menino foi ocasionada pelos desentendimentos entre a nova contratada e a antiga babá. A inglesa xingava Nânia de bruxa, obrigando-a a deixar o quarto de Serguei, tudo isso em sua presença. A criança, totalmente ligada a Nânia, sempre apoiou-a e mostrou à governanta inglesa toda sua raiva em diversas ocasiões. Esta foi despedida logo depois da chegada dos pais, sem alterar em nada as características de Serguei. Este primeiro reposicionamento subjetivo, segundo Freud, havia ocorrido aos três anos e meio.

Quando ainda moravam na primeira propriedade da família, Serguei foi assolado por uma segunda mudança. Por volta dos 4 anos e meio, 5 anos de idade, ele apresentou sintomas de angústia e fobias, relacionados a um grande medo de ser devorado por um lobo. Medo que sua irmã explorava bem, arranjando meios de deixar fotos de lobos para ele encontrar em diversos lugares da casa. Contudo, a fobia não se restringia só aos lobos, estendia-se às borboletas, besouros, lagartas e cavalos. Serguei também se lembrou de que nutria um certo apelo por seccionar alguns insetos e também chegou a bater em cavalos algumas vezes.

Posteriormente, houve uma terceira mudança, que sobreveio quando o sintoma fóbico específico, o medo de ser devorado por algum lobo, foi substituído por manifestações extremamente religiosas, que deflagrariam o surgimento da neurose obsessiva. Serguei relatou que era muito devoto. Antes de dormir, cumpria rituais de rezar por muito tempo, fazia diversas vezes o sinal da cruz. Tinha o quarto repleto de quadros com imagens de santos, por vezes subia em uma cadeira e beijava todas elas fervorosamente. Ao lado desse carinho todo, apareciam pensamentos espontâneos violentos, em associações como "Deus-porco" ou "Deus-fezes" com certa frequência. Durante uma viagem, depois de ver três montes de excremento na estrada, viu-se numa compulsão de pensar na Santíssima Trindade.

Serguei tinha outros rituais. Toda vez que via pessoas desprotegidas socialmente ou em uma condição difícil, como moradores de rua, velhos enfermos, deficientes físicos, respirava com força para não ficar igual a eles. Freud acreditava que esses sintomas obsessivos eram posteriores aos momentos de medo-crueldade com animais. Nessa época, Serguei contaria com 4 anos e meio de idade. Esses rituais obsessivos diminuíram consideravelmente e, por volta dos 8 anos, desapareceram, o que teria sido o responsável, acreditava Freud, por Serguei ter uma vida menos turbulenta, possibilitando a ele concluir suas atividades escolares.

Durante a primeira infância, a relação paterna era boa, havia grande interesse e carinho do pai, eles brincavam muito. Brigas e desavenças surgiram quando Serguei cresceu um pouco, passando a acreditar que sua irmã era a preferida do pai e esse não se dedicava mais a ele como antes. Posteriormente, o medo do pai polarizou os sentimentos de Serguei. Provavelmente, o quadro depressivo do pai contribuiu muito para o abalo no convívio familiar.

Foi dessa maneira que Freud descreveu o cenário da neurose infantil de seu paciente. Com relação ao diagnóstico, ele constatou uma histeria de angústia com fobia de animais, que, depois, transformou-se em uma neurose obsessiva de conteúdo religioso. Porém, era necessário entender como ocorreu a mudança subjetiva de Serguei durante a viagem dos pais e suas relações com a fobia e a crueldade com animais e, por último, a obsessão religiosa. Depois de ter conhecimento de todas essas informações, Freud suspeitou de uma possível sedução sofrida por Serguei na infância.

Partindo da conjuntura que envolvia a governanta inglesa, Freud perguntou mais sobre ela e Serguei se recordou de duas vivências que a incluíam: enquanto caminhavam, a inglesa estava na frente de todos e disse "Olhem só o meu rabinho" (Freud, 1918 [1914]/2010, p. 27); outra vez, enquanto andavam de carro, um vento forte arrancou o chapéu da cabeça da inglesa, para o deleite de todos. A partir dessas cenas e, de uma maneira um tanto quanto peculiar, Freud disse a Serguei que via aí indícios relacionados ao complexo da castração. Supunha que uma ameaça feita pela inglesa contribuiu muito para o início da mudança subjetiva sofrida por seu paciente. Logo depois, fez um comentário curioso relacionada ao efeito de uma intervenção, classificada como construção:

> *Não há nenhum perigo em comunicar tais construções ao analisando, elas nunca prejudicam a análise quando são erradas, e é claro que as formulamos apenas quando há perspectiva de por meio delas alcançar uma aproximação à realidade. (Freud, 1918[1914]/2010, p. 28)*

Conforme o que era esperado de uma intervenção, o fluxo associativo de Serguei melhorou um pouco, ele falou de vários sonhos; mesmo que a interpretação deles não tenha sido bem-sucedida, havia neles o mesmo conteúdo. A saber, comportamentos agressivos de Serguei relacionados à inglesa ou à irmã, em conjunto com castigos e reprimendas por isso. Até esse momento, Freud acreditava que tais conteúdos foram criados por Serguei durante a puberdade, no âmbito da fantasia, e que, na análise, surgiram de uma maneira de difícil compreensão. Porém, após a construção de que Serguei foi ameaçado durante a infância e da impossibilidade de melhor compreender os sonhos ditos até aquele momento, ele recordou que quando era muito pequeno foi objeto de uma tentativa de sedução de Anna, sua irmã, aos 3 anos de idade. Lembrou-se de duas cenas: certa vez, a irmã teria mostrado suas nádegas a ele; enquanto brincavam, ela segurou e mexeu no pênis dele, dizendo que a Nânia, sua babá, fazia isso com várias pessoas.

A partir daí, as fantasias da puberdade foram mais bem compreendidas: elas tiveram por função encobrir a lembrança de uma experiência real que ofendeu o chamado "amor próprio masculino do paciente" (Freud, 1918[1914]/2010, p. 29). No âmbito da fantasia, houve a inversão da passividade vivida pela extrema atividade, conforme relatada nos sonhos. Neles, era agressivo com a irmã, queria despi-la e sofria um castigo pelo ato feito. Devido à sedução da irmã, teve aquele acesso de fúria, remetido ao episódio da volta da viagem de verão dos pais. Freud relacionou que a experiência com a irmã ocorreu contemporaneamente à chegada da governanta, tendo ocorrido naquele mesmo verão que os pais viajaram sozinhos, "a sedução pela irmã não era certamente uma fantasia" (Freud, 1918[1914]/2010, p. 30). Contudo, o ódio de Serguei em relação à inglesa precisava de entendimento.

Freud supunha que, quando o garoto xingou a inglesa, ela ficou no mesmo patamar que a irmã. Houve a criação de uma condição que permitiu a Serguei expressar contra a inglesa um ódio que, inicialmente, era direcionado à irmã, tudo isso após o episódio da sedução. Serguei nutria uma certa rivalidade com a irmã pelo amor dos pais. Anna era talentosa, inteligente e espirituosa, atraía todo o respeito e estima, principalmente do pai. Já Serguei recebia um crédito afetivo menor.[4] Na época da sedução da irmã, Serguei tinha

4 Após os 14 anos, a relação de Serguei com a irmã melhorou consideravelmente. A oposição aos pais fortaleceu a ligação de ambos. Certo dia, Serguei tentou uma aproximação com ela, foi prontamente rechaçado. Logo depois, teve relações com uma moça que trabalhava em sua casa e tinha o nome de Anna, o mesmo da irmã. Na visão freudiana, toda a relação com a irmã dinamizou a escolha heterossexual de objeto de Serguei: "todas as garotas por que mais tarde se apaixonou, frequentemente com os mais claros indícios de

3 anos e 3 meses. Freud se perguntou como Serguei respondeu à essa vivência, e teve como resposta: "com a recusa, mas ela era relativa à pessoa, não à coisa" (Freud, 1918[1914]/2010, p. 34), ou seja, a irmã não seria seu objeto sexual, possivelmente pela rivalidade que nutriam pela afeição dos pais. Por isso, Serguei buscou alguma realização com a pessoa que o tratava com grande carinho, Nânia. Ele passou a brincar com seu pênis na frente dela. Ela, desapontada, disse que as crianças que faziam aquilo teriam um machucado no pênis.

Freud acreditava que essa comunicação da babá ressoou como ameaça para Serguei, que, inicialmente, ficou aborrecido e, depois, zangado com Nânia. Após essas primeiras excitações genitais, o garoto iniciou sua pesquisa sexual e logo se deparou com o problema da castração. Em um dia, viu a irmã e uma amiga fazendo xixi. Rejeitou o fato de que não vira um pênis nas meninas, uma vez que confirmaria a realidade da ameaça dita por Nânia.

Após essas primeiras lembranças, Serguei recordou um episódio com o pai. Em um passeio, toparam com uma serpente, e o pai matou-a, dividindo-a em pedaços com a sua bengala. Na sequência, contou que deixou de se masturbar depois da reprimenda e da ameaça de Nânia. A sexualidade de Serguei teria começado "regida pela zona genital, sucumbiu então a uma inibição exterior, e por influência desta foi remetida de volta a uma fase anterior, de organização pré-genital" (Freud, 1918[1914]/2010, pp. 36-37).

A supressão (*Unterdrückung*) da masturbação fez com que a sexualidade de Serguei adquirisse um caráter sádico-anal. Foi

obsessão, eram também criadas, cuja educação e inteligência tinham que estar bem abaixo das suas. Se todos esses objetos amorosos eram substitutos para a irmã que lhe foi negada, não é de rejeitar que uma tentativa ao rebaixamento da irmã, à abolição de seu superioridade intelectual, que um dia o oprimira tanto, teve a decisão na sua escolha de objeto" (Freud, 1918[1914]/2010, p. 32).

quando ele se mostrou irritado, atormentado e cruel em relação às pessoas e aos insetos que encontrava. Nânia era o seu alvo principal, fazendo-a chorar algumas vezes. Em uma das sessões, Serguei falou sobre outras fantasias que tinha, relacionadas com meninos que eram espancados e recebiam castigos, principalmente, no pênis. Freud via nisso tudo um sadismo que se expressava no âmbito da fantasia, em masoquismo, pois haveria um sentimento de culpa relacionado à masturbação. Estamos diante da ambivalência, que, no caso de Serguei, era intensa e fazia com que nenhuma de suas posições libidinais cancelasse outra anterior, causando grandes oscilações em seus posicionamentos subjetivos. Depois da recusa de Nânia, ele teria tomado o pai como objeto de seu investimento libidinal, o que provocou a transformação da posição ativa para a passiva, no período sádico-anal.

> *A impressão é de que a sedução pela irmã o teria empurrado para o papel passivo e lhe dado uma meta sexual passiva. Sob a influência contínua dessa experiência, ele descreveu o caminho desde a irmã através da Nânia, até o pai, da postura passiva diante da mulher à mesma perante o homem, e nisso estabeleceu o contato com sua fase primeira e espontânea de desenvolvimento. (Freud, 1918[1914]/2010, p. 39)*

Na visão freudiana, Serguei voltou à anterior identificação com o pai, retorno que foi possibilitado pela escolha de objeto. Todas as demonstrações de raiva e de fúria de Serguei foram entendidas por Freud do ponto de vista da transformação e dos alvos da libido: com Nânia e com os insetos eram sádicas e ativas, em relação ao pai eram passivas e masoquistas. Serguei pretendia, com suas impertinências e desafios perante o pai, obter dele uma satisfação masoquista, alcançando assim uma remissão em seu sentimento de culpa.

A primeira infância de Serguei foi dividida em duas fases: (1) da sedução quando tinha 3 anos e 3 meses até os 4 anos, caracterizada pelo sadismo e (2) nos anos seguintes, nos quais o masoquismo emoldurou a neurose obsessiva. Contudo, todo esse conhecimento produzido parecia alheio a Serguei, as intervenções freudianas não pareciam ter nenhuma ressonância.

Contudo, um feliz acaso fez Freud revisitar toda a história da sexualidade infantil, em conjunto com a neurose de Serguei, "o evento que permite essa divisão não foi um trauma exterior, e sim um sonho, do qual ele despertou com angústia" (Freud, 1918 [1914]/2010, p. 41). Serguei recordou um sonho que teve aos 4 anos, que foi o norte do tratamento. Ele disse a Freud:

> *Sonhei que é noite e que estou deitado em minha cama . . . De repente a janela se abre sozinha, e vejo, com grande pavor, que na grande nogueira diante da janela estão sentados alguns lobos brancos . . . Com muito medo, evidentemente, de ser comido pelos lobos, gritei e acordei . . . Acho que este foi meu primeiro sonho angustiado. Na época eu tinha três, quatro, no máximo, cinco anos de idade. Desde então, e até os onze anos ou doze anos, sempre tive medo de ver algo terrível nos sonhos. (Freud, 1918[1914]/2010, pp. 41-42)*

Após esse relato, Serguei entregou para Freud um desenho contendo a árvore e os lobos. A partir desse sonho, Freud realizou uma tentativa não só de reconstruir a origem da neurose infantil e sua posterior influência na vida adulta de Serguei, já que foi pela interpretação dele que buscou confirmar suas hipóteses clínicas e alcançar novos conteúdos para propor intervenções. Serguei imediatamente associou tal sonho com o fato de que, por volta dos 4 anos, tinha muito medo da imagem de um lobo em um livro de contos de fadas. Ocasião muito explorada por sua irmã.

Partindo do cenário onírico, Freud constituiu sua interpretação a partir dos elementos ali presentes, relacionando todo o conteúdo do sonho com duas histórias infantis com as quais Serguei possivelmente teve contato, "Chapeuzinho Vermelho" e "O lobo e os sete cabritinhos"; tais contos seriam os grandes responsáveis pela zoofobia de Serguei. A figura do lobo que devora personagens foi o ponto de articulação para Freud ver nesse animal um substituto do pai de Serguei. O medo do pai seria o grande fator responsável pelo sofrimento de Serguei.

Freud deixou claro que, inicialmente, essa foi a interpretação que conseguiu formular. Serguei contou esse sonho no período inicial de sua análise. Tal interpretação foi sendo reformulada e dominou a cena clínica a partir de então. Porém, apenas no final do tratamento teria sido possível a compreensão total do sonho.

Passado um tempo após contar o sonho, Serguei disse a Freud que dois fatores da cena onírica o impactavam muito: o olhar atento dos lobos acompanhado da estranha sensação de imobilidade que sentia. Freud buscou reagrupar todos esses elementos para reconstruir o contexto envolvido na produção do sonho; partindo dos conteúdos manifestos para os latentes, apostou em uma "troca de sujeito e objeto, atividade e passividade, ser olhado em vez de olhar; no outro caso numa transformação no contrário: repouso em vez de movimento" (Freud, 1918[1914]/2010, p. 49).

Tendo como base as experiências sexuais de Serguei durante a infância, Freud queria entender melhor a transformação da satisfação em medo. Na visão dele, o principal desejo formador do sonho seria a busca de satisfação sexual pelo pai, conhecimento que

Serguei teve por meio da visualização de uma cena de como era ser satisfeito sexualmente pelo pai, causando medo e horror. O resultado foi o recalque desse desejo acompanhado da fuga fóbica e da extrema ambivalência de tudo que era relacionado ao pai. Como forma de conter a dúvida entre tamanho pavor diante de uma satisfação, o medo da castração seria o agente operador na transformação da carga afetiva, satisfação em horror.

De uma forma um tanto duvidosa, tal sonho foi interpretado por Freud como uma reativação *a posteriori* de uma cena originária e real, na qual Serguei teria visto seus pais em uma relação sexual. Tal cena seria um coito *a tergo* entre os pais, que o garoto teria assistido com 1 ano e meio de idade. Freud acreditava que a visualização desse ato seria o início das perturbações que formaram o quadro de sofrimento de seu paciente na idade adulta.

Freud fez questão de relatar alguns eventos circunstanciais que fundamentariam a realidade da sua construção. Nessa época, Serguei estava com malária e dormia no quarto dos pais. Era uma tarde quente de verão. Nesse mesmo tempo, às cinco da tarde, os pais de Serguei se retiraram para uma pequena sesta, estando parcialmente vestidos. Esta seria justamente a hora do auge da febre do garoto. Ele acordou e presenciou a seguinte cena: seus pais parcialmente despidos, ajoelhados sobre lençóis brancos, entregues ao prazer. Nesse momento, ele teria visto os genitais da mãe e do pai, compreendendo o significado do ato que estava em seu auge. A criança, habitualmente passiva, começou a chorar, interrompendo a união dos pais com um movimento intestinal repentino.

Ao ver a relação sexual dos pais, Serguei teria presenciado a realidade da castração, supunha Freud. O resultado do sonho foi a angústia, vista como uma recusa do desejo de satisfação sexual com o pai, que foi a base da produção onírica. A reformulação da interpretação de Freud sobre o sonho seria que:

> *Sua expressão, ser comido pelo lobo, era apenas uma transformação . . . do desejo de ser possuído sexualmente pelo pai . . . sua última meta sexual, a atitude passiva para com o pai, havia sucumbido a uma repressão, e a angústia ante o pai havia tomado o seu lugar na forma da fobia de lobos. (Freud, 1918[1914]/2010, p. 64)*

Muito foi discutido na história da psicanálise sobre a verdade histórica de tal cena. Até mesmo no relato freudiano, a *realidade* desse ato é colocada em perspectiva diversas vezes:

> *Quero dizer que cenas como a de meu paciente, de um período tão antigo e com tal conteúdo, e que possuem tal importância para a história do caso, em geral não são produzidas como lembranças, mas têm de ser gradual e laboriosamente adivinhadas – construídas – a partir de uma soma de indícios. (Freud, 1918[1914]/2010, p. 70)*

Desse modo, a suposta experiência de Serguei, construída em análise por Freud, teria como pano de fundo uma experiência histórica real? Qual seria o papel das fantasias inconscientes presente nesse tipo de lembrança? Freud parece não determinar com precisão a veracidade dos fatos relatados, embora sempre tenha defendido a veracidade da cena real traumática para mostrar, reiteradamente, a importância dela na neurose posterior, do adulto. Ainda, algumas passagens do texto nos demonstram essa observação, uma vez que as experiências construídas durante o tratamento não retornariam como simples lembranças, sendo

> *substituídas por sonhos cuja análise leva regularmente à mesma cena, e que reproduzam cada fragmento de seu conteúdo em incansável remodelação. Sonhar é também recordar, embora sujeito às condições do período noturno e da formação do sonho. (Freud, 1918 [1914]/2010, p. 71)*

Foi por meio do famoso sonho dos lobos que Freud tentou construir e demonstrar o caráter de realidade histórica da cena primordial. Ele ainda chegou a discutir a importância da fidedignidade de tais lembranças:

> *Tais recordações, antes inconscientes, não precisam sequer ser verdadeiras; podem sê-lo, mas com frequência são distorcidas em relação à verdade, impregnadas de elementos de fantasia, exatamente como as chamadas lembranças encobridoras conservadas de modo espontâneo. (Freud, 1918[1914]/2010, p. 70)*

Com essa habilidade discursiva, Freud pontuou que talvez Serguei tenha observado um coito entre animais, possivelmente cães, e, posteriormente, atribuiu o ato aos pais. Ainda articulou uma outra hipótese: o garoto estava com malária, era uma tarde de verão, dormia no quarto dos pais, ambos estariam com roupas brancas, porém, quando acordou do sonho, viu uma cena inofensiva. Houve um acréscimo tendo como suporte o que Serguei viu com os cães. Freud alterou a cena que foi vista, mas não modificou o caráter *real* de ela ter acontecido na infância de seu paciente; fez essa articulação para sustentar a importância da castração na neurose de Serguei, vivenciada não de modo vazio, mas com todo o seu poder atuante, pois ele teria presenciado *em ato* o efeito da castração.

A existência e interpretação do sonho dos lobos trouxe a Freud elementos para detalhar ainda mais a infância e o desenvolvimento da sexualidade de Serguei. Os fatos cronológicos mais importantes seriam: contato e visualização da cena primária com 1 ano e meio, sedução pela irmã aos 3 anos e meio, sonho dos lobos aos 4 anos seguido da fobia de animais e rituais religiosos a partir dos 4 anos e meio. Quando tinha essa idade, a angústia e extrema irritação de Serguei estavam muito intensas e a mãe supôs que o conhecimento da história bíblica pudesse ser benéfico para o filho. Ocasião que proporcionou o fim das manifestações de angústia e iniciou a neurose obsessiva; os sinais claros eram os rituais antes de dormir. Temendo ter sonhos amedrontadores, Serguei beijava as imagens de santo presentes em seu quarto, fazia inúmeras orações seguidas de sinais da cruz. Nânia, muito devota, deu continuidade aos ensinamentos religiosos. Passado um tempo, Serguei, um pouco mais velho, adotou um tom crítico para alguns aspectos da história sagrada. Primeiro, revoltou-se com o caráter sofredor da figura de Cristo, depois contra a ideia do controle de Deus.

Serguei mostrou grande medo quando soube que Cristo também defecava, época que apresentava inúmeros problemas para se aliviar. O inicial rebaixamento da pessoa divina ao mundo dos humanos foi resolvido pelo conhecimento religioso: Jesus transformou água em vinho, logo o garoto podia transformar a comida em nada e, assim, não defecaria. Tendo esse cenário como pano de fundo, em conjunto com a rejeição feita por Nânia acompanhada da supressão da atividade genital de Serguei, Freud concebeu o desenvolvimento sexual de seu paciente a partir do sadismo, identificando-se com o pai, e do masoquismo, escolhendo-o como objeto sexual. Serguei estaria na fase de organização pré-genital na época que a neurose obsessiva se formou. O sonho poderia fazer com que ele avançasse até uma organização genital, porém resultou apenas em angústia.

> *A relação com o pai, que deveria conduzi-lo da meta sexual de ser castigado por ele à meta seguinte, ser possuído pelo pai como uma mulher, foi recuada a um estágio ainda mais primitivo, pela objeção de sua masculinidade narcisista, e, por deslocamento para um substituto do pai, cindida sob forma da angústia de ser devorado pelo lobo, mas de modo algum resolvida por esse meio. (Freud, 1918[1914]/2010, p. 87)*

O acesso à religião possibilitou a Serguei sublimar a postura masoquista em relação ao pai. Todo esse direcionamento foi provocado pela angústia. As críticas de Serguei à religião e a Deus nada mais eram do que uma repetição da agressividade diante do pai, influenciada pelo sonho. Tais ataques seriam uma tentativa de reviver o cenário onírico. Para Freud, o par sadismo-masoquismo estruturou a vida de seu paciente, resultando na compulsão em associar Deus com excremento e com porco, ou ainda quando associava a Santíssima Trindade toda vez que via três montes de excremento.

A angústia despertada no sonho seria relacionada ao medo diante da postura feminina para o homem-pai, da qual Serguei buscou se proteger pela sublimação religiosa. O recalque da postura homossexual, supunha Freud, foi o sucedâneo direto do sonho e com isso represou todas as associações e sublimações correlatas que essa pulsão poderia ter na vida de Serguei. Desse lugar, Freud via a postura de desinteresse, apática, de seu paciente. A neurose obsessiva começou no período sádico-anal, por isso Freud estabeleceu relações com a castração e o erotismo anal. No caso de Serguei, as fezes significariam dinheiro; quando era criança tinha graves distúrbios intestinais, que permaneceram e pioraram na idade adulta.

> *Sua principal queixa era que o mundo, para ele, estava envolto em um véu, ou que ele estava separado do mundo por um véu. Esse véu se rompia somente no instante em que, após uma lavagem, o intestino era aliviado de seu conteúdo; então ele se sentia novamente sadio e normal. (Freud, 1918[1914]/2010, p. 100)*

Freud relatou que durante todo o tempo da análise Serguei não teve nenhuma evacuação espontânea e não aceitava nenhum tratamento específico para o problema. Sempre fazia uso de laxantes ou de lavagens, uma ou duas vezes por semana. Diante dessa dificuldade, Freud prometeu a Serguei que a função do intestino seria recuperada.[5] Para tanto, a relação de significado entre fezes e dinheiro precisava ser mais bem explorada.

Freud viu aí uma outra ocasião para, mais uma vez, retomar os acontecimentos históricos infantis do seu paciente. Fez várias perguntas para rastrear a cronologia dos problemas intestinais de Serguei; ele contou a Freud que, desde muito pequeno, apresentava problemas dessa ordem: quando tinha 3 anos e meio, na época da governanta inglesa, dividiu o quarto com ela e Nânia algumas vezes. Sempre que isso acontecia, evacuava na cama, sem demonstrar vergonha por isso. Aos 4 anos e meio, chegou a evacuar nas calças, ficando consternado. Buscando o elo explicativo para essa mudança de comportamento nesse intervalo de um ano, Freud se deparou com uma identificação de Serguei com a mãe. Ela apresentava problemas de baixo ventre, reclamava muito e tinha angústia por ter de lidar constantemente com essa indisposição.

Na mesma época que Serguei tinha 4 anos e meio, ela demonstrou grande preocupação que os filhos tivessem problemas

5 O que, segundo o relato freudiano, aconteceu de modo duradouro e efetivo.

intestinais devido a uma epidemia de disenteria que ocorria na propriedade da família. Serguei, ao saber que poderia haver sangue nas fezes de uma pessoa com esse problema, ficou tremendamente apavorado. No intervalo de tempo em que houve a mudança na relação com as fezes, teria ocorrido o sonho dos lobos. Usando todos esses elementos, Freud chegou à conclusão de que, para Serguei, a

> *a disenteria era sem dúvida o nome da doença de que tinha ouvido a mãe se queixar, com a qual não era possível viver; a doença da mãe, para ele, não era do ventre, mas do intestino. Sob influência da cena primária, revelou-se para ele o nexo segundo o qual a mãe tinha adoecido em razão daquilo que o pai lhe fizera, e sua angústia de ter sangue nas fezes, de ser tão doente como a mãe, era o repúdio da identificação com a mãe naquela cena sexual, a mesma recusa que ele despertara do sonho. (Freud, 1918[1914]/2010, p. 104)*

Segundo Freud, Serguei supunha que a parte do corpo da mulher que recebia o pênis era o ânus. No episódio de sedução com a irmã, reconheceu a diferença entre os sexos, porém rejeitou a descoberta pela angústia ligada à castração, mantendo atual a antiga concepção do ato sexual. Freud embasou suas hipóteses recorrendo ao fato de que o garoto interrompeu a relação sexual dos pais com uma evacuação seguida de um grito. A excitação sexual de tal evacuação teria feito Serguei assumir uma atitude passiva, levando-o a se identificar com a mãe e não com o pai. Partindo da ideia de que crianças entregam fezes aos adultos como presentes, Freud estabeleceu um possível elo entre o dinheiro e as fezes. Recordando-se do primeiro acesso de fúria de Serguei em um episódio de natal, pois não havia recebido tantos presentes quanto gostaria, Freud viu nessa ocasião que seu paciente sentia falta da satisfação sexual que vivenciou pela via anal após acordar do sonho dos lobos. Pela identificação com a mãe, Serguei buscaria presentear o pai com um filho.

Foi a partir dessas ideias que Freud adicionou outro significado ao excremento, abrindo a discussão relacionada ao complexo de castração de Serguei. A ideia era que a entrega do excremento para alguém seria o primeiro ato de renúncia a um pedaço de si mesmo, para assim receber afeto de quem se ama. O ato é o modelo da castração, "o excremento, a criança e o pênis formam uma unidade, um conceito inconsciente . . . o do pequeno separável do corpo" (Freud, 1918[1914]/2010, p. 113). Para Freud, Serguei, inicialmente, rejeitou a ideia da castração e ficou com a concepção de uma união sexual pelo ânus.

O reconhecimento da castração, ao longo do desenvolvimento de Serguei, deu-se em três vertentes: (1) uma execrava a castração, a ira e o ódio dele remetiam a ela; (2) outra estava disposta a aceitá-lo tendo a feminilidade como substituto; e (3) outra, mais antiga, da época do sonho, apenas rejeitava considerar que algo assim poderia acontecer. Foi do entre jogo entre elas que Freud contextualizou um episódio de alucinação que Serguei teve aos 5 anos e que seria o momento fundante no qual seu paciente reconheceu a realidade da castração:

> *Quando eu tinha cinco anos de idade, brincava no jardim ao lado de minha babá e com meu canivete fazia um corte na casca de uma das nogueiras que também aparecem em meu sonho. De repente notei, com terror indizível, que havia cortado o dedo mínimo da mão (direita ou esquerda?), de forma que ele estava preso somente pela pele. Não sentia nenhuma dor, mas uma grande angústia. Não me atrevi a dizer nada à babá,*

> *que estava a poucos passos de distância; caí sobre o banco mais próximo e lá fiquei sentado, incapaz de olhar uma vez mais para o dedo. Finalmente me tranquilizei, dei uma olhada no dedo e vi que estava ileso. (Freud, 1918[1914]/2010, pp. 114-115)*

Esse foi o caminho que teria levado Serguei a reconhecer que as mulheres não tinham pênis porque lhes era retirado ao nascer. Essa experiência proporcionou a ele, durante o período da neurose obsessiva infantil, a aceitação do que aprendeu na cena onírica e que logo fora recalcada. Na época que tinha 5 anos, Serguei via no pai a figura apavorante, potencialmente castradora. As ideias de que Deus daria livre-arbítrio aos homens, para depois castigá-los, ou que sacrificou seu próprio filho para o bem da humanidade projetavam-se de volta ao pai.

No curso da neurose obsessiva, Serguei colocou na figura do pai, representante máximo da atividade sexual, as diversas intenções más ligadas à castração que foi vivenciando ao longo de sua infância, seja de sua irmã ou de Nânia. Identificar o pai ao agente castrador causou muita agressividade inconsciente, expressa nos constantes desejos de morte acompanhados dos sentimentos de culpa. Todos os sintomas obsessivos de Serguei, sejam os cerimoniais religiosos ou os rituais de respiração ao avistar mendigos, foram remetidos à vivência da castração, e Freud buscava demonstrar tudo isso a Serguei.

A partir dessa grande expedição à infância de seu paciente, Freud propôs uma reformulação da cena onírica,[6] e, dessa vez, disse a Serguei o que ela finalmente significava. Essa intervenção

---

6 "A cena primária foi remodelada em condição para a cura" (Freud, 1918 [1914]/2010, p. 134).

seria o motivo de as resistências terem diminuído. Temos como última interpretação, supostamente admitida por Serguei, que

> *Ele deseja estar de volta ao ventre materno, não para então renascer simplesmente, mas para ali dentro ser atingido pelo pai no coito, dele obter a satisfação, gerar um filho dele. (Freud, 1918[1914]/2010, p. 135)*

Freud teve certeza de ter curado Serguei. A análise foi considerada finalizada poucas semanas antes do início da Primeira Guerra Mundial. O principal sintoma, a constipação intestinal, teria sido sanado. Importante lembrar que todo o material que Freud discutiu nesse caso foi produzido após a fixação prévia do fim da análise; ele não cedeu nesse enquadramento. A partir daí, as associações e as recordações de Serguei foram aumentando de produção e de volume quando o prazo do fim ia se aproximando. Ele parecia estar tomado pela ideia de que precisava fazer algo para atenuar seu sofrimento. A postura de dócil indiferença cedeu lugar a uma de amabilidade benevolente para com as intervenções freudianas. Contudo, na minha visão, essas ganharam o peso de um vernáculo para Serguei.

O curioso en passant *de Freud sobre a transferência*

Grande parte do relato clínico freudiano centrou-se em uma sucessão de construções e reconstruções a respeito do que teria acontecido na infância de Serguei e sua posterior influência em sua neurose obsessiva. Nesse sentido, a reconstrução da cena traumática originária e a confirmação da sua veracidade seriam as responsáveis pela amenização do sofrimento. A transferência foi brevemente mencionada por Freud só depois de realizado um exame exaustivo da infância de seu paciente. Importante ressaltar que isso não ocorreu em um item específico ou por meio de uma discussão mais detalhada, mas em breves menções ao longo da parte final do texto que compõe o caso.

Fato curioso, já que esse relato clínico foi escrito em 1914, data que era contemporânea aos "Artigos técnicos", nos quais Freud apresentou a importância da transferência na condução de um tratamento analítico. Contudo, inicialmente, gostaria de dirigir nossa argumentação para a violência da transferência dirigida a Freud. As manifestações transferenciais de Serguei eram intensas. Uma carta endereçada a Sándor Ferenczi, datada de 13 de fevereiro de 1910, deixa isso evidente:

> *Um jovem russo rico que eu havia aceitado tratar por causa de uma paixão amorosa, compulsiva, declarou a mim depois da primeira sessão o seguinte, à guisa de transferência: "— Judeu ladrão, gostaria de te pegar por trás e cagar na tua cabeça". Com seis anos de idade, o primeiro sintoma manifestou-se em xingamentos e blasfemas contra Deus: porco, cão etc. Quando ele via na rua três montes de estrume, sentia-se mal por causa da S.[anta] Trindade, e procurava ansiosamente um quarto, para destruir a evocação. (Freud & Ferenczi, 1994, p. 200)*

Em algumas passagens do caso publicado, fica clara a dificuldade no manejo clínico desse caso:

> *Particularidades pessoais, e um caráter nacional estranho ao nosso, tornaram mais trabalhosa a empatia.*

> *A distância entre a personalidade amável e afável do doente, sua aguda inteligência, nobre maneira de pensar, e sua vida instintual completamente indômita, tornavam necessário um bem longo trabalho de educação e preparação, o que dificultou a visão do conjunto. (Freud, 1918[1914]/2010, p. 138)*

Por essa razão, suponho, Freud realizou nessa análise o que foi chamado de interferência ativa, buscando diminuir a adesividade transferencial em relação a sua figura, responsável pela grande resistência manifestada por Serguei. No entanto, é possível questionarmos o quanto do trabalho analítico, constituído em torno da possibilidade da perlaboração ocorrer, foi prejudicado com tal intervenção.

Vale lembrarmos que durante o início desse tratamento, devido à grande debilidade física de Serguei, Freud o atendia em um sanatório nos arredores de Viena. Na sala na qual se realizaram diversas sessões havia um relógio grande que ficava na frente de Serguei. Por algumas vezes, Freud notou que seu paciente virava o rosto para olhá-lo com uma expressão amável e depois focava novamente o relógio. Inicialmente, pensou que nada mais era do que uma vontade para a sessão terminar logo. Contudo, depois de alguns anos de análise, Serguei se lembrou dessa ocasião e formulou uma explicação para ela: tendo como referência a história dos sete cabritinhos, falou que o mais jovem deles ficava escondido na caixa do relógio, enquanto o lobo comia seus irmãos. Freud supôs que Serguei dizia "Seja bom comigo. Devo sentir medo de você? Você quer me devorar? Devo me esconder de você na caixa de relógio, como o cabritinho mais novo?" (Freud, 1918[1914]/2010, p. 57).

Na visão freudiana, Serguei ora se refugiava na transferência com extrema amabilidade e carência, ora com muita violência. Ele destacou um efeito terapêutico interessante relacionado à primeira recordação espontânea de Serguei. Partindo da experiência mais antiga que Serguei se lembrou, da ameaça de castração de Grouscha, babá anterior a Nânia, aos 2 anos e meio,[7] Freud disse que essa experiência foi o primeiro efeito da cena primária e

> *da primeira vivência que ele podia realmente se lembrar, e da qual se lembrou sem minhas conjecturas e intervenções, tinha-se a impressão de que a tarefa da terapia estava cumprida.* A partir de então não havia mais resistência, bastava apenas reunir e compor. *(Freud, 1918[1914]/2010, pp. 126-127, grifo nosso)*

O que se seguiu após o sonho foi que a intensidade da experiência foi tamanha que o desejo de ser tomado sexualmente pelo pai foi recalcado por Serguei. O efeito patogênico, na visão de Freud, ocorreu quando Serguei tinha 4 anos e meio. O sonho dos lobos reativou *a posteriori* todo o jogo de intensidades presente na visualização da cena originária. Nos termos dessa pesquisa, a elaboração associativa dessa experiência não foi possível, tanto na época da visualização do sexo entre os pais quanto ao acordar após o sonho dos lobos. Como substituto, surgiu o medo do pai, constituído em torno da fobia de animais. Quando o paciente de Freud chegou no estágio de organização genital houve uma regressão, formando o desejo dele de ser espancado e punido.

Destaco que Freud acreditava haver uma defesa ativa do Eu na operação do recalque. Podemos fazer uma alusão aqui que

---

7 Serguei viu Grouscha agachada lavando o chão, com as nádegas à mostra. Ele então urinou no chão e, por ter feito isso, a babá ameaçou cortar seu pênis fora. Para Freud, nesse momento, Serguei fez uma ligação entre a babá agachada e a posição da mãe durante o sexo. Grouscha se tornou a substituta da mãe e Serguei, o do pai.

mesmo diante de experiências precoces haveria um representante pré-consciente/consciente relacionado às experiências de Serguei. A questão era como fazê-lo admitir isso, já que a recordação não acontecia. O uso da construção aponta para um auxílio do analista em fornecer uma versão mais organizada do que teria se passado, levando, idealmente, a novas recordações e associações, relacionadas ao que a construção apontou.

Diante de tamanha dificuldade de recordação e associação, Freud fez uma força contrária, impondo o prazo para essa análise terminar, em uma tentativa de reorganizar a libido que mantinha Serguei em sua posição apática, pois "era característico dele defender primeiramente com obstinação, diante de algo novo, toda posição libidinal que deveria abandonar" (Freud, 1918[1914]/2010, p. 35). O enquadre clínico freudiano era sustentado pela observação de que, durante o tratamento, ao propor uma intervenção, o sinal de que esta estava adequada era o fato de que Serguei sempre esboçava uma espécie de reação negativa passageira, procurando negar o que lhe era revelado, agravando o sintoma que estava em questão no momento. Embasava essa afirmação o fato de que Freud creditava um modo ativo de defesa ao Eu, que não teria tendências sexuais e operaria apenas visando sua autopreservação e conservação do narcisismo. No caso de Serguei, logo após acordar do sonho,

> *o Eu modificou no conjunto sua posição ante a sexualidade, encontra-se em plena rejeição sexual e rechaça com angústia as metas masoquistas dominantes, assim como reagiu às metas homossexuais mais profundas com a formação de uma fobia. (Freud, 1918[1914]/2010, p. 148)*

A angústia que constituiu a base fóbica de Serguei era a angústia de castração e vemos aqui como o Eu opera de maneira ativa, realocando fluxos de libido: "o Eu retira libido do impulso de desejo homossexual, que é então convertida em angústia livremente suspensa e pode se ligar a fobias" (Freud, 1918[1914]/2010, pp. 149-150). Podemos dizer que Freud acreditava haver traços psíquicos prévios até a atuação defensiva, registrados nos campos pré-consciente/consciente.

O que sustentava essa ideia é que, permanentemente, haveria retorno de conteúdos recalcados. Se não for possível a elaboração associativa deles, o que não ocorreria uma vez que a intensidade exigida ao aparelho psíquico era muito grande, haveria uma transformação automática dessa carga afetiva em angústia. Podemos dizer que essa carga, nas neuroses, é fruto de afetos não elaborados associativamente com as representações correspondentes. Falando sobre a relação de Serguei com a castração, a partir do episódio com a irmã aos 4 anos de idade, a admissão de uma experiência dessa ordem seria muito intensa para Serguei, assim

> *Não que a nova percepção tivesse efeito; muito pelo contrário, desencadeou um efeito extraordinariamente forte, ao se tornar o motivo para manter na repressão e excluir da posterior elaboração consciente* [Verarbeitung] *todo o processo do sonho (Freud, 1918[1914]/2010, p. 138)*

Tendo a atuação do recalque secundário em vista, a ideia era que uma pressão contrária, barrando esse afluxo de libido, pudesse promover e facilitar o surgimento de novos conteúdos para a análise de Serguei, devido ao aumento de tensão oriundo de uma descarga barrada. Foi a partir dessa noção metapsicológica, acredito, que Freud partiu para embasar sua variante técnica, que teria provocado o surgimento de diversos conteúdos e novas recordações. Temos um apontamento importante aqui: Serguei teria visto a relação sexual dos pais com 1 ano e meio, mesmo que o efeito traumático tenha sido deflagrado na época do sonho, aos 4 anos e meio, no momento que Serguei acordou e viu o ato sexual entre os pais houve a atuação de mecanismos defensivos contra a angústia sentida.

Diante da impossibilidade de recordar uma experiência traumática, anterior ao advento da linguagem verbal, Freud buscou contornar esse problema pela proposição de construções que trariam uma unidade ao ocorrido. Porém, na minha leitura, o caráter do vivido, o sentido,[8] foi perdido no emaranhado de detalhes que, somado à fixação prévia do término do tratamento, não permitiu a Serguei admitir os conteúdos apontados pelas construções e interpretações de Freud.

Ademais, a noção de que o trabalho do sujeito era associar e recordar, oferecendo outros elementos necessários para uma possível construção do analista, também ficou confusa durante esse tratamento. Freud parecia buscar cada vez mais informações e detalhes para comprovar tudo o que construía a respeito do que envolvia a cena onírica. Sobrava a Serguei o espaço para se convencer de tudo o que era posto na sua análise. A noção de admissão, via perlaboração, foi tangenciada. Acredito que a "pressão real" do tempo tenha sido um dos fatores primordiais envolvidos nesse processo.

8 "A análise poderá reconstruir não o encadeamento dos fatos, mas o sentido deles, a partir da repetição transferencial. E por *sentido* convém entender o efeito que uma cena conforme a certas interpretações poderia ter tido sobre as disposições pulsionais da criança, tal como pode ser inferido da forma que a atividade fantasmática imprimiu a estes eventos ou experiências" (Mezan, 1998, p. 267).

Haja vista que não há nenhuma notícia que Freud o tenha feito novamente.

No âmbito técnico, é possível pontuarmos que a construção também pretende, ao auxiliar no trabalho de superar resistências, promover condições para haver a convicção do sujeito. A construção, como recurso técnico, almeja ocupar uma lacuna que não consegue ser resolvida pela recordação, transformando a tendência à repetição em recordação, como já havia sido colocado no pensamento freudiano em 1914. Sendo assim, o indicativo da presença da perlaboração seria a percepção ou a constatação de que o sujeito está convicto de que suas situações históricas e a carga afetiva atrelada a elas *possivelmente* ocorreram de modo próximo ao que a construção apontou.

Curiosamente, a maneira de conceber a repetição como substituição da recordação, e, quanto mais presente, maior a tenacidade da resistência, em nada ajudou nesse caso. Importante destacar que Freud ainda não tinha elementos para discutir a repetição como uma outra vertente no acesso aos modos de expressão e vinculação de Serguei; a saída foi apostar que as recorrentes construções relativas à cena originária fossem suficientes. Não que Freud não tivesse tentado diversas interpretações, porém o efeito esperado de promover recordações não acontecia, como se Serguei estivesse *travado* em um mesmo circuito de sofrimento, sem condições de expressar ou reviver todo um campo de intensidades relativas à sua história; ele parecia estar alheio ao conteúdo de suas falas. Serguei demonstrava uma apatia e uma falta de recursos fantasísticos assombrosa.

Diante desse cenário, é plausível admitirmos que a intervenção ativa foi realizada por Freud com o intuito de *provocar* o surgimento de algum material novo. Essa "intromissão" no enquadre clínico alude à criação de aspectos técnicos diferentes para o atendimento de um paciente com um adoecimento psíquico grave e, possivelmente, com características que suplantam um quadro neurótico.[9]

Noto, pelas passagens citadas acima, que o manejo transferencial estava enfrentando muitas adversidades para promover uma situação analítica favorável. Observação que fica mais plausível na posição estagnada de Serguei, em um estado de *dócil indiferença*, constituindo uma grande barreira para o avanço do tratamento. Freud buscou transpor o bloqueio associativo de Serguei fixando uma data final para o tratamento. Foi uma tentativa de superar resistências pela imposição e com isso, acredito, suprimiu o tempo da perlaboração.

O par recordação-associação, mesmo que Serguei se mostrasse fiel à regra da associação livre, não atingia os efeitos esperados. O aumento da tensão, produzido pela intervenção ativa de Freud, teria melhorado o fluxo associativo e fomentado o surgimento de novas recordações. No entanto, é notável o quanto as intervenções freudianas adquiriram o caráter de um jogo intelectual e puramente biográfico, beirando o ficcional. Sobrou a Serguei complementar as lacunas nas construções propostas e, limitado pelo tempo, aceitá-las como suas.

É inegável o quanto a maciça adesividade transferencial de Serguei para com a figura de Freud acentuou a dificuldade envolvida nesta análise. Contudo, a imposição de fixar uma data para terminar a análise, não importando o que acontecesse, teve como efeito, a meu ver, somente um incremento da angústia de Serguei acompanhado do aumento das resistências.

9 O que ficará mais claro adiante, quando discutirmos a análise de Serguei com Ruth Brunswick.

Em uma nota acrescida em 1923, Freud falou sobre o retorno de seu paciente logo após o fim da Primeira Guerra Mundial e fez um breve comentário, não sobre o uso técnico da transferência, mas que esta segunda análise serviria para Serguei lidar com o que restou de uma transferência não trabalhada em análise: "imediatamente após o fim do tratamento foi tomado do empenho de se livrar da influência do médico" (Freud, 1918[1914]/2010, p. 160). No relato do caso, há poucas informações a respeito dessa segunda análise; além da conhecida subordinação habitual, a novidade é que Serguei ainda precisava liquidar um *resíduo* transferencial relacionado à figura freudiana, ou entidade freudiana?

Pergunto-me se tamanho esforço não apontaria a inoperância de uma intervenção ativa em casos como o de Serguei. Isso porque a perlaboração, seguindo o modelo de trabalho de 1914, parece não ter condições de ocorrer mediante uma imposição dessa natureza. Claro que está em jogo aqui, embasando a técnica freudiana, uma concepção de defesa e de diagnóstico.

A partir desse caso, abro uma questão importante que, a meu ver, é fundamental para a constituição de uma situação analítica: seria possível haver perlaboração em uma análise sem a criação de um espaço para a manifestação e análise da transferência negativa? Para lidar com a transferência negativa não seria necessária uma consideração da contratransferência? Qual seria o lugar da repetição diante de um cenário como esse?

Se levarmos em conta o grande empenho com o qual Serguei se viu envolvido para se ver livre da ascendência freudiana, poderíamos apontar a importância de o analista proporcionar um enquadre clínico em que manifestações dessa ordem se tornem possíveis, independentemente do diagnóstico do caso.

O segundo tempo da análise de Serguei

Após o fim do tratamento em 1914, Serguei retornou a Odessa, retomou os estudos universitários e concluiu o curso de direito. Encontrava-se dividido entre assumir o relacionamento com Teresa, sua namorada, ou continuar morando com a mãe. Durante esse período, Teresa teve de deixar Odessa para ir a Viena, pois sua filha havia morrido; Serguei a acompanhou. Nesse momento, a Revolução Russa fez com que sua família perdesse todas as suas posses, ficando arruinados. Devido a esse fato, ele ficou em Viena, transformando-se em um emigrante pobre. Aceitou um emprego em uma companhia de seguros, trabalhando ali até sua aposentadoria.

Todas essas mudanças deixaram Serguei profundamente abalado, e ele entrou em um estado depressivo que, aparentemente, levou-o a retomar sua análise. Freud o recebeu muito bem, inclusive o presenteou com o texto que acabara de publicar, intitulado "História de uma neurose infantil", autografado inclusive. Essa segunda análise ocorreu entre novembro de 1919 e fevereiro de 1920.[10] A respeito desse retorno, Freud nos diz que

> *Em alguns meses de trabalho, ele dominou uma parcela da transferência ainda não superada; desde então o paciente, ao qual a guerra havia roubado a pátria, a riqueza e todas as relações familiares, sentiu-se normal e comportou-se impecavelmente. Talvez precisamente*

10 Mahony (1992) diz que para atender Serguei, Freud, sem horários disponíveis, interrompeu o tratamento com a analista Helene Deutsch, dizendo a ela que precisava atender um paciente muito importante. Já era notícia no meio psicanalítico vienense que Serguei era o paciente do caso recém-publicado por Freud. O resultado foi que Helene entrou em um quadro depressivo grave (cf. Deutsch, 1973).

> *a sua miséria, ao satisfazer o seu sentimento de culpa, tenha contribuído para firmar seu restabelecimento. (Freud, 1918[1914]/2010, p. 160)*[11]

Porém, de acordo com Plon e Roudinesco (1998), Serguei continuava a ter os mesmos sintomas de quando chegou a primeira vez até Freud, e eles estariam ainda mais agravados devido a sua terrível condição financeira. A constipação intestinal, que nunca deixou de existir, estava ainda pior. Freud chegou a ajudar financeiramente seu paciente coletando dinheiro para ele entre os seus discípulos em Viena, o que ocorreu de 1920 até 1926. Os recursos eram destinados a subsistência básica e cuidados médicos, incluindo possíveis viagens.

Em 1922, de acordo com Mahony (1992), Serguei apresentava uma nova faceta não vista anteriormente, estava com comportamentos mesquinhos e desonestos. Externamente, aparentava um grande sadismo, porém continuava desejando ser castigado pelo pai. Em fevereiro de 1924, houve o aparecimento do último sintoma, talvez o mais grave, o delírio com seu nariz acompanhado de uma hipocondria severa. Tais sintomas não eram contínuos, apareciam e sumiam de tempos em tempos, ocorreram de fevereiro a agosto de 1924, Páscoa de 1925 e início de 1926, levando-o a procurar Freud mais uma vez.

A análise com Brunswick: Serguei se encontra com os lobos

Serguei seguiu sua vida em Viena, trabalhando em uma corretora de seguros, até que, em 1926, procurou Freud novamente.

11 Comentário acrescentado por Freud em 1923.

Apresentava os mesmos sintomas, além de um problema nasal crônico. Realizou diversas consultas com médicos especialistas, que não conseguiram ajudá-lo e o julgavam perfeitamente saudável. De qualquer modo, ele queria retomar sua análise. Freud não aceitou tratá-lo mais uma vez e o indicou à analista Ruth Mack Brunswick. A pedido de Freud, ela atendeu Serguei gratuitamente. A partir desse momento, Serguei se tornou

> *presa de um incrível imbróglio transferencial. Não apenas Freud estava analisando, ao mesmo tempo, Ruth, o marido dela e o irmão deste, como também, ainda por cima, nesse ano ele encaminhou para o divã de Ruth uma norte americana, Muriel Gardiner, que iria tornar-se amiga e confidente de Pankejeff à medida que se desenrolavam suas respectivas análises. (Plon & Roudinesco, 1998, p. 566)*[12]

Essa análise ocorreu durante cinco meses, de outubro de 1926 a fevereiro de 1927. Após esse tratamento, de acordo com Brunswick, a saúde de Serguei melhorou, capacitando-o para realizar um trabalho administrativo relativamente modesto. Em 1928, Brunswick publicou sua versão desse caso, intitulada "Suplemento à história de uma neurose infantil", no *International Journal of Psychoanalysis*. Foi a primeira vez que foi atribuído a Serguei a denominação que ele iria assumir e se identificar pelo resto de sua vida: o Homem dos Lobos.

---

12 Complementando tal arranjo transferencial, segundo Mahony (1992), Gardiner conheceu Serguei porque queria ter aulas de russo, e Brunswick fez o intermédio dos contatos. Max Schur e sua esposa eram pacientes de Brunswick e, enquanto faziam análise com ela, ele se tornou médico pessoal de Freud em 1928.

Segundo o relato de Brunswick, Serguei acreditava que teria sido vítima de um dano em seu nariz decorrente de um tratamento médico malsucedido, e a consequência seria uma cicatriz. Ela, porém, reiterou que não havia nenhuma marca aparente em seu rosto e o próprio Serguei reconhecia sua reação como anormal. Ela notou diversos sintomas hipocondríacos dele: ora procurava obsessivamente algo de errado em seu nariz, ora temia que seu dente acabaria por lhe estragar as férias.

Esse contexto sempre o fazia recorrer a um médico e depois a outro; negava diagnósticos não interventivos, desconfiando sempre das orientações que lhe eram dadas e constantemente abandonava os tratamentos que iniciava antes de seu término. A frequente mudança de médicos realmente levou-o a sérios problemas em seus dentes e nariz, já que muitos dos profissionais consultados ignoravam o que havia sido feito anteriormente. Brunswick destacou que a mãe de Serguei notava rugas que surgiam e posteriormente desapareciam sem uma justificativa real externa. Sua irmã havia se suicidado por problemas na percepção estética do próprio corpo; ela não era tão bela como desejava e não podia viver dessa forma.

Após diversas tentativas de tratamento no nariz e nos dentes, que incluíram uma eletrólise no órgão olfativo recomendada pelo professor X.,[13] um dos principais médicos dermatologistas de Viena, Serguei adquiriu algumas cicatrizes que, ao contrário do que se poderia imaginar, não o perturbavam, inclusive lhe trouxeram uma certa tranquilidade. Perelberg (2012) sugere que o sintoma relacionado ao nariz de Serguei guardaria uma relação com o fato de que, anteriormente, em abril de 1923, Freud, após ser diagnosticado com câncer, fez a primeira de suas cirurgias, seguida de outras, meses depois. Segundo a autora, o estado maníaco de

13 Outro profissional que aceitou atender Serguei gratuitamente devido a um pedido pessoal de Freud.

Serguei foi constituído em torno de uma ansiedade persecutória quando ele se deparou com a notícia de que Freud estava com uma doença grave.

Durante o tratamento com Brunswick, Serguei estava completamente desesperado, chegou a ameaçar matar sua analista e Freud também. Seu estado maníaco e ansiedade persecutória eram muito intensos. Ela elencou vários pontos importantes que a orientaram quanto ao diagnóstico de psicose de Serguei: delírio hipocondríaco, delírio de perseguição, ausência de deterioração física e mental, caráter monossintomático da psicose, isto é, para qualquer pensamento que não incluía o desfiguramento de seu nariz, ele transparecia estar relativamente saudável. Já Blum (1974) acredita que Serguei seria um paciente com diagnóstico *borderline*, se considerados todos os quadros de adoecimento psíquico dele: a neurose grave, acompanhada dos episódios de delírio infantil e dos estados maníacos quando já era adulto. Analistas como Eissler (1953), Frosch (1967) e Mahony (1992) concordam com o diagnóstico de psicose de Brunswick.[14]

Serguei ficava compulsivamente se olhando no espelho para atestar os defeitos do seu nariz. Em junho de 1926, recebeu uma carta de Freud na qual foi questionado sobre a exatidão do sonho dos lobos, o grande responsável pelo desfecho favorável de sua primeira análise. É interessante citar um trecho fornecido por Muriel Gardiner:[15]

---

14 Dificuldade diagnóstica também apontada por Freud: "Aquilo que precipitou sua doença não se inclui entre os 'tipos neuróticos de adoecimento', que pude agrupar como casos especiais de 'frustração' e aponta assim para uma lacuna nessa classificação ... ele adoeceu de uma 'frustração' narcísica" (Freud, 1918[1914]/2010, p. 156).

15 Tal texto está em forma de nota, para complementar a exposição de Brunswick. Gardiner organizou uma coletânea com o próprio relato de Serguei a respeito de sua vida e dos diversos tratamentos que realizou, incluindo os não

Freud escreve ao Homem dos lobos em 1926 para lhe fazer algumas perguntas relativas ao sonho dos lobos. Este responde no dia 6 de junho de 1926: "Acredito estar completamente certo de haver sonhado o sonho dos lobos exatamente como lhe contei na época". Após, ele discute a questão de saber se ele poderia ter assistido a ópera La dame de pique *antes do sonho. Ele afirma que isto seria improvável, embora esta ópera tenha sido a primeira que ele assistiu com sua irmã. No fim da carta, ele escreve: "Duas lembranças de infância recentemente me vieram à memória, mas elas não possuem nenhuma conexão com o sonho. Uma é de uma conversa com o cocheiro sobre a cirurgia à qual se submetem os cavalos para reprodução. A segunda é sobre uma história que minha mãe me contou sobre uma parente que havia vindo ao mundo com seis dedos do pé e a qual lhe cortaram o sexto assim que nascera. As duas lembranças têm, portanto, por tema a castração... Espero que estas informações lhe sejam de alguma utilidade".*

Em 11 de junho de 1957, o Homem dos Lobos escreve uma carta muito interessante que faz alusão a essa carta endereçada a Freud, a qual ele havia lido há pouco tempo: "Eu havia esquecido completamente esta carta endereçada a Freud... Hoje penso que eu havia visto a ópera La dame de pique *após o sonho dos lobos". Ele explica que antes de sua família ter saído da propriedade onde havia nascido, quando ele havia*

---

analíticos. Serguei contou com um fomento concedido por Kurt Eissler em nome dos Arquivos Sigmund Freud. A data original de publicação é 1971, sob o título "O Homem dos Lobos por seus psicanalistas e por ele mesmo". Aqui, utilizamos a versão francesa, de 1981.

> *a idade aproximada de 5 anos, ele havia ido à cidade de Odessa com sua irmã e a governanta inglesa, onde a ópera estava em cartaz. "Não posso mesmo imaginar que tenham levado uma criança de 3 ou quatro anos ao teatro... Acredito que nem havia apresentações no verão". A carta continua com uma penetrante observação: "É interessante perceber que minha carta ao professor Freud é datada de 6 de junho de 1926. Em junho deste ano, a doença, denominada de paranoia e causada por meu nariz, havia começado, pela qual eu fui tratar-me com a doutora Mack. Este tratamento precisou ser iniciado poucos dias após a redação de minha carta ao professor Freud, pois minha mulher e eu partiríamos de férias no dia 1 de julho de 1926, e eu já me encontrava num indescritível estado de desespero. Portanto, se eu tivesse demorado para escrever ao professor Freud, eu me encontraria num estado de espírito tal que provavelmente me impediria de lhe escrever qualquer coisa de útil.* Ou talvez o começo da paranoia se encontre de alguma forma relacionada com as questões do professor Freud?!... O que me chama a atenção ainda na minha carta a ele é que ela seja realmente sobre uma questão de castração. Nada de surpreendente, portanto, que minha carta tenha sido escrita na "véspera" da "paranoia". *(Gardiner, 1981, p. 282, grifos nossos)*

Mahony (1992) é crítico em relação ao efeito dessa carta de Freud, que teria intensificado a crise paranoide de Serguei. A alucinação do nariz desse começou em fevereiro de 1924, contudo é impactante o quanto ele se sentia em dívida com Freud pelo tom de resposta da carta, fato que teria relação com uma possível piora em seu quadro de sofrimento. Fator principal para ele procurar Freud uma terceira vez, que negou atendê-lo, encaminhando-o para Brunswick.

Quando seus sintomas retornaram, por volta do início de 1926, ele novamente procurou outro dermatologista; este lhe disse que as cicatrizes, oriundas do procedimento realizado pelo professor X., seriam permanentes e que nada poderia ser feito para amenizá-las. Serguei ficou num estado de extremo desespero e permanecia inconformado com o fato de um profissional tão eminente ser responsável por danos irreparáveis em seu nariz. Havia sido apenas um erro ou algo premeditado contra ele? De qualquer forma, o professor X. se tornou seu inimigo mortal.

Ao chegar até Brunswick, ela se surpreendeu com seu futuro paciente, uma vez que ele era descrito por Freud como um homem honrável, consciencioso e de uma honestidade compulsiva. Com Brunswick, Serguei se apresentava como um sujeito que poderia ser acusado de cometer algumas desonestidades, a começar pelo fato de que escondia de Freud, seu maior benfeitor, a sua real condição financeira.

Durante o período que recebia o auxílio financeiro angariado por Freud, por aproximadamente seis anos, um amigo de Serguei voltou de uma viagem da Rússia, trazendo para ele algumas joias da família. Serguei fez questão, seguindo o conselho da esposa, de não as mencionar a ninguém, especialmente a Freud, com medo que ele deixasse de fazer suas doações assim que tomasse conhecimento do ocorrido. Serguei se tornava cada vez mais e mais interessado neste fomento freudiano, perguntando-se qual seria o montante a ser recebido e de qual maneira poderia gastá-lo.

Serguei considerava a ajuda financeira angariada por Freud um dever, pois ele era um paciente muito importante para a psicanálise. A doação tomava as proporções de um presente que um pai dá ao seu filho. Não bastando isso, adquiriu para Serguei uma espécie de compensação pela humilhação que sofreu quando o pai preferiu sua irmã a ele. Ainda, culpou Freud pela perda de sua fortuna, pois, na época de sua segunda análise, foi aconselhado que era melhor ele continuar em Viena, já que suas terras e posses estavam na iminência de serem perdidas. Contudo, é difícil imaginar que a presença de Serguei fizesse alguma diferença na manutenção de suas propriedades, dada a magnitude da Revolução Russa.

Sublinho que receber o auxílio financeiro de Freud teve como efeito em Serguei a manutenção de um aprisionamento transferencial, já aludido no segundo momento da análise dele com Freud. Agora, ele era um paciente que serviu muito bem à teoria psicanalítica, sendo assim se sentia muito especial: o paciente, quase como um filho analítico, preferido de Freud. O relato que Serguei escreveu sobre seu histórico de tratamentos tem passagens notórias que tornam essa observação evidente:

> *Posso dizer apenas que em minha análise com Freud sentia-me menos um paciente do que um colaborador, o jovem camarada de um experiente explorador planejando estudar uma teoria nova e recentemente descoberta . . . Essa sensação de "trabalhar junto" foi aumentada pelo reconhecimento de Freud quanto à minha compreensão da psicanálise, de modo que uma vez ele me disse mesmo que seria bom se todos os seus pupilos pudessem compreender a natureza da análise, tão bem quanto eu. (Gardiner, 1981, p. 158)*[16]

16 Foi a partir desse lugar que Serguei adotou sua identidade quase mítica e começou a atender o telefone de sua casa dizendo "Aqui fala o Homem dos Lobos" (cf. Mahony, 1992, p. 197).

De maneira similar ao que fazia com Freud, inicialmente, Serguei concordava com todas as interpretações de Brunswick, elogiava-a por sua capacidade profissional e pela perfeição da técnica empregada. Recusava, constantemente, falar sobre seu nariz ou sobre sua relação com o professor X. Certa vez, Brunswick lhe perguntou se ele havia lido o jornal da manhã; ao dizer que não, ela lhe informou que o professor X. havia morrido naquele dia. Serguei respondeu com veemência que agora não poderia mais matá-lo. A partir daí ele passou a falar sobre o professor X. e Brunswick via como o dermatologista, muitas vezes, era um substituto da figura de Freud. Intervenção prontamente negada por Serguei.

Destaco que, devido a isso, Brunswick acreditava que o modo de separação de representações do paciente em relação a Freud tornava qualquer trabalho clínico impossível: ao culpar Freud pela perda de sua fortuna e, ao mesmo tempo, vendo-se como o paciente preferido dele, o Homem dos Lobos recusava admitir afetos de outra natureza para com ele.

Desatar a fixação dessa ambivalência era o alvo de Brunswick. Seu manejo clínico consistia em destruir, por todos os meios, as concepções de Serguei relacionadas ao fato de que ele era o paciente mais estimado de Freud, em uma tentativa de fazê-lo perceber sua posição real para com este. Ele acreditava com fervor que Brunswick discutia com Freud os rumos de seu tratamento; quando lhe foi exposto que não era o caso, ele foi tomado de muita raiva contra Freud. Não podia aceitar que este fazia tão pouca estima de seu caso, uma vez que ele havia ganhado tamanha notoriedade no campo psicanalítico devido à publicação de sua história.

Após esse episódio, uma série de sonhos surgiram, fazendo alusão, mais uma vez, ao tema da castração do pai. Brunswick fez questão de sublinhar que não estava em jogo uma castração por rivalidade entre os dois homens, mas sim por não ter seu amor passivo satisfeito pelo pai, agora representado por Freud. Serguei concordava com tudo isso e compreendia seu desejo de morte em relação ao pai que lhe havia castrado, entretanto, no âmbito da ambivalência, havia uma projeção dessa agressividade para a figura do pai, que, supostamente, demorou muito mais tempo para ser admitida pelo paciente.

> *Durante todo este sofrível período, o paciente se comportava da maneira mais estranha. Ele estava desleixado, tinha o ar cansado . . . Durante suas horas de análise, ele falava como um louco, abandonava-se sem freios a seus fantasmas, tendo perdido todo contato com a realidade. Ele ameaçava matar a Freud e a mim, já que X estava morto e suas ameaças pareciam menos vazias do que aquelas que estamos acostumadas a ouvir. Seu desespero era tal que acreditava ser capaz de qualquer coisa. (Brunswick, 1981, p. 295)*

Brunswick era contrária a ideia de que Serguei pudesse ter sintomas narcísicos, de que ele se envergonharia dos atos que realizava até esse momento. A angústia que ele sentia ao ser olhado fixamente era vista como um deslocamento da angústia oriunda da cena primária. Já a paranoia era um derivado da identificação feminina na cena primária e o desejo masoquista de ser castrado relacionava-se ao pai incapacitado, reavivado, na época do tratamento, pelos problemas de saúde que Freud enfrentava. Ela frisou que a atitude feminina de Serguei em relação ao pai, a identificação com a mãe já presente no relato freudiano, demorou a ser superada.

Vale destacar o quanto o paciente falava sobre a necessidade de sublimar sua homossexualidade e a dificuldade de encontrar meios para tanto, apontando tanto circunstâncias externas como internas. Contudo, segundo Mahony (1992), houve uma grande lacuna presente nos dois relatos clínicos, tanto de Freud quanto de Brunswick: a identificação de Serguei com a mãe e a irmã. Desse lugar vem uma dura crítica com o enquadre clínico de Brunswick:

> *Contrariamente ao enfoque de Brunswick, o desejo homossexual passivo revivido e sobre a identificação masoquista com uma mãe abatida e castrada, passava-se agora para uma identificação com uma mãe primitiva: ainda que o homossexualismo inconteste fosse parcialmente responsável pelas fantasias do paciente, a identificação primitiva com a mãe foi o principal fator de precipitação de sua doença e explica de forma mais adequada o seu rompimento com a realidade. (Mahony, 1992, p. 191)*

Logo, a atitude feminina de Serguei não foi superada, pelo contrário, continuou como o principal pano de fundo para suas crises paranoides. Brunswick diagnosticou Serguei como um caso de psicose de tipo hipocondríaco, "a ideia hipocondríaca serve como revestimento as de perseguição. Muito embora a forma seja hipocondríaca, todo conteúdo da psicose é de caráter persecutório" (Brunswick, 1981, p. 303). O que embasava essas ideias era que Serguei acreditava que um mal intencional havia sido infligido a seu nariz por alguém que assim o desejava. Por conta de sua análise, o paciente se perguntava: "Quem pode dizer quando a atividade inconsciente termina ou quando a consciente começa?" (Brunswick, 1981, p. 303), sustentando assim o paradoxo de ter sido vítima de profissionais tão brilhantes, como o próprio Freud ou o Doutor X.

Na análise com Brunswick, fica claro o quanto os sintomas corporais de Serguei, principalmente as dificuldades com a evacuação, seriam expressão de uma identificação com a mãe. A analidade relacionada a esse processo, acreditava ela, era uma tentativa dele de lidar com um objeto que não conseguia abandonar: o desejo de ser possuído sexualmente pelo pai. Brunswick destacou que a passividade de Serguei em relação ao pai, somada ao conjunto das imagos paternas, lhe trazia grandes problemas quando necessitava romper quaisquer relações. Atitude que se evidenciou na tentativa de Freud em suplantar a amável apatia de Serguei, alusão aqui a uma adesividade transferencial ligada à figura freudiana, como uma espécie de juros que não conseguiam ser sanados. Curiosamente, a principal dificuldade apontada por Brunswick é a mesma que foi levantada por Freud na retomada da análise do Homem dos Lobos em 1920:

> *A segunda análise corrobora a primeira em todos seus detalhes e só acrescenta uma pequena parte de material novo.* Trabalhamos somente uma única coisa: um saldo de transferência para com Freud. *Esse saldo naturalmente implica que o paciente não foi completamente liberto de sua fixação ao pai, entretanto parece que esse resto de ligação não se deve à materiais inconscientes, mas ao fato que a transferência ela mesma não foi suficientemente elaborada. Digo isso apesar de o paciente ter passado quatro anos e meio em análise com Freud, período após o qual foi liberado em boa saúde e assim ficou durante quase doze anos. (Brunswick, 1981, p. 309, grifo nosso)*

Também questiona a ideia de conclusão de uma análise devido a um suposto acesso a conteúdos inconscientes seguidos de uma construção, sem um tempo adequado para o contato e a admissão do que foi produzido no processo clínico:

> *Quando o analista considera um caso como terminado, isto não quer dizer que o paciente também o possa fazer.* Nós podemos, enquanto analistas, estar em plena possessão de fatos biográficos da doença, mas não podemos saber em que medida o doente tem necessidade de "retrabalhar" (Durcharbaiten) seu material para poder se curar. *(Brunswick, 1981, p. 309, grifo nosso)*

De todo modo, Brunswick tem uma posição contrária ao término de uma análise ser fixado pelo analista ao dizer que isso pode servir mais às resistências do que possibilitar uma situação analítica favorável. Acredito que a possibilidade da perlaboração aqui é perdida e, pior, encontra-se diante de um trabalho interminável, uma vez que ela só se faria presente diante da expressão e admissão de afetos, principalmente, negativos em análise. O trabalho analítico, se for colocado apenas no plano entre fatos biográficos e construções, torna a tarefa infindável.

> *Um fato vem para apoiar a nossa afirmação segundo a qual o paciente não teria terminado, na primeira análise, suas reações direcionadas ao pai. Foi a primeira vez que um analista fixou o término de uma análise, Freud recorreu a este artifício após vários meses de completa estagnação e foi recompensado pela obtenção que se mostrou decisivo. Anteriormente à determinação do término da análise, o paciente não havia conseguido muita coisa além de uma preparação para esta: muito pouco trabalho real havia sido feito. Após isto, o material começou a surgir em ondas do inconsciente e o sonho dos lobos, com toda sua significação, tornou-se claro. (Brunswick, 1981, p. 309)*

É notável que, para Brunswick, a principal dificuldade enfrentada por ela na condução desse tratamento era o "saldo de transferência" em relação a Freud. Era desse lugar que eram formadas todas as associações de Serguei. A partir dessas colocações de Brunswick, podemos dizer que ela aponta para o fato de que a perlaboração se torna possível a partir do manejo clínico, que necessita ser balizado em torno da paciência em suportar e permitir a expressão da repetição. Então, seguindo a argumentação de Mezan (1998), não seria muito efetivo uma análise apenas reconstruir o encadeamento histórico dos fatos da vida do sujeito, separados do sentido que adquirem a partir da repetição na relação transferencial com aquele analista naquele momento.

Em minha visão, mesmo que a determinação de um prazo para o fim da análise de Serguei tenha produzido o sonho dos lobos ao lado das inúmeras associações a serem associadas e admitidas, a posição transferencial ocupada por Freud não permitiu que, possivelmente, resistências fossem superadas.[17] Logo, a perlaboração, diante dessa pressão limitadora de um tempo, não teve condições de expressão. Haja vista que a clareza do significado do sonho dos lobos e suas ligações com as experiências familiares de Serguei só fariam sentido para os leitores do caso e para Freud, não para quem mais seria importante: o próprio Serguei. As idas e vindas em tratamentos médicos, as constantes procuras para voltar a ser atendido por Freud e, depois, por Brunswick, podem nos fazer questionar que as possíveis dificuldades enfrentadas tanto por Freud quanto por Brunswick não possibilitaram ao Homem dos Lobos uma nova, ou talvez inédita, ressignificação de sua história.

17 Tratarei dessas questões adiante, a partir do cruzamento entre a discussão das proposições técnicas de Ferenczi e as diferentes categorias de resistência apontadas por Freud em 1926.

Ao afirmar isso, não desconsidero que o quadro de sofrimento apresentado por Serguei era notadamente complexo e distinto da grande parte dos casos que a psicanálise estava habituada a tratar até então, ao menos dos casos apresentados e publicados oficialmente. Não é minha intenção aqui discutir se as intervenções de Freud e de Brunswick foram adequadas ou não, apenas pretendo problematizar o que eles fizeram no âmbito técnico para proporcionar uma situação analítica ao lidar com um paciente com tais características, que aludem para a necessidade de um outro posicionamento do analista diante da montagem do enquadre clínico. Claro que saber o final da história, ao lado do peso de uma tradição e reflexão psicanalíticas, ajuda nessa afirmação.

Brunswick acredita que a análise possibilitou a Serguei liquidar a transferência em relação à figura freudiana, acompanhada de toda a ambivalência, que ora girava em torno dele ser o filho predileto de Freud, ora com todo o ódio possível, uma vez que Freud era visto como a fonte de toda a ruína e sofrimento de sua vida. Cerca de dois anos após o término desse tratamento, ele voltou a procurar Brunswick com o intuito de, mais uma vez, retomar os trabalhos. Ela não forneceu mais informações a respeito desse segundo momento, apenas disse que ele não apresentava mais sintomas psicóticos, mas sim estritamente neuróticos, relacionados à virilidade decorrente de uma relação amorosa súbita e correspondida.[18]

A vida de Serguei continuou perpetuada por tragédias; após os suicídios do pai e da irmã, houve o da esposa. Infelizmente, em 1938, pouco depois de os nazistas invadirem Viena, ele encontrou sua mulher morta no apartamento onde moravam. Por causa disso,

18 "Desta vez a análise, que ocorreu de maneira bastante irregular durante vários anos, revelou um material novo além de lembranças importantes, até o momento esquecidas, todas remontadas ao relacionamento complexo da garota pré-esquizofrênica e seu irmão mais novo" (Brunswick, 1981, p. 268).

foi até Londres para ser atendido por Brunswick mais uma vez. Nesse momento, ela estava muito debilitada devido ao consumo de drogas e continuava em análise com Freud. Ela atendeu Serguei, que, novamente, voltou a procurar Freud sem nenhum sucesso. Os resultados terapêuticos teriam sido bons e duradouros de acordo com ela. Um tempo depois, Serguei teve notícia da morte de Freud em 1939. Brunswick morreu em 1946 devido a uma queda fatal no chão de um banheiro em decorrência do uso de drogas.

Quero destacar que, na ocasião dos retornos inconstantes de Serguei para ser analisado, Brunswick parece se reaver com as afirmações que fez no artigo original de 1928 em relação à Freud, seja de diagnóstico ou da técnica empregada por ele. Ainda, o principal agente causador do sofrimento de Serguei seria a "atmosfera" social europeia. É evidente que todos os infortúnios e tristezas abalaram muito Serguei, porém a mudança de posicionamento dela em relação à primeira análise que teve com Serguei foi notável.

Destaco uma observação referente ao fato de que os ataques ao professor X. e a Freud foram incentivados em certa medida por Brunswick, por meio dos constantes questionamentos que ela fazia, contudo como estes teriam sido recebidos por ela contratransferencialmente? Como ela trabalhou com a transferência negativa de seu paciente?

Com relação à transferência negativa, é notável o esforço de Brunswick em lidar, questionar e remeter às falas de Serguei quando ele, constantemente, a comparava negativa e desfavoravelmente com Freud. Ela buscava contestar e refutar, a todo momento, a ideia fixa de que Serguei era o paciente favorito de Freud, vendo aí o maior obstáculo para o avanço do tratamento.

Porém, defende Mahony (1992), essa manobra técnica teve um efeito desastroso: fomentou uma mania de perseguição em Serguei, pois foi vista como um ataque à prova de realidade dele. O que, também, teria complicado a própria relação analítica entre ela e Freud. Sendo assim, Freud nunca deixou de ser um objeto idealizado para Serguei e Brunswick um objeto especular. Como consequência, a alucinação do nariz desfigurado era um possível deslocamento da angústia de castração de Serguei, que funcionava como uma contenção para evitar sua total desintegração psíquica.

A estratégia no enquadre clínico de Freud me parece clara: diante da não produção de conteúdos e contínuos ataques, como forma de barrar a repetição em torno de uma posição apática, fixou uma data para o fim do tratamento. No enquadramento de Brunswick, houve uma atitude de espera em relação ao que Serguei trazia para a análise, exceto uma certa disposição para abordar os ataques feitos por Serguei ao professor X. e a Freud. Quanto ao uso da contratransferência de Brunswick, se tomarmos algumas frases, como "Meu papel foi quase negligenciável, eu agi puramente como mediador entre o paciente e Freud" (Brunswick, 1981, p. 312) ou "Minha técnica consistia, portanto, numa tentativa de solapar a ideia de que o paciente tinha de ser o filho favorito, já que era óbvio que por meio disso, ele estava se protegendo dos sentimentos de natureza bem diferente" (Brunswick, 1981, p. 289), fica claro o quanto ela estava presa nesse imbróglio transferencial, o que possivelmente ajudou a embaralhar seu manejo clínico. Mahony (1992) destaca o quanto Brunswick se sentia desautorizada e invalidada diante de Freud, uma vez que também discutia o caso com ele durante sua análise, em uma espécie de supervisão.[19]

---

19 "À luz de sua própria aceitação da teoria sexual de Freud, da mulher como um ser humano castrado e incompleto vivendo sob um ego limitado e um superego deficiente, podemos acompanhar a situação angustiante como a de uma mediadora autodestrutiva num mundo de homens" (Mahony, 1992, p. 194).

Após as constantes refutações e questionamentos sobre a ideia fixa de que Serguei era o paciente favorito de Freud, houve a produção de um sonho:

> *O paciente e sua mãe estão juntos em uma sala, em um canto no qual as paredes estão cobertas de quadros de pinturas sagradas. Sua mãe tira os quadros, jogando-os no chão. As imagens são quebradas e caem em pedaços. O paciente se questiona sobre esse ato por parte de sua mãe piedosa. (Brunswick, 1981, p. 296)*

Brunswick interpretou esse sonho dizendo que a mãe devota destruiu as pinturas sagradas, no caso, ela seria a mãe que destruiu as crenças religiosas do filho, Serguei. Esse sonho também aludiria a uma substituição da mãe real e religiosa por uma mais iconoclasta, que consegue matar o pai para salvar o filho. Mahony (1992) defende que esse sonho comprovaria a incapacidade de Brunswick em manejar o desejo de Serguei em destruir a influência de Freud sobre ele. Isso porque ela, seja como paciente e/ou supervisionanda, também estava temerosa da morte de Freud.

Diante de todas as dificuldades de manejo presentes nessa análise, esbarramos na questão de como, em casos como o de Serguei, é possível lidar com a transferência negativa, em conjunto com a contratransferência. Reposicionar o papel da repetição se tornou fundamental, pois só a faceta de resistência, isto é, a substituição do recordar pelo repetir, não permitia um espaço para que pacientes como Serguei encontrassem saídas para uma capacidade associativa pobre, sem recordações espontâneas, levando a uma inoperância e impossibilidade de polarizar a situação analítica no par associação-recordação, haja vista que não haveria o que ser interpretado. Evitando o uso de variantes técnicas, baseadas em um princípio ativo, que parecem não ter possibilitado ao Homem dos Lobos uma maior atenuação em seu sofrimento.

Nessa perspectiva, a repetição tornaria atuais os efeitos do recalque, sintomas e inibições, ao lado dos objetos alvo do recalque. Permitindo ao analista notar os impulsos que se tornaram patogênicos e relacioná-los com experiências precoces da sexualidade infantil do paciente. Desse ponto de vista, a repetição poderia ser considerada também como uma via de acesso a conteúdos inconscientes que, se não eram passíveis de recordação, apontam para o fato de não terem sido anteriormente conscientes ou pré-conscientes.[20]

Acredito que reposicionar o lugar da repetição no manejo da situação analítica torna-se fundamental para promover a perlaboração, que não muda de definição em relação a sua introdução no pensamento freudiano de 1914. Tão importante quanto os princípios norteadores da técnica, seria o analista considerar o efeito no outro do enquadre utilizado. O destaque aqui parece ser o lugar e o momento em que as intervenções são propostas, o *modo* e o *ritmo* dessas passa a ser primordial.

Mais uma vez reitero, pois sabemos o final da história de Serguei, que minha pretensão foi levantar questões a respeito das intervenções feitas por Freud e Brunswick na análise que cada um realizou com Serguei para problematizar a importância, em conjunto das condições técnicas que fazem a perlaboração se tornar possível e desejável em um tratamento psicanalítico. Por isso, afirmei que a fixação de uma data, uma intervenção ativa, não favoreceu a perlaboração, aumentou as resistências e cristalizou a repetição de Serguei em torno de sua posição apática, os xingamentos

20 Destaque das reflexões técnicas de Ferenczi que serão apresentadas no capítulo seguinte.

e ataques feitos eram tentativas desesperadas de buscar uma atenuação de seu sofrimento. Contudo, traz curiosidade e pena o fato de que até o fim de sua vida Serguei achava risível e justo atribuir a Freud qualquer culpabilidade sobre o que lhe acontecera.[21]

Vale ressaltar que, após 1945 e durante o restante de sua vida, Serguei, agora chancelado como o "Homem dos Lobos", sempre esteve em um permanente estado melancólico. Ele ainda respondeu uma longa entrevista para uma jornalista de Viena, Karin Obholzer, publicado em 1980, sob o título "Conversas com o Homem dos Lobos". Nesse relato, sempre defendeu o talento primoroso de Freud, colocou-se contra o tratamento e o diagnóstico feitos por Brunswick, embora tenha declarado que a famosa cena primordial vista por ele, o coito *a tergo* entre seus pais, nunca havia acontecido, uma vez que na Rússia não era costumeiro as crianças dormirem no quarto de seus pais.

Independente de tudo isso, o Homem dos Lobos foi transformado em uma espécie de arquivo vivo da International Psychoanalytical Association, tornando-se, de uma maneira um tanto caricatural e triste, "símbolo, afinal, do caráter 'interminável' da análise freudiana" (Plon & Roudinesco, 1998, p. 564).

---

21 Concordo com a ideia de Mahony (1992, pp. 203-204) de que "Quaisquer que sejam as deficiências obtidas nas análises conduzidas por Freud e Brunswick . . . eu não creio que a terapia mais bem dirigida teria reabilitado suficientemente a organização psíquica gravemente imperfeita e a estrutura narcisista do Homem dos Lobos, ou o compensado pela falta de cuidado de seus pais em seus primeiros anos de vida".

Os métodos ativos e a (im)possibilidade da perlaboração?

O texto freudiano "Caminhos da terapia psicanalítica", de 1919, trabalho apresentado por Freud no Quinto Congresso Internacional de Psicanálise, realizado em Budapeste, nos dias 28 e 29 de setembro de 1918, pouco antes do fim da Primeira Guerra Mundial, pode ser encarado como uma enunciação e defesa de Freud a respeito da importância de alterações técnicas, com clara ênfase nos métodos ativos. Conforme vimos, Freud fez uso de uma intervenção ativa durante o tratamento de Serguei. Dessa maneira, dependendo das dificuldades encontradas na clínica, Freud (1919/2010) transmitiu uma mensagem para que os outros analistas pudessem, com uma certa cautela, promover uma certa variabilidade no enquadre clássico, conforme apresentado por ele nos "Artigos técnicos" (1911-1915).

Freud (1919/2010) reafirmou os fundamentos do método psicanalítico e fez indicações dos possíveis nortes do seu desenvolvimento, tendo em vista as dificuldades provenientes da própria prática clínica, já perceptíveis no final da década de 1910. Na citada publicação de 1919, ocorreu a formalização do chamado "princípio fundamental" e uma referência ao fato de que o tratamento psicanalítico seria realizado, na medida do possível, sob privação, em torno de um estado de abstinência. Notadamente o que Freud buscou manter e até aumentar na análise de Serguei. Freud (1919/2010) destacou que a técnica psicanalítica teve sua origem e desenvolvimento no tratamento da histeria e continua voltada para esta. Porém, outros quadros de sofrimento psíquico, como fobias e graves obsessões, exigiriam outra postura do analista no tratamento. Dessa forma, além da interpretação, por vezes, seria necessário haver uma certa atividade a ser feita pelo analista. Nesse momento, parece-me que Freud começou a tomar contato com a ideia de que, se as dificuldades técnicas não são as mesmas, provavelmente os recursos defensivos e as resistências não seriam de uma mesma natureza.

Nos momentos em que os tratamentos estivessem estagnados, seria necessário o analista adotar outra postura e incitar o sujeito a enfrentar o objeto de sua fobia e/ou neurose obsessiva para assim tirá-lo das trincheiras de sua resistência. Isso para que este pudesse retomar o fluxo associativo e, então, fazer o tratamento progredir. Até esse momento da obra freudiana, entendo que isso só ocorreria pelo incremento da tensão no sujeito por meio da intervenção ativa feita pelo analista.

> *A espera passiva parece ainda menos indicada nos casos severos de atos obsessivos, que em geral tendem a um processo de cura "assintótico", a um tratamento interminável, e em cuja análise há sempre o perigo de fazer vir à luz muitas coisas e nada mudar. (Freud, 1919/2010, p. 290)*

Nas considerações sobre a atividade, está presente a ideia de que o tratamento deve acontecer sob condições de privação, de abstinência. Temos aqui a reafirmação da ideia apresentada nos "Artigos técnicos", de uma busca pelo controle total das manifestações contratransferenciais. Haja vista que sempre haveria um risco do sujeito criar satisfações substitutivas, desviando uma parte de sua libido do tratamento.

A intervenção ativa seria uma maneira de barrar esse fluxo errôneo e a realocação dessa energia seria extremamente necessária para a produção de novos conteúdos psíquicos, principalmente recordações, ajudando na associação livre do sujeito. Compondo assim, idealmente, um cenário favorável para que a perlaboração tivesse condições de existência.

Um fato curioso que gostaria de sublinhar é que um dos objetivos de Freud com a apresentação desse trabalho no congresso da associação internacional seria indicar ao campo psicanalítico a importância e *especificidade* da nova variante técnica: a atividade. Modificação que, curiosamente, foi atribuída por esse campo exclusivamente a Ferenczi. A publicação do texto "Dificuldades técnicas de uma análise de histeria", também em 1919, é vista como um marco.

> *O desenvolvimento de nossa terapia tomará provavelmente outros caminhos, sobretudo aqueles que Ferenczi, no seu trabalho "Dificuldades técnicas de uma análise de histeria"*... caracterizou como "atividade" por parte do analista. *(Freud, 1919/2010, p. 284, grifo nosso)*

Na minha visão, quando Freud realizou um resgate dos princípios que estruturam o método psicanalítico, transferência, interpretação, resistência e abstinência, do analista, e recordação, associação e perlaboração, do sujeito, ele destacou a necessidade de os analistas atentarem para a nova contribuição técnica de Ferenczi. Contextualizando-a como um acréscimo importante para a manutenção da própria operatividade de uma situação analítica.

Contudo, vimos neste capítulo que o próprio Freud já tinha realizado uma intervenção dessa ordem com o Homem dos Lobos muito antes, sendo vista como a grande responsável pelo desfecho do caso. Tal orientação freudiana estaria vinculada à ideia de que a técnica psicanalítica não seria uma obra estática e finalizada, mas sim passível de mudanças em sua abordagem de acordo com os impasses e especificidades de cada encontro clínico. Há um tom provocador no texto freudiano ao indicar os possíveis caminhos que a clínica poderia percorrer, abrindo assim possibilidades de modificação na teoria da técnica, o processo, e no próprio enquadre também.

> *Mas devemos deixar o doente a lidar sozinho com as resistências que lhe foram apontadas? Não podemos lhes prestar outro auxílio senão o que ele experimenta com o estímulo da terapia? Não é natural ajudá-lo também de outra forma,* colocando-o na situação psíquica mais favorável para a desejada solução do conflito? *Pois o que ele pode alcançar depende de uma série de circunstâncias externas.* Devemos hesitar em interferir nessa constelação externa, modificando-a adequadamente? *(Freud, 1919/2010, p. 285, grifos nossos)*

É interessante a maneira como Freud apresentou e defendeu as ideias de Ferenczi. Uma vez que o psicanalista húngaro, em relação à teoria da técnica, é conhecido por atender os chamados pacientes difíceis, sendo que foi a partir da dificuldade encontrada em seus atendimentos que ele pensou, repensou e alterou a técnica psicanalítica. Em um primeiro tempo de sua conceituação técnica, Ferenczi (1919a, 1919b, 1921/2011) defendeu, num movimento de continuidade das proposições freudianas, que seria tarefa do analista identificar os caminhos divergentes por meio dos quais o sujeito canaliza sua libido recém-liberada. Seria característica de uma intervenção ativa assumir a forma oposta às satisfações substitutivas que o sujeito usufrui. Tal atividade do analista deveria ser feita, principalmente, quando as satisfações do sujeito surgem na relação transferencial, pois a possibilidade dessa satisfação ocorrer teria que ser interditada no tratamento.

Por essa razão Ferenczi (1919a, 1919b, 1921/2011) defendeu que somente a interpretação não seria eficaz para suplantar uma grande resistência e, para que a superação acontecesse, seria necessário expor o paciente a uma certa cota de angústia, perturbando assim alguns conteúdos recalcados aos quais a análise ainda não havia chegado, fomentando a recordação do sujeito. O resultado esperado seria uma redistribuição da energia psíquica do paciente, surgindo novos conteúdos a serem explorados e, possivelmente, perlaborados em análise.

Como vimos, na análise do Homem dos Lobos, o uso dessa variante técnica não provocou uma atenuação significativa no sofrimento dele. Por isso, afirmamos que imposições dessa natureza tendem a não facilitar a perlaboração. A partir de toda a problemática presente nesse caso, considero que a discussão do par transferência negativa e contratransferência ganha relevância para a constituição de uma situação analítica favorável, ao lado da necessidade de um reposicionamento da repetição no tratamento. Embora Freud tenha enunciado e discutido rapidamente algumas questões relativas à chamada técnica ativa, ele não voltou a esse tema.[22] As proposições técnicas de Ferenczi, partindo de suas

22 Houve uma breve menção em "Análise terminável e interminável" (1937a). Freud iniciou o texto com uma discussão sobre a efetividade da intervenção ativa realizada durante a análise de Serguei, disse que estabeleceu prazos em outras análises, destacou que uma medida dessa ordem não resolveria sozinha as dificuldades enfrentadas, contudo era um poderoso auxiliar. Chama nossa atenção a seguinte ressalva: "enquanto uma parte do material se tornará acessível sob a pressão da ameaça, outra parte permanecerá retida e, assim, como que enterrada, perdida para o esforço terapêutico" (Freud, 1937a/2019, p. 278). É curiosamente irônico que Freud fez uma tentativa de defender a possibilidade do uso de medidas ativas, reafirmando o bom desfecho que ela proporcionou ao caso do Homem dos Lobos, ao mesmo tempo que fez uma crítica à utilização delas, dizendo que a sua própria aplicação impede que conteúdos sejam conhecidos.

considerações sobre a técnica ativa, nos serão de grande valia para refletirmos a respeito de como o enquadre clínico se torna primordial para promover a perlaboração, nos dando elementos para articulá-la em seus diferentes modelos.

3. Como elaborar a presença de Ferenczi para a técnica psicanalítica?

Neste capítulo, apresentaremos o percurso técnico ferencziano tendo como referência o modo pelo qual o analista proporciona condições favoráveis para a perlaboração do sujeito. A partir das alterações técnicas propostas por Ferenczi, veremos que a perlaboração foi colocada como a condição primordial na efetividade de uma análise. Para Ferenczi, a perlaboração se dá em um processo mútuo de interação entre repetição e recordação, uma espécie de reconfiguração entre as formas primárias de satisfação ao integrar ao Eu partes anteriormente inconscientes.

Com base nas articulações técnicas ferenczianas referentes à técnica ativa, discutiremos como sua aplicação traz riscos para a temporalidade de uma análise e pode impedir a manifestação da transferência negativa. O resultado seria que a superação das resistências seria dificultada, impedindo a ocorrência da perlaboração. Veremos que foi pela ampla aplicação da técnica ativa ao lado do seu abandono que Ferenczi resgatou o valor da repetição no tratamento analítico.

Apontaremos que houve uma ênfase em conceber a situação analítica como uma experiência intersubjetiva. Para tanto a consideração da transferência negativa e da contratransferência passou a ser fundamental, constituindo elementos indispensáveis para uma discussão técnica dos novos modelos da perlaboração, pois fornecem as bases teóricas e técnicas para entendermos como essa matriz da elaboração psíquica pode ser dividida em três modelos diferentes.

As noções de empatia e de elasticidade da técnica consolidaram a implicação do analista no tratamento, fundamentando a importância da paciência e da tolerância do analista em relação ao tempo envolvido na perlaboração do sujeito. Demonstraremos como os aspectos intersubjetivos foram valorizados na condução do tratamento, fazendo com que o trabalho de perlaboração passasse a ser conjunto, construído a partir de uma experiência de troca de associações e percepções entre analista e sujeito.

Articulações ferenczianas sobre a técnica ativa

Contemporâneo à publicação freudiana "Caminhos da terapia psicanalítica", o texto de Ferenczi, "A técnica psicanalítica", de 1919, pode ser visto como um compêndio da técnica utilizada até então. Contudo, já houve nessa publicação ferencziana uma relativização em relação ao princípio da associação livre. Ele chamou atenção para o fato de o analista ficar igualmente atento tanto ao conteúdo das associações quanto à maneira que o paciente se comporta em análise. O que ajudaria o analista a perceber situações nas quais as associações do sujeito também seriam formas de resistência, uma vez que seu "excesso" impediria o contato com os motivos envolvidos em seu sofrimento.

Para tanto, o controle da contratransferência seria fundamental; sendo esse suficiente, o domínio do analista sobre seus sentimentos daria a ele bases seguras para supor se, em alguns casos, a delimitação do enquadre clínico com maior rigidez seria mais eficaz. Porém, o analista daria um passo a mais do que só o controle de sua contratransferência, ele interviria voluntariamente na montagem e na manutenção do enquadre, influenciando diretamente a relação terapêutica.

Ferenczi (1919a/2011) elencou duas ocasiões em que seriam exigidos do analista uma intervenção direta: (1) quando houvesse uma ameaça de vida do sujeito e uma decisão precisasse ser tomada que este não conseguiria fazer sozinho; e (2) diante de uma incapacidade fóbica para o sujeito realizar uma escolha. O esperado de uma intervenção dessa ordem seria que "graças às modificações dos investimentos afetivos que daí resultam, ter acesso ao material inconsciente até então inacessível" (Ferenczi, 1919a/2011, p. 414).

Mesmo que sob uma ótica de controle, houve um destaque da contratransferência como guia para o analista criar bases mais seguras para a realização de uma intervenção direta, pois os afetos percebidos por ele o ajudariam a entender melhor quem é o sujeito que está a sua frente. Embora iniciais, essas ideias já apontam para um possível momento no qual o analista percebe, simboliza e representa, primeiro para ele e, depois, para o sujeito, um campo de ação de intensidades.

Foi no texto "Dificuldades técnicas de uma análise de histeria", também de 1919, que Ferenczi discutiu sistematicamente a necessidade e a importância do uso da técnica ativa em algumas situações clínicas específicas. No início do texto, relatou que uma paciente histérica em análise com ele não apresentava nenhum progresso no tratamento e sua relativa melhora aconteceu devido ao impacto referente "à primeira transferência". Pressionado pelo não avanço de tal análise, recorreu "a uma medida extrema e *fixei um prazo para o tratamento*, esperando fornecer assim à paciente um motivo suficiente de trabalho" (Ferenczi, 1919b/2011, p. 1, grifo nosso).

Tal interferência foi a mesma que Freud utilizou com o Homem dos Lobos e com os mesmos objetivos: realizar uma intervenção direta para vencer as barreiras da resistência, criando a possibilidade para o surgimento de um novo material associativo. Diferente do relato clínico freudiano, o caso de Ferenczi teve outra direção, "Mesmo isso, porém, só trouxe uma ajuda provisória; a paciente recaiu rapidamente em sua inatividade habitual, que dissimulava sob o amor de transferência" (Ferenczi, 1919b/2011, p. 1). Ferenczi disse que ocorriam, em todas as sessões, declarações de amor de sua paciente; ela estava apaixonada por ele, em nada adiantava seus esforços para "fazê-la entender a natureza transferencial dos seus sentimentos e reconduzi-la aos objetos reais, mas inconscientes de seu afeto" (Ferenczi, 1919b/2011, p. 1). É possível notar que, em uma situação como esta, a perlaboração não encontra caminhos possíveis, resultando nas dificuldades encontradas por Ferenczi. Seria para possibilitá-la que as intervenções feitas por ele, e também por Freud, podem ser vistas como uma tentativa de provocar a perlaboração.

Ferenczi interrompeu o tratamento na data prevista, mesmo sabendo que sua paciente não estava no estado esperado para o encerramento da análise. Após alguns meses, ela retornou profundamente desanimada, com os mesmos sintomas de antes, ainda mais intensos. Ele concedeu à demanda dela, voltando a atendê-la. De forma similar ao primeiro momento da análise, Ferenczi notou que sua paciente, após uma pequena melhora, apresentou novamente o mesmo refúgio, visto como resistência, no amor transferencial. Desta vez, segundo ele, fatores externos foram os responsáveis pelo fim desse segundo tempo da análise. A mesma paciente voltou mais uma vez, porém o tratamento não conseguiu ir além dos momentos anteriores.

No decorrer das fantasias amorosas relatadas pela paciente em questão, Ferenczi notou que ela mantinha as pernas cruzadas durante as sessões. Ele disse que tentou abordar a temática do onanismo, mas não obteve nenhum retorno. A partir daí, fez uma intervenção que se tornou o exemplo clássico do uso da técnica ativa: "Devo confessar que precisei de muito tempo . . . para pensar em proibir à paciente essa postura" (Ferenczi, 1919b/2011, p. 2).

A justificativa para esse posicionamento foi que a movimentação das pernas de sua paciente era uma forma larvada de masturbação, deixando que uma importante parte da libido fosse desviada do tratamento e por isso apenas conteúdos associativos sem importância eram falados por ela. Essa intervenção clínica ordenava à paciente não mais cruzar as pernas durante as sessões e teria como meta barrar uma resistência que, supunha Ferenczi, ajudava na contenção de conteúdos inconscientes importantes ao tratamento. A ideia era que a imposição liberaria o represamento de uma parte importante da libido, antes retida pela resistência, com isso haveria a produção de alguma associação relacionada com as principais causas do sofrimento de sua paciente.

O efeito de tal intervenção foi classificado por Ferenczi (1919b/2011) como fulminante; ele passou a relatar a riqueza do material associativo que começou a ser produzido em análise, estado bem diferente da anterior estagnação habitual. Tal fato marcou uma melhora, entretanto, não muito alinhado com o que era esperado; ela

> parecia acomodar-se a essa forma de abstinência *e instalar-se de modo confortável nesse estágio do conhecimento. Em outras palavras, ela deixou de novo de*

> *trabalhar e refugiou-se no bastião do amor de transferência. (Ferenczi, 1919b/2011, p. 2, grifo nosso)*

Ele estava disposto a fazer sua paciente retomar o estado anterior de produção associativa frutífera; para tanto estava convencido da importância de barrar, agora por completo, a satisfação autoerótica de sua paciente. Notou que ela obedecia à regra imposta por ele apenas durante as sessões. Ele a proibiu de realizar todas as formas de onanismo, acreditando que os atos sintomáticos seriam compatíveis com tais práticas. Esperava, com isso, que o resultado deste novo ato seria uma maior riqueza de material inconsciente para ser trabalhado em análise. Foi nesse contexto que vários sintomas histéricos foram parcialmente elucidados, sendo interpretados por ele a partir das fantasias e lembranças genitais de sua paciente, que só se manifestaram pela nova interdição completa da masturbação. Alertou que tal direção clínica seria tomada somente nos casos considerados difíceis, tendo como alvo fazer com que o sujeito produza associações a respeito de seus modos de satisfação inconscientes. Havia a ideia de que, ao interditar o escoamento de um desejo inconsciente, ocorreria o surgimento de novas representações correlatas a ele que eram desconhecidas.

Ferenczi (1919b/2011) defendeu que o uso da técnica ativa permitiu a sua paciente superar algumas resistências que impediam a continuidade do tratamento, resguardando que tal intervenção era apenas uma medida provisória que serviria para promover a continuidade da análise. Foi diante de momentos de estagnação no processo clínico que Ferenczi, claramente inspirado pelas proposições freudianas de 1919, se viu obrigado a

> abandonar o papel passivo *que o psicanalista desempenha habitualmente no tratamento, quando se limita a escutar e a interpretar as associações do paciente, e*

> *ajudei a paciente a ultrapassar os pontos mortos do trabalho analítico intervindo ativamente em seus mecanismos psíquicos. (Ferenczi, 1919b/2011, p. 7, grifo nosso)*

Segundo Pinheiro (1996), foi a primeira vez que Ferenczi articulou a noção de *conforto do analista*. Já nesse momento das reflexões ferenczianas, estaria presente a ideia de que a técnica analítica deveria ser modificada, adaptada e desenvolvida em função da necessidade e, principalmente, das dificuldades encontradas durante a prática clínica.

De modo análogo, aponto, a posição do sujeito também passou a ser problematizada tendo como norte a manutenção do princípio de abstinência. Em termos econômicos, não deveria ser permitido que houvesse escoamento de prazer. A conclusão foi simples: se uma cota de energia psíquica estava se desviando do tratamento, a regra da abstinência não estava sendo respeitada e alguma intervenção deveria ser feita pelo analista para evitar que isso acontecesse. Logo, a técnica ativa visava uma interdição sobre uma parcela do prazer do sujeito que era escoado durante o tratamento. Ao realizar a intervenção direta, ocorreria uma mudança no registro econômico do psiquismo do sujeito; o alvo era o desligamento de afetos com certas representações equivocadas, fazendo com que "as valências no princípio não saturadas desses afetos que passaram a flutuar livremente atraiam . . . as representações que lhes são qualitativamente adequadas e historicamente correspondentes" (Ferenczi, 1919b/2011, p. 7). Representações recalcadas poderiam retornar à consciência mediante associações e recordações do sujeito, uma vez que as vias habituais de escoamento da excitação foram barradas e o investimento do pré-consciente liberado. Balint (1966/1976) resume assim a variante técnica freudiana aplicada e desenvolvida por Ferenczi:

> *esperava que uma intervenção feliz do analista pudesse produzir um aumento considerável de tensão no paciente e que isso, por sua vez, pudesse produzir dois resultados: o retorno à consciência de um impulso ou desejo instintual até aqui reprimido, mudando um sintoma desagradável em satisfação agradável, e, desse modo, reforçando e ampliando o poder do ego do paciente; além disso, afastando as resistências, faria recomeçar o fluxo das associações estagnadas ou esgotadas do paciente. (Balint, 1966/1976, p. 20)*

Conforme já apresentamos, Freud seria o *inventor* do protótipo da intitulada técnica ativa. Para Ferenczi, a aplicação dessa técnica já ocorria nos casos clínicos freudianos iniciais, conforme apresentado na "Comunicação Preliminar" (1893a). Naquela ocasião, era exigido das pacientes o enfrentamento direto das situações conflituosas, a técnica da pressão na testa seria um exemplo claro disso.

No texto "Prolongamentos da técnica ativa em psicanálise", de 1921, Ferenczi detalhou quais seriam as especificidades dessa técnica e fez uma discussão das principais indicações dela nos tratamentos psicanalíticos, reiterando que sua aplicação não teria como objetivo substituir ou modificar os fundamentos da técnica psicanalítica, principalmente a regra fundamental, a associação livre. O objetivo da técnica ativa era auxiliar aqueles que justamente não conseguem se beneficiar da associação livre. Ferenczi endossou o argumento freudiano de que tal alteração foi proposta para promover o surgimento de conteúdos inconscientes no tratamento. Os casos mais indicados para seu uso seriam fobias, obsessões graves e histerias de angústia.[1]

1 "Nessa situação delicada, um conselho que me foi dado verbalmente pelo

A técnica ativa foi colocada no âmbito da realização de *certas ações desagradáveis* por parte do sujeito; seria uma tarefa imposta pelo analista que vai além da aparente passividade presente no estabelecimento e na manutenção da associação livre. O caráter desagradável seria configurado pela renúncia de ações consideradas prazerosas. Quando o sujeito tinha suas vias de escoamento pulsional proibidas pelo analista, era esperado que

> *as moções psíquicas despertadas encontraram o caminho do material psíquico recalcado desde longa data e das lembranças infantis, sem que o analista teve que interpretá-las como a repetição de algo infantil e reconstruir os detalhes e as circunstâncias dos eventos infantis com a ajuda do material analítico fornecido por outros meios (sonhos, associações etc.). (Ferenczi, 1921/2011, p. 124)*

Como efeito, Ferenczi evidenciou que a posição do analista não seria apenas ocupada por um lugar de escuta, afinal, como e de que lugar se escuta? Houve o reconhecimento de que o modelo interpretativo de que a psicanálise dispunha até o presente momento não conseguia lidar com as estagnações dos tratamentos em alguns casos, principalmente pacientes com muita dificuldade em realizar associações. Ferenczi buscava fazer o sujeito "sentir na carne", no aqui e agora do espaço analítico, algo do conflito inconsciente que não conseguia encontrar trilhas associativas somente pela via entre representações e afetos. Relatando um outro caso, disse "ela não

---

professor Freud tirou-me de apuros. Nas neuroses de transferência, disse-me ele, deve-se convidar os pacientes, ao cabo de um certo tempo, a renunciar às suas inibições fóbicas e a enfrentar precisamente o que suscita angústia neles" (Ferenczi, 1919c/2011, p. 10).

podia negar, nem para si mesma nem para o médico, que acabara de experimentar *agora* essas presumidas atividades e sentir os afetos correspondentes" (Ferenczi, 1921/2011, p. 124).

Bokanowski (2000), Giampieri-Deutsch (1996), Haynal (1995) e Pinheiro (1995) apontam a sensibilidade de Ferenczi em tentar abarcar a dificuldade que seus pacientes tinham em expressar a transferência negativa, em conjunto com afetos de desprazer. Inicialmente, supunha que a técnica ativa auxiliaria nessa experiência. Haja vista que ele precisou lidar com sintomas que, até o momento, eram pouco discutidos pelos analistas na época, tais como tiques e traços de caráter estanques. Ferenczi acreditava que tais sintomas ficavam restritos ao plano corpóreo, canalizando a libido, tornando inócua qualquer interpretação ou construção. O uso da técnica ativa criaria condições para o surgimento de um conteúdo que possibilitaria o trabalho analítico. Haja vista que a dinâmica pulsional não estaria conectada ao sistema representacional, esta seria a razão pela qual não surtia efeito interpretar. Era preciso equilibrar a balança neste jogo energético.

Uma das especificidades desta proposição técnica seria a importância conferida por Ferenczi à repetição. Tanto Freud, principalmente no caso do Homem dos Lobos, quanto Ferenczi (1919a/2011, 1919b/2011, 1919c/2011, 1919d/2011) notaram que a simples decifração e interpretação do recalcado era inócua, exigindo do analista um *ato* que buscasse incidir sobre o registro da compulsão à repetição.

Segundo Lorand (1966), Ferenczi nada mais fez do que colocar em cena aquilo que ele e outros analistas da época praticavam nos momentos de dificuldade e estagnação em algumas análises. As principais questões técnicas giravam em torno de como receber e responder às manifestações transferenciais negativas para, a partir daí, manter uma relação transferencial estável que permitisse lidar com a presença de um caráter da repetição visto como prejudicial ao tratamento.[2]

> *Na virada dos anos 1920, Ferenczi, acompanhando Freud, percebe o alcance do caráter demoníaco da* compulsão à repetição. *Ela acarreta o lento desaparecimento de muitos tratamentos, ela é a causa de muitos fracassos. A cura do "Homem dos lobos" aí está para lembrar isto. Desde esta época, aqueles que, em análise, não desenvolvem uma neurose de transferência verdadeira, mas oscilam, mais frequentemente, entre uma psiconeurose de transferência aparentemente analisável e uma neurose narcísica inanalisável, mergulham os analistas em "abismos" de perplexidade. (Bokanowski, 2000, p. 66, grifo do original)*

Para Ferenczi, o objetivo esperado do tratamento continuava o mesmo: possibilitar ao sujeito, pela superação das resistências, um trabalho com os afetos sem ligação com a representação original, diminuindo o conflito. A novidade é que a recordação deixaria de ser o único caminho. Vale frisar que, durante o período em que Ferenczi desenvolveu a técnica ativa, suas reflexões clínicas estavam alinhadas com várias concepções freudianas. Principalmente na ideia de que o trauma era produzido por conflitos entre as pulsões e as fantasias relacionadas ao Complexo de Édipo. Trilhando esse caminho, Ferenczi acreditava que, ao interferir no alvo das pulsões, a libido que estava investida nos sintomas seria redirecionada, promovendo um novo fluxo energético no aparelho psíquico, abordado nessa pesquisa em torno da elaboração associativa e da perlaboração.

---

2 Por exemplo, Abraham (1919).

Tanto em "A técnica psicanalítica" quanto em "Dificuldades técnicas de uma análise de histeria", ambos de 1919, Ferenczi levantou questões relacionadas com a natureza das resistências, tanto as do sujeito quanto do analista, e destacou que a associação livre e a atenção flutuante poderiam estar a serviço das resistências em análise. Então, supôs que o analista sairia de uma *receptividade passiva* ao propor ao paciente uma experiência de frustração, interdição de um gesto ou de um comportamento, buscando assegurar que a satisfação substitutiva fosse barrada, alcançando o conteúdo recalcado relacionado a certa experiência passada. Em alguns casos, o esgotamento e o caráter estéril das associações, pontua Balint (1966/1976), eram explicados por uma retração da libido do trabalho analítico em nome das fantasias ao lado das satisfações corporais inconscientes.

Conforme Freud colocou em 1914, a *compulsão à repetição* é inevitável em qualquer análise, sendo que o paciente repete no tratamento alguns fragmentos inacessíveis pela recordação, reproduzindo-os na relação transferencial. Caberia ao analista considerar tal repetição também como a manifestação de conteúdos inconscientes, ou seja, uma outra forma de comunicação. Ferenczi, com o refinamento e a exposição clara acerca da técnica ativa, pretendia superar as resistências que impediam a recordação. O que só aconteceu, segundo Haynal (1995), quando Ferenczi conferiu maior crédito à atitude dele próprio diante do paciente, lidando com e a partir da contratransferência.

Portanto, tratava-se de transformar, por meio das intervenções diretas, a tendência para a repetição em recordação, possibilitando a perlaboração e, posteriormente, levando a admissão afetiva do que era vivido na situação analítica pela elaboração associativa dos conteúdos representacionais desvelados. Até esse momento, Ferenczi não estava em nada distante das concepções do enquadre clássico. Com o uso da técnica ativa, Ferenczi,[3] Freud e vários dos analistas do início da década de 1920, em minha visão, pretendiam *fomentar* ou *provocar* a perlaboração, criando um mecanismo técnico que ajudasse o sujeito a superar os entraves colocados pela extrema angústia ou fobia, transpondo assim as barreiras da resistência.

Sabourin (1988) argumenta que uma intervenção ativa funcionaria em oposição ao princípio de prazer, uma vez que o alvo dela seria comportamentos e atos que antes passavam como despercebidos e inofensivos. Porém, esses seriam os responsáveis por um *refúgio da libido* e justamente essa parcela libidinal necessitava ser liberada pela técnica ativa. Ao alternar injunção e proibição, a abstinência do tratamento estaria mantida em seu mais alto nível. A técnica ativa acentuou a regra de abstinência formulada por Freud em 1915, no texto "Observações sobre o amor transferencial", no qual a afirmação de que uma análise deva ser conduzida sob um estado de privação é categórica.

Ferenczi (1921/2011) ainda apontou algumas contraindicações a respeito da aplicação da técnica ativa, dizendo que seu uso é muito prejudicial no começo de uma análise, pois o sujeito teria, primeiramente, que se habituar com a associação livre. Em um primeiro momento, o analista deveria ficar o mais reservado possível para não interferir no estabelecimento espontâneo da transferência. No decorrer do tratamento, sempre dependendo do caso ou da dificuldade encontrada, a técnica ativa poderia se tornar válida ou até mesmo imprescindível. Porém, só deveria ser aplicada se o analista tivesse sinais aparentes e prováveis da *solidez* da relação transferencial. As melhores condições para o uso dessa técnica ficariam restritas ao final de uma análise, já que seria raro um tratamento

3 Ver Ferenczi (1919d/2011).

terminar sem intervenções mais diretas da parte do analista ou até mesmo para não prolongar demais sua duração.

Tal técnica poderia ser chamada de psicanalítica apenas quando não é utilizada como um fim, mas sim como meio de investigação das representações recalcadas. Se tal observação não fosse levada em consideração, a análise correria dois perigos: o primeiro é que o tratamento seria concluído rápido demais e, consequentemente, de modo incompleto; o segundo é que ele poderia se prolongar indefinidamente devido a uma exacerbação do enfrentamento das resistências.[4]

Ferenczi (1921/2011) ainda se preocupou em tecer algumas considerações a respeito da possível confusão que pode ser feita ao comparar a técnica ativa com a sugestão ou a ab-reação catártica. Essa nova proposição técnica seria diferente de práticas sugestivas na medida que o analista não exerceria nenhuma influência sobre a direção do que será produzido após a sua intervenção, deixando a análise seguir um fluxo inesperado, não podendo prever nenhum resultado, pois ao ser fomentado

> *o que está inibido e inibimos o que não o está, esperamos somente provocar uma nova distribuição da energia psíquica do paciente (em primeiro lugar, de sua energia libidinal), suscetível de favorecer a emergência do material recalcado. (Ferenczi, 1921/2011, p. 132)*

O analista não saberia ou não controlaria em que consistiria esse material. Por seu turno, como vimos anteriormente, o método catártico tinha como objetivo despertar algumas lembranças e isso por si só seria o responsável pela ab-reação dos afetos

4 O que poderia deixar o sujeito eternamente ligado à figura do analista, o que parece que ocorreu com o Homem dos Lobos.

e o consequente desentrave da elaboração associativa. De modo contrário, a técnica ativa impõe ao paciente a realização de certas atividades, proíbe outras, ocasionando uma descarga afetiva, com isso o acesso à representações recalcadas aconteceria e resistências seriam superadas.

No âmbito econômico, a técnica ativa[5] operaria via desligamento libidinal. Ela teria o papel de agente provocador, sendo que as injunções e as interdições feitas pelo analista incidem diretamente como uma espécie de catalisador (cf. Honda, 2018, p. 114) na superação de resistências. Já na esfera dinâmica, Ferenczi acreditava que as expressões afetivas e os atos motores impostos pela atividade fariam emergir recordações, por causa da redistribuição da libido. Despertar uma recordação seria acompanhado de uma reação afetiva que, por sua vez, faria surgir representações inconscientes ligadas ao afeto recentemente expresso, via repetição. Por isso, "A técnica ativa não tem outra finalidade senão revelar, pela ação, certas tendências ainda latentes para a repetição e ajudar assim a terapêutica a obter esse triunfo um pouco mais depressa do que antes" (Ferenczi, 1921/2011, p. 135).

Mesmo havendo abalos e intromissões na relação transferencial, Ferenczi defendia que o trabalho analítico seria possível. Aponto que tais ideias estão de acordo com o modelo de resistência do Eu de 1914. O incremento da atividade, acreditavam Freud e Ferenczi, possibilitaria um elo de ligação entre o que era repetido e as associações feitas a partir daí. Vale lembrar que a resistência é o símbolo e a expressão da força do recalque e o agente do ato

5 Conforme ressalta Pinheiro (1995), a técnica ativa também permitiu a Ferenczi ter acesso ao modo como o sujeito incorpora a figura do agressor, por meio da aceitação e da sujeição das imposições feitas a ele pelo analista, derivando daí toda a problemática do desmentido em seu pensamento e incidência dela na clínica. Fator que desempenhou um papel de extrema relevância nas articulações ferenczianas a respeito do trauma.

defensivo é o Eu. Porém, acreditava que, ao fazer uso da técnica ativa, a perlaboração teria dificuldades de acontecer pelo bloqueio na vivência do conflito, até porque não é pela simples recriação dele que resistências seriam superadas[6] e um sentido do que foi recordado e repetido seria criado, ao contrário, os riscos de dependência do sujeito em relação ao analista seriam aumentados.

Em "As fantasias provocadas", de 1924, Ferenczi alertou para o fato de que, por vezes, alguns pacientes abusavam da liberdade de associar, o que chamou de "desconversar" (cf. Ferenczi, 1924a/2011, p. 261). Diante disso, a técnica ativa seria uma ferramenta auxiliar para remover o paciente de mais uma forma de resistência, manifesta na e pela fala do sujeito, que continha um tipo específico de dificuldade: uma pobre produção de fantasias, como se experiências não tivessem deixado nenhuma marca significativa ou até mesmo ocasiões nas quais, comumente, haveria uma reação mais intensa, de tristeza, alegria, excitação erótica, angústia, nada acontecia. Diante desse cenário vazio, Ferenczi viu mais uma possibilidade de aplicação da técnica ativa: "não hesito em pedir aos pacientes que busquem as reações adequadas e, se obstinam em dizer que nada lhes acode ao espírito, ordeno-lhes abertamente que as imaginem" (Ferenczi, 1924a/2011, p. 263). O que era produzido a partir do incentivo para imaginar uma possível reação adequada seriam as fantasias provocadas:

> *Assim desarmada a sua resistência intelectual, o paciente . . ., pouco a pouco, . . . vai se animando, suas sensações fantasísticas "fabricadas" tornam-se mais*

6 É fato que uma afirmação dessa ordem só é possível de ser aludida nesse momento porque sabemos das articulações técnicas que Ferenczi fez em seu percurso enquanto analista, que trabalharemos na sequência. Os apontamentos finais do capítulo anterior também nos ajudam a embasar essas ideias.

> *variadas, mais vivas e mais ricas. E, finalmente, deixa de poder considerá-las com um olhar frio e objetivo, sua imaginação ganha "embalo", e aconteceu-me . . . ver esse gênero de fantasia "inventada" desembocar numa vivência de intensidade quase alucinatória, acompanhada de quase todos os sinais manifestos de angústia, de cólera ou de excitação erótica, segundo o conteúdo da fantasia. (Ferenczi, 1924a/2011, p. 263)*

Ferenczi pontuou o valor analítico de tais fantasias; elas forneceriam a comprovação de que o sujeito é capaz de tais produções psíquicas e, principalmente, apontariam mais um meio para acessar representações recalcadas. Temos mais um componente na atividade do analista: colocar alguns pacientes em contato com algo que supostamente teria sentido, pensado ou imaginado em uma determinada experiência. De modo semelhante às injunções e às proibições, a partir das fantasias provocadas, seriam revividas na relação transferencial intensidades relacionadas com as representações recalcadas.

Essa "provocação fantasística" só seria justificável no período final do tratamento, sendo impossível determinar quais fantasias o analista suscitaria em seu paciente. Isso porque a relação transferencial orientaria tal produção, o analista apenas incitaria esse movimento. As fantasias incitadas por Ferenczi balizavam-se em três eixos: (1) de transferência negativas e positivas, (2) relativas a lembranças infantis e (3) masturbatórias. Da mesma forma que as injunções e proibições, sugestões de fantasias não contextualizadas com a situação analítica poderiam prolongar demais o tratamento, justamente o objetivo contrário de sua utilização, ou até mesmo produzir uma grande adesividade transferencial do sujeito com a figura do analista. Pelo contrário, deveria ser utilizada para desfazer a transferência do sujeito, favorecendo o conhecimento e expressão de sua transferência negativa.

> *É indispensável, portanto, possuir uma grande experiência de análises "não ativas" e de fantasias não provocadas antes que o analista se permita uma intervenção desse gênero – sempre arriscada – sobre a espontaneidade das associações do paciente. (Ferenczi, 1924a/2011, p. 268)*

Gostaria de adicionar que, no critério de escolha a respeito de qual fantasia incitar o sujeito a produzir, o analista deveria estar atento à dinâmica da relação transferencial, o que inclui o modo como ele a conduzia, pois seria a partir dos sentimentos incitados nele pelo sujeito que uma sugestão dessa magnitude era realizada. Vemos Ferenczi começar a discutir, mesmo que esse tema não seja o fio condutor desse texto de 1924, o uso que o analista tem que fazer da contratransferência para favorecer a análise.

Estendendo o argumento freudiano, Ferenczi começou a alertar para o fato de que a simples atividade interpretativa era ineficaz durante o prosseguimento de algumas análises, pois certas parcelas libidinais do sujeito estariam presas em um mesmo circuito. Discutindo as razões envolvidas em estagnações ferrenhas, já em 1921, Ferenczi chamou atenção para a ideia de que, pelo uso da técnica ativa, notou que alguns pacientes expressavam conteúdos infantis inconscientes que nunca teriam sido conscientes ou pré-conscientes anteriormente, sendo oriundos de fases infantis anteriores ao início da linguagem verbal.

> *Também pode acontecer que certos conteúdos psíquicos inconscientemente patogênicos, datando da primeira*

> *infância, que nunca foram conscientes (ou pré-conscientes), mas provêm do período dos "gestos incoordenados" ou dos "gestos mágicos", portanto da época anterior à compreensão verbal, não possam ser rememorados mas somente* revividos *no sentido da repetição freudiana. (Ferenczi, 1921/2011, p. 135, grifo do original)*

Essa citação contém a ideia de que haveria a existência de outros domínios psíquicos além dos contidos pelo Sistema Inconsciente, conforme concebido pela primeira tópica ao aparelho psíquico freudiana. Houve uma certa antecipação ou ao menos uma contribuição, de acordo com Honda (2018), de Ferenczi para com as novas articulações metapsicológicas de Freud em 1923, na reformulação da teoria do aparelho psíquico proposta em "O Eu e o Id". Haja vista que o principal ponto de discussão da publicação freudiana de 1923 foi a introdução de uma noção de inconsciente para além do recalcado. Antes de continuar com as proposições ferenczianas, vale retomar a noção de inconsciente formulada na primeira tópica freudiana. Ela abarcou o inconsciente como um sistema, sendo que seu núcleo era formado por conteúdos recalcados por meio do recalque original (*Uverdrängung*). Este seria o acontecimento que inauguraria a separação entre o que seria da alçada do consciente e do inconsciente. O núcleo inconsciente gerado pelo recalque original forneceria as bases para os recalques posteriores, já que prescinde de uma combinação entre a ação do recalque por parte do Eu e a força de atração exercida pelo núcleo inconsciente original em conjunto com seus derivados (cf. Freud, 1915b/2010). Dessa forma, o conceito de Inconsciente como sistema, durante a primeira tópica, é um conjunto de conteúdos recalcados que, antes de sofrerem a ação defensiva, teriam feito parte dos domínios da consciência, tendo sido, portanto, conscientes ou pré-conscientes.

No pensamento de Ferenczi, conforme revelado pelas explorações com a técnica ativa, alguns conteúdos psíquicos não teriam sido conscientes ou pré-conscientes em nenhum momento. O que significa, segundo Honda (2018), um questionamento da reciprocidade no pareamento entre um afeto e sua representação correspondente, que até então sempre havia sido consciente ou pré-consciente anteriormente.

Desde 1891, em "Sobre a concepção das afasias", Freud fez a distinção entre representação de objeto e representação de palavra, mas foi apenas em 1915, em "O inconsciente", que ele retomou essa ideia para explicar os efeitos do recalque e, consequentemente, a diferença entre uma representação inconsciente e uma consciente ou pré-consciente. O recalque retiraria da carga afetiva um componente linguístico, a representação de palavra, fundamental para haver a expressão psíquica pré-consciente ou consciente. Seria por meio da fala que Freud (1915c/2010) entendeu que a representação consciente e pré-consciente são formadas pela representação de coisa ligada à representação de palavra correspondente. Já uma representação inconsciente seria formada somente pela representação de coisa.

Pontuaremos brevemente o lugar do afeto aqui. Já vimos anteriormente nesta pesquisa[7] que, ao ser separado da representação original, o afeto não fica livre no psiquismo. Quando acontece a separação, haveria um incremento da angústia e, para diminuir o desprazer, ocorre a demanda de outra ligação a uma representação de palavra. Desde 1894, Freud usou esta dinâmica entre representação e afeto para explicar as diferentes psiconeuroses, sempre a partir do balanço excitatório. Green (1998) considera que no texto "O recalque" (1915b/2010), Freud fez uma diferenciação importante em relação ao afeto. Antes de sofrer a ação do mecanismo

7 No Capítulo 1.

do recalque, a carga de afeto não seria passível de discriminação em um nível pulsional, representação e afeto estariam misturados. A atuação do recalque, ao manter a representação original no inconsciente, tem como efeito colateral a transformação do afeto que anteriormente estava ligado em sensação de desprazer, produzindo uma carga aflitiva, angústia. O recalque seria o que estabelece a fronteira entre o que é da ordem do afeto e da representação, deixando o afeto como traço, e é com ele que o tratamento teria que lidar, uma vez que só a representação de palavra não abarcaria o sentido do que é vivido, pois seria do

> *encontro entre as experiências vindas do corpo periférico e da memória dinamizada dos objetos que trouxeram satisfação, vai nascer a diferenciação entre o representante-representação de objeto e o afeto, resultado da elaboração psíquica. (Green, 1998, pp. 426-427)*

Ao falar da repetição de conteúdos vindos da primeira infância, resultantes da aplicação da técnica ativa, Ferenczi (1921/2011) os concebeu como eventos de uma fase anterior à linguagem verbal, portanto sem representação de palavra anterior. No texto freudiano "O inconsciente" (1915c/2010) havia a ideia de um Sistema Inconsciente organizado e estruturado, mas que não conseguia abarcar as constatações vindas da clínica, tanto de Ferenczi quanto de Freud. Honda (2018) aponta que haveria um problema aqui, pois como seria possível conceber os eventos aludidos por Ferenczi com a noção freudiana de representação de palavra? Para responder a essa questão, foi necessária uma ampliação das bases da metapsicologia.

Diante desses impasses, dois caminhos foram trilhados, um por Freud e outro por Ferenczi. Tanto Barande (1996) quanto Avello (2006) defendem a ideia de que Freud buscou respostas no funcionamento psíquico do sujeito, levando-o a reformular a teoria das pulsões em 1920 e, depois, propor a segunda tópica do aparelho psíquico em 1923. Por sua vez, Ferenczi focou, em grande parte, a teoria da técnica, principalmente na questão da contratransferência e da problematização da formação de novos analistas. A publicação conjunta com Otto Rank,[8] "Perspectivas da psicanálise", de 1924, contém críticas quanto à rigidez de certas regras psicanalíticas e também questiona a condução de um tratamento focado apenas na recordação e na interpretação, desconsiderando a repetição.

Ao lidar com casos de fobia, histerias de angústia e obsessões graves, é possível apreender, pelas articulações ferenczianas de 1921, que algumas cargas afetivas não teriam tido tempo ou condições mais favoráveis para que associações fossem estabelecidas com representações de palavra, próprias do consciente/pré-consciente. Logo, acredito que o modelo de resistência com base no recalcado e, consequentemente, a metapsicologia da perlaboração apresentada em 1914 precisariam ser reformulados. Mesmo que não discutida por Ferenczi, não é mais a resistência do recalcado que começou a aparecer nas reflexões que fez a partir de 1924. Haja vista que a perlaboração foi apresentada em 1914 por Freud como o trabalho que superava resistências por meio da recordação do material recalcado. Porém, seguindo as ideias ferenczianas, certas cargas afetivas não teriam uma representação pré-consciente investida de modo suficiente, tornando impossível recordar algo que não fora encadeado anteriormente.

8 Curiosamente, em 1926, Ferenczi atribuiu a Rank o advento da técnica ativa: "Todos sabem que o meu amigo Rank é quem está na origem dessa proposição que aceitei sem reservas em virtude do seu extraordinário resultado e cujo emprego recomendei que se generalizasse num trabalho que redigimos em comum" (Ferenczi, 1926/2011, pp. 404-405).

Neste contexto, mesmo que a técnica ativa produzisse conteúdos, esses não teriam condições de serem integrados pelo Eu, já que não houve um investimento precedente, faltariam representações de palavra, o que seria o motivo da baixa capacidade associativa e fantasística dos pacientes apresentados por Ferenczi em seus textos. Os apontamentos de Honda (2018, p. 114) são úteis para nossa argumentação:

> *Afinal, sabemos desde Freud que a resistência não seria senão a expressão da persistência da força repressora, cujo agente, em ambos os casos é o próprio eu. Ou seja, excetuado o risco e avassalamento interno e surto sintomático, qual poderia ser a fonte de reforço interno necessário para dar conta desse retorno catalisado do reprimido senão a própria dependência do paciente quanto à relação transferencial. E, nesse caso, disporia o Eu de recursos suficientes para sustentar o trabalho de elaboração psíquica do material, por assim dizer, extraído a fórceps de seu estado inconsciente?*

Foi pensando em quais seriam tais recursos que Ferenczi retomou o valor da repetição em análise e passou a criticar o uso da técnica ativa. A necessidade e o papel da perlaboração não mudam, é ela quem opera uma transformação interna pelo rearranjo de forças psíquico, mas, diante dos questionamentos metapsicológicos e impasses clínicos levantados, seu modelo único de 1914 precisa ser revisto.

Inicialmente, vamos discutir as propostas técnicas ferenczianas e, depois, a partir da segunda tópica do aparelho psíquico freudiano, teremos as bases para apresentar as resistências do Id e do Super-eu. Realizaremos um cruzamento dos diferentes caminhos tomados por Freud e Ferenczi para ter os elementos necessários na apresentação de dois novos modelos de perlaboração, do Id e do Super-eu.[9]

Da parte freudiana, podemos dizer que, se a resistência foi diferenciada em três categorias, é possível pensarmos em três diferentes tipos de situações transferenciais nas quais a perlaboração ocorre, porém muda de natureza à medida que um ou outro tipo de resistência estaria presente. Consequentemente, o enquadre clínico precisaria ser alterado, questões amplamente trabalhadas por Ferenczi, exigindo uma maior atenção à intersubjetividade da situação analítica, discutida em torno da contratransferência e da transferência negativa.

Problematizando o posicionamento do analista: por uma flexibilização da técnica

No texto "As fantasias provocadas", Ferenczi (1924a/2011) buscou formular uma explicação metapsicológica para a baixa produção de fantasias de alguns pacientes. Suas reflexões clínicas o conduziram ao entendimento de que, na constituição do sofrimento do sujeito, haveria experiências oriundas da primeira infância não associadas aos registros consciente/pré-consciente, "As fantasias da criança bem-educada demais encontram-se, por sua parte, sob o efeito imediato do 'recalcamento primário' (*Uverdrängung*), mesmo antes de se tornarem conscientes" (Ferenczi, 1924a/2011, pp. 268-269).

O recalque original é o processo primordial, não necessariamente um acontecimento único, que instaura a separação entre consciente, pré-consciente e inconsciente. A respeito das fantasias infantis, devido à precocidade da experiência e da incidência do

9 Vale relembrar que em 1926, em "Inibição, sintoma e angústia", Freud apresentou três categorias de resistência, relacionadas ao Eu, Id e Super-eu.

recalque, essas fantasias deixaram de ser associadas pré-consciente ou conscientemente, não contando, portanto, com representações de palavra. O consciente/pré-consciente foi concebido como um sistema que é constituído a partir do contato com a realidade externa, e esse sistema é um dos representantes dessa no aparelho psíquico. Logo, as fantasias que prontamente sofreram a atuação do recalque não contaram com um apoio suficiente da realidade externa, pois as cargas afetivas correspondentes não tiveram as condições adequadas para serem associadas com as representações de palavra próprias do consciente/pré-consciente, denotando uma falha no processo de simbolização.

No nível metapsicológico, segundo Honda (2018), o efeito dessa falta de suporte externo é que o afeto envolvido não contaria com uma representação pré-consciente suficientemente investida, com isso o material inconsciente não conseguiria ser acessado pela recordação. Nesse sentido, não seria possível recobrir as experiências infantis anteriores à linguagem verbal com a noção de representação de palavra.

> *Por terem sido vivenciados em período anterior ao advento da linguagem, portanto, antes da constituição propriamente dita de um sistema Pré-consciente/Consciente, tais afetos teriam permanecido alheios à simbolização, mantendo-se ainda mais afastados do que os conteúdos do Inconsciente reprimido dos esforços de rememoração e verbalização por parte do paciente. (Honda, 2018, p. 124)*

Devido a isso, Ferenczi (1924a/2011) pontuou que essa categoria de material inconsciente só seria expressa mediante a repetição. Nesse momento de sua clínica, ele acreditava que a técnica ativa seria o agente desencadeador para favorecer a repetição dos conteúdos inconscientes relativos às fantasias arcaicas e, na sequência do tratamento, seriam o ponto de partida para novas associações do sujeito e das interpretações e construções do analista. Importante pontuar que, em certos casos, a reprodução da experiência afetiva parecia ser o único caminho possível para a expressão das representações inconscientes. Foi a partir desse momento que a clínica ferencziana começou a destacar a importância da repetição na situação analítica. Na visão de Ferenczi, mesmo que Freud tenha discutido o ato de recordar, repetir e perlaborar em 1914, a repetição não teria tido uma justa apreciação técnica até então.

O texto escrito em parceria com Rank, "Perspectivas da psicanálise", de 1924, contém explorações sobre a importância e a necessidade da repetição. De acordo com esses autores, retomando o artigo técnico freudiano "Recordar, repetir e elaborar", de 1914, mesmo que nele estivesse clara a importância dos três fatores na condução de um tratamento, a orientação técnica psicanalítica ainda era pautada quase exclusivamente pelo recordar.

A consequência seria que a repetição era vista como um abalo, que impõe dificuldades no caminho de recordação do sujeito, nada mais do que uma forma de resistência; repete-se para não recordar, "a rememoração é aí considerada o verdadeiro objetivo do trabalho analítico, ao passo que o desejo de repetição, em vez da rememoração, é considerado um sintoma de resistência que, como tal, cumpre evitar" (Ferenczi, 1924b/2011, p. 245). Importante lembrar que, entre 1914 e 1924, foram acrescentadas ao campo psicanalítico as publicações freudianas "Além do princípio do prazer" (1920) e "O Eu e o Id" (1923). O conceito de compulsão à repetição foi proposto por Freud em 1920. De acordo com Honda (2018), esse conceito teria sido o grande propulsor para as reflexões técnicas de Ferenczi e, inicialmente, a aplicação da técnica ativa seria o meio de lidar com essa tendência do sujeito.

> *Sob o ângulo da compulsão à repetição é absolutamente inevitável, porém, que o paciente repita no tratamento fragmentos inteiros de sua evolução e como a experiência o mostrou precisamente fragmentos inacessíveis sob a forma de rememoração; de sorte que o paciente não pode fazer outra coisa senão reproduzi-los e o analista considerá-los como o* verdadeiro material inconsciente. *(Ferenczi, 1924b/2011, p. 245, grifo do original)*

Teoricamente, a consideração da existência da compulsão à repetição, em conjunto com os apontamentos de Ferenczi (1921/2011) a respeito de os materiais repetidos em análise serem provenientes de fases infantis anteriores ao início da linguagem verbal, constituíram dois fatores contrários à possibilidade de enquadrar uma análise apenas na recordação pela associação livre. A repetição no tratamento não seria uma alternativa ou uma resistência à associação, pelo contrário, seria o caminho esperado. Tecnicamente, tendências à repetição não deveriam ser evitadas, elas teriam que ter um caminho livre de expressão. Nesse lugar, estaria o valor e a necessidade da técnica ativa, pois angústias, fobias e culpas muito intensas bloqueariam a inclinação à repetição, mantendo o sujeito fixado em uma mesma posição.

> *No plano técnico, trata-se incontestavelmente de uma tentativa de "atividade" no sentido de uma estimulação direta da* tendência para a repetição *no tratamento, que foi até agora menosprezada e mesmo considerada um embaraçoso fenômeno secundário. Do ponto de vista teórico, trata-se de apreciar em seu justo valor a importância primordial da compulsão à repetição, mesmo nas neuroses, tal como neste meio-tempo foi estabelecido por Freud. Esta última descoberta permite compreender*

> *muito melhor os resultados obtidos pela "atividade" e justifica igualmente sua necessidade no plano teórico. (Ferenczi, 1924b/2011, p. 246, grifo do original)*

Vale observar que Ferenczi e Rank, ao enfatizar a repetição, não pretendiam diminuir a importância do trabalho de recordação e, consequentemente, descentralizar o lugar da associação livre como princípio técnico fundamental. Segundo Honda (2018), tratava-se de mostrar como a repetição e a recordação são meios diferentes de expressão do inconsciente. A proposta desses autores seria não barrar as repetições quando manifestas, esmiuçando o que era reproduzido com vistas a favorecer a produção de novas associações que, por seu turno, facilitariam a recordação. O sinal da existência de resistências relativas à repetição era o uso da associação livre como *desconversa*, pobreza associativa e, diante disso, caberia ao analista usar a técnica ativa. Indico que essas ideias de Ferenczi (1924a/2011, 1924b/2011) já trazem a noção do contato com resistências de diferentes modalidades, que exigiriam do analista uma postura técnica diferente para o seu enfrentamento, ou seja, resistências contra a recordação[10] e resistências relacionadas com a compulsão à repetição.

Em "Perspectivas da psicanálise", Ferenczi e Rank buscaram pensar nos fatores que fariam o campo psicanalítico ter dificuldades em lidar com os problemas técnicos apresentados pela clínica. Haveria um descompasso entre o pensamento teórico da psicanálise se comparado com a sua produção técnica. Grande parte da formação dos analistas ficava reduzida ao estudo de textos para exercer sua atividade profissional, o que traria uma consequência problemática: extrema fidelidade e rigidez na utilização das orientações técnicas, sendo difícil qualquer discussão com novas

10 Contemplada pelo modelo da perlaboração de 1914.

abordagens necessárias à técnica psicanalítica, pois uma dificuldade clínica antes desconhecida tendia a ser encarada como mais uma forma de resistência. O efeito dessa falha na formação seria o posicionamento dos analistas na clínica em torno de uma *análise descritiva*, levando ao *fanatismo da interpretação*.

A descrição no tratamento acontecia quando o analista se limitava apenas em escutar o sujeito ou a pormenorizar os seus sintomas, sem qualquer outra ação na esfera terapêutica, exceto o excesso interpretativo. A interpretação seria marcada, a ferro e fogo, pela extrema rigidez com os princípios técnicos. De acordo com os autores, o exercício de escuta que é exigido de cada analista se transformou, devido ao imenso rigor e formalismo da técnica, em uma ciência da interpretação. O produto disso na clínica foi que houve um crescente aumento *no* e *do* silêncio do analista. Os autores destacam que a técnica da interpretação seria um dos meios para se ter acesso aos conteúdos psíquicos inconscientes do sujeito e, ao ser extremamente valorizada, um outro polo importante, a repetição, não era contemplada. Nesse lugar rígido e imóvel, portanto inelástico, as discussões acerca do sentido de uma intervenção para o sujeito, ao lado do *modo* e do *ritmo* que deveria ser feita, não existiam.[11]

Discutindo o manejo clínico, Ferenczi e Rank relataram que, frequentemente, a transferência negativa era "etiquetada" com o título de resistência. Sendo que essa manifestação transferencial só pode se dar sob a forma de resistência e a sua análise constitui uma das principais tarefas do processo analítico. Seguindo

11 "A simples comunicação, por exemplo uma 'reconstrução', não é capaz por si só de produzir reações afetivas; ela permanece inicialmente sem nenhum efeito sobre os pacientes. É preciso esperar que eles vivam atualmente algo análogo na situação analítica, ou seja, no *presente*, para que cheguem a convencer-se da realidade do inconsciente, e mesmo assim será necessário que ocorram várias experiências desse gênero" (Ferenczi, 1924b/2011, p. 253, grifo do original)

seu argumento, discutem o próprio posicionamento do analista. O chamado *narcisismo do analista* o levaria a uma contratransferência narcísica, conduzindo o sujeito a exaltar a figura dele, ocultando comentários e associações que lhe seriam pouco amistosas e favoráveis. O que prejudicaria tremendamente o tratamento, pois a angústia e o sentimento de culpa do sujeito não seriam superados sem uma *autocrítica* do analista, posição fundamental para que ele tivesse, nas palavras dos autores:

> *Condições de situar e de dosar corretamente as nossas intervenções reside essencialmente na convicção da importância universal de certas* experiências precoces fundamentais *(por exemplo, o complexo de Édipo), cujo efeito traumático é reanimado na análise . . . e, sob a influência da experiência pela primeira vez conscientemente vivenciada na situação analítica, é levado a descarregar-se de maneira mais apropriada (Ferenczi, 1924b/2011, p. 260, grifo do original)*

Ferenczi viu no conceito de compulsão à repetição uma maneira de buscar explicações teóricas que ratificassem o uso da técnica ativa.[12] Estava alerta também quanto ao risco envolvido de ter suas ideias confundidas com a ab-reação catártica. Ao defender o uso, mesmo que excepcional, da técnica ativa, para favorecer a tendência à repetição e lograr a reprodução de representações inconscientes era importante deixar claro que

> *Toda tentativa de substituição da técnica psicanalítica atual por uma série de medidas e de ab-reações ativas*

12 No texto "Psicanálise dos hábitos sexuais" (1925), Ferenczi forneceu vários exemplos sobre o alcance e a importância da técnica ativa e deu ainda mais detalhes dos resultados obtidos por ele com essa prática.

> *só poderia vir a ter consequências perniciosas.* O objetivo *da terapia analítica é e continua sendo a ligação psíquica do recalcado no pré-consciente por meio da rememoração e da reconstrução que acabam por impor-se. A atividade é apenas um meio auxiliar que, utilizado pelo analista experiente, pode fazer progredir o trabalho analítico. (Ferenczi, 1925/2011, pp. 359-360, grifo do original)*

A técnica ativa seria o aporte técnico para o conceito de compulsão à repetição. Ferenczi buscou relacionar como o tratamento analítico depende tanto da compreensão das representações recalcadas quanto da repetição. Quando a recordação não se fazia mais presente, devia-se proporcionar um espaço ou até mesmo *ativar* a repetição, pois esta traria o estofo para novas associações. Ferenczi almejava uma integração entre a recordação e a repetição; na visão dele um trabalho dependeria do outro em uma relação de coexistência.

Aponto que, para Ferenczi, a integração entre ambos os trabalhos seria feita pela perlaboração, assimilando as representações inconscientes, fossem elas evocadas pela recordação e/ou pela repetição, para serem associadas pelo pré-consciente e consciente. Porém, o modelo único de resistência de 1914 não conteria mais as discussões teóricas de Freud (1920/2010, 1923/2013) e as proposições técnicas de Ferenczi a partir de 1924. A consequência é que a perlaboração não teria apenas um modelo, assim como só um enquadre para proporcioná-la. O viés que abordarmos para apresentar o percurso técnico ferencziano é a partir de como o analista propicia condições para que o sujeito tenha a perlaboração favorecida.[13]

---

13 O que nos fornecerá as bases técnicas necessárias para discutir os diferentes

A importância da repetição não mudou na constituição da clínica de Ferenczi, porém foi a partir da reflexão de como o sujeito integra o que vive e sente na situação analítica que críticas à técnica ativa foram feitas. O texto "Contraindicações da técnica ativa", de 1926, contém uma discussão de Ferenczi sobre os alcances da técnica ativa, principalmente ao ser relacionada com a vivência dos afetos em análise. Ele aponta o caminho que sua clínica seguiu, pautada por uma maior flexibilização no enquadre, metaforizada, em 1928, como elasticidade da técnica.

A primeira objeção feita por Ferenczi (1926/2011) foi de caráter teórico. A técnica ativa, ao aumentar o nível de tensão psíquica por meio de recusas, proibições e injunções, teria como efeito colateral um grande aumento da resistência. Essa técnica também perturbaria a transferência e, mesmo que com a ressalva de só ser usada para liquidar a transferência no fim do tratamento, seu efeito seria o contrário do esperado. Inclusive analistas experientes não estariam imunes de seus efeitos colaterais,

> *só posso dar uma formulação negativa dizendo que não se deveria recorrer à atividade se não se estiver apto a afirmar com certa dose de certeza que todos os meios existentes da técnica não ativa, portanto, mais passiva, já foram empregados, que as particularidades genéticas dos sintomas foram suficientemente "perlaboradas", e que falta apenas a nuança da vivência atual para convencer o paciente. (Ferenczi, 1926/2011, pp. 403-404)*

---

modelos da perlaboração a partir da segunda tópica do aparelho psíquico freudiana.

Mesmo que Ferenczi tenha relativizado que, por vezes, o uso da técnica ativa fosse útil para promover o término da análise, injunções e proibições acabariam fazendo com que o analista imponha, à sua maneira, uma repetição exagerada da *suposta fidelidade* da experiência familiar do sujeito ou até mesmo exercer um certo sadismo. Ora, tal fidelidade extrema à vivência histórica foi o que Freud buscou reconstruir no tratamento do Homem dos Lobos. É daí que, nas reflexões que fizemos nessa pesquisa, provém toda a problemática da vivência afetiva e da criação de sentido do que era repetido e, possivelmente, perlaborado nesse caso.

Ferenczi (1926/2011) ainda argumentou que só quando o paciente não se sente sob uma ameaça coerciva é possível um maior intercâmbio com as intervenções do analista, o que possibilita uma abertura, pela repetição, para um trabalho na direção dos afetos, ultrapassando a resistência da compulsão à repetição. A possibilidade de um contato e integração com o que era repetido não havia com o uso da técnica ativa, justamente porque ela suprimia a espera. Estaria aí o reconhecimento do lugar da paciência do analista no tempo de perlaboração do sujeito. Na publicação de 1926, Ferenczi enunciou a importância de o analista ter sua atenção voltada para três vertentes: (1) as associações do paciente, (2) os seus próprios pensamentos e associações e (3) a resultante da interação entre a dupla analítica.

Nesse contexto, destaco que o uso da técnica ativa se mostrou um sinal de pressa do analista, deflagrando uma falta de *ritmo* entre o que este supunha enquanto intervenção e o quanto o sujeito se apropriava dela. Criava-se uma superproliferação de associações e fatos, que ficava descompassada da condição do sujeito em perlaborá-las.

> *Os pacientes, em especial os obsessivos, não perderão a ocasião de fazer das diretrizes dadas pelo médico o objeto de intermináveis ruminações e de protelar ao máximo a sua realização por meio de ruidosos escrúpulos, que mais não seja para enfurecer o médico . . . E se, no fim das contas, trata-se na análise dos obsessivos de restabelecer a possibilidade de manifestações afetivas e de atos que não sejam compulsivos nem ambivalentes, pode-se dizer que o recurso à coerção externa* seria o mais impróprio *de todos os meios. (Ferenczi, 1926/2011, p. 404, grifo nosso)*

Tecnicamente, mais desastroso ainda seria fixar um prazo para o término de um tratamento. Ferenczi (1926/2011) exclui totalmente a hipótese de estipular uma data para o fim de qualquer análise, argumentando que é prejudicial fazer uma estimativa de duração ao sujeito, o que poderia aguçar ainda mais as resistências. Desse modo, defendia que, se o sujeito sabe da existência de um prazo para o fim de sua análise, ele dificilmente teria alguma melhora em seu quadro. De modo contrário, idealmente, uma análise sem delimitação faria o sujeito ceder à paciência do analista, o que, possivelmente, distensionaria as suas resistências.

Ao questionar o sentido das nuances no enquadre clínico, Ferenczi (1926/2011) percebeu que o caráter autoritário da técnica ativa não permitia ao sujeito expressar sentimentos hostis em relação ao analista. Ao contrário disso, remetia-o à cena traumática, colocando-o em uma nova situação de submissão ao agressor. O sujeito ficaria emaranhado na transferência com o analista, ocorrendo uma identificação com a figura dele e, ao submeter-se ao desprazer que lhe era imposto, sua adesividade transferencial aumentava ainda mais. Em vez de surgir a transferência negativa, que Ferenczi contava, o sujeito se tornava extremamente dócil para com as injunções e proibições do analista. Conforme destaca Honda (2018), foi das considerações a respeito do manejo da técnica ativa que Ferenczi questionou o próprio papel do analista no processo clínico, o que teve uma dupla consequência: discutir a formação dos analistas ao lado do reconhecimento da perlaboração como condição primordial para a efetividade de uma análise.

Devido ao uso da técnica ativa, a manifestação hostil do sujeito não acontecia, fato que indicava a Ferenczi a impossibilidade enfrentada por seus pacientes em vivenciar, na relação com ele, afetos negativos. Tal dificuldade clínica deveria buscar uma outra abordagem. Haja vista que a compulsão à repetição e a pulsão de morte indicavam a Ferenczi que seus pacientes lutavam contra um Super--eu severo e tirano. A técnica ativa, na maioria dos casos, favorecia a repetição do trauma, porém nessa situação era o analista o agente causador. Ferenczi estabeleceu uma ligação entre as semelhanças demonstradas pelo adulto obediente e a criança servil, pois havia aí uma dupla submissão a figuras de autoridade com um sinal marcante de apatia. Gradualmente, não fez mais uso da técnica ativa tendo em vista uma menor rigidez nas intervenções, "as nossas instruções ativas não devem ser . . . de uma intransigência estrita, mas de uma flexibilidade elástica" (Ferenczi, 1926/2011, p. 404).

Nessa perspectiva, a clínica ferencziana foi ganhando forma pelo reconhecimento na adaptação da abordagem dependendo da dificuldade encontrada. O foco se tornou o analista, como ele teria condições, em si mesmo e na técnica, para alterar o enquadre clínico. É a implicação do analista no tratamento que entra em questão. A ideia de Ferenczi (1926/2011) era que a vivência da repetição em análise produziria como efeito, após a perlaboração, a *convicção*,[14] "o conhecimento de uma parte da realidade, talvez a

14 Noção já definida no pensamento ferencziano catorze anos antes: "As interpretações analíticas, mesmo que pareçam cativantes e notáveis, não poderão levar

mais importante, não pode converter-se numa convicção pela via intelectual, mas somente *na medida em que ela estiver em conformidade com a vivência afetiva*" (Ferenczi, 1926/2011, p. 412, grifo do original), porém quais seriam as bases seguras para um analista fazer uma formulação dessa ordem?

Graças à transferência, diria Ferenczi, uma vez que o mundo externo não seria apenas representações do meu Eu, mas objetos reais que podem gerar identificações, o que não seria possível de provar logicamente, mas o fator emocional, por causa e devido à transferência, levaria à convicção. Lidar, melhorar e questionar a relação transferencial passou a ser o centro das reflexões ferenczianas. Por isso o limite da atividade do analista repousaria no fato de que "existe uma diferença de nuança entre acentuar o fator de repetição e tentar eventualmente provocar o seu aparecimento" (Ferenczi, 1926/2011, p. 407). Favorecer a expressão da repetição dependeria de como o analista se coloca diante do sujeito, o *modo* e o *ritmo* de suas intervenções seriam os fatores que trariam condições mais favoráveis à análise. Importante precisar aqui o motivo de Ferenczi acreditar que a repetição produziria efeitos importantes, superiores a uma expressão verbal. É a diferença entre fala e ação que está em questão aqui.

à convicção somente por meio do material psíquico suscitado pela associação livre, mesmo que o paciente o deseje e se esforce nesse sentido. Tal convicção não implica a impressão do caráter indiscutível, exclusivo da verdade. Tudo se passa como se a reflexão lógica, a compreensão intelectual não permitisse chegar, por si sós, a uma verdadeira convicção. É preciso ter tido uma vivência afetiva, ter experimentado na própria carne, para atingir um grau de certeza que mereça o nome de 'convicção'" (Ferenczi, 1912/2011, p. 213). Curiosamente, nesse texto de 1912, Ferenczi fez uma alusão à importância de o analista ter sido analisado para ter uma *clara noção*, a convicção, do que uma análise busca como propósito, conhecimento que não seria adquirido apenas pela leitura e pelo estudo dos textos psicanalíticos.

Na esfera econômica, seguindo as pontuações de Honda (2018), uma representação de palavra seria formada por componentes sensoriais e motores. Um pensamento pré-consciente prescinde de um investimento libidinal que ativa os elementos sensoriais da palavra. Na verbalização, esse investimento necessita ser quantitativamente superior, pois para falar é preciso a ativação dos elementos motores da palavra em conjunto com os componentes nervosos e musculares do aparelho fonológico. No caso da repetição em análise, devido a grande quantidade de inervações motoras, seria plausível supor que a *quantidade* de libido envolvida seria maior do que a fala, assim como no pensamento, pois requer uma cadeia de reações e de ações corporais. Com isso, primeiramente, a análise buscaria uma certa retificação de um jogo de intensidades, para daí criar condições para a dissolução de conflitos psíquicos e a transformação de maneiras de ser prejudiciais ao sujeito. Essas ideias fizeram Ferenczi (1928a/2011) colocar a perlaboração como o fator primordial para o bom desfecho de um tratamento.

No texto "O problema do fim da análise", de 1928, Ferenczi discutiu o caso de certos pacientes nos quais muito dos sintomas se davam pelo hábito de mentir, entendido por ele como deformação dos fatos. Quando o sujeito conseguia reconhecer sua tendência à mentira, era um sinal do avanço do tratamento,

> *quando o paciente exprimia de súbito a convicção de que, durante toda a sua a doença, não fizera mais do que simular; pois à luz de sua compreensão analítica recém-adquirida a respeito dos mecanismos do inconsciente ele não pode mais, com efeito, repor-se no estado de espírito em que deixava esses sintomas constituírem-se automaticamente, sem a menor intervenção de seu saber inconsciente. Abandonar verdadeiramente a tendência para mentir, apresenta-se, pois, como sendo*

> *no mínimo um dos sinais do fim próximo de análise... o neurótico não pode ser considerado curado enquanto não renunciar ao prazer do fantasiar inconsciente, ou seja, à mentira inconsciente. (Ferenczi, 1928a/2011, pp. 18-19)*

O reconhecimento que o sujeito faria de uma vida levada, majoritariamente, pela simulação fantasiosa seria um importante indício de mudança de funcionamento psíquico. Metapsicologicamente, esse reconhecimento seria possibilitado pela criação de novas associações entre a fantasia e a realidade externa, levando a uma integração maior entre ambas. A consequência era que o mentir produziria menos satisfação, não tendo mais escoamento na reconfiguração dinâmica e econômica do psiquismo.

Por causa do temor em perder a amistosidade do analista, alguns pacientes tenderiam a deformar os fatos. Foi a partir dessas considerações que, para Ferenczi (1928a/2011), a perlaboração se desenvolveria a partir de um trabalho gradual de renúncia do Eu à satisfação obtida pelas formações de compromisso expressas por sintomas e mentiras. A mudança de posicionamento diante dessas últimas seria um sinal claro de que um tratamento estaria caminhando para o término. A renúncia a um hábito enraizado, isto é, às formas de satisfação primárias, necessita de uma capacidade do Eu que se afirme diante do desprazer.

Destaco que a contribuição ferencziana não é uma nova definição da perlaboração, mas sim uma discussão técnica cuidadosa de como possibilitá-la. Podemos afirmar que para ele a perlaboração[15] aconteceria em um processo de interação mútua entre repetição e

---

15 Parece-nos, pelas reflexões de Ferenczi, que ele apontou diferentes modalidades de resistência, contudo a noção de perlaboração apresentada por ele tem como referência a primeira tópica do aparelho psíquico freudiano.

recordação, uma reconfiguração entre as formas primárias de satisfação em um modo de expressão mais saudável. O nome perlaboração resume o processo envolvido em superar resistências, que acontece em torno do rearranjo das intensidades psíquicas e integra ao Eu partes anteriormente desconhecidas. No decorrer de uma análise,

> *não só todo o material psíquico inconsciente deve ser revivido, sob a forma de lembranças e de repetições, mas o terceiro recurso técnico da análise deve ser igualmente empregado. Quero falar do fator da translaboração*[16] [Durcharbeiten] *analítica, ao qual Freud atribuiu uma importância idêntica mas que não foi até o presente, apreciado em seu justo valor. (Ferenczi, 1928a/2011, pp. 22-23)*

Da mesma maneira que Freud apresentou a perlaboração em 1914, Ferenczi (1928a/2011) reafirmou que a perlaboração seria composta por dois fatores: (1) o embate entre o recalcado e a resistência seria o quantitativo e (2) a elucidação da formação dos sintomas e o sentido criado a partir disso seria o qualitativo. Na visão de Honda (2018), a reconsideração e o resgate que Ferenczi fez do lugar da perlaboração no processo clínico se articularam com as considerações sobre o sentido da própria análise e como ela terminaria. Dessa forma, na minha visão, Ferenczi apontou que para avançar no entendimento dos problemas envolvidos no processo clínico seria necessária uma melhor compreensão dos fatores que dificultariam a perlaboração.

Para Ferenczi (1928a/2011), o bom desfecho de um tratamento dependeria da capacidade de benevolência do analista em face das

---

16 Esse foi o termo escolhido por Álvaro Cabral para traduzir *Durcharbeiten*.

atitudes e comportamentos negativos, reprováveis, do sujeito. Só assim as resistências manifestas na forma de dúvidas e desconfianças do sujeito seriam superadas. Diante do temor em perder o interesse do analista, o sujeito ocultaria fatos e deformaria dados. A postura paciente e amistosa do analista ajudaria no abrandamento dessas resistências. Ferenczi (1928a/2011) observou em sua prática clínica que dúvidas, desconfianças e mentiras eram atitudes dos seus pacientes expressas com o intuito de testar a paciência e a receptividade dele; procuravam submetê-lo a uma avaliação criteriosa de suas palavras, gestos, expressões faciais. O que requeria dele uma paciência inabalável, mas seria essa postura que mostraria ao sujeito que, mesmo com atitudes reprováveis e expressão de sentimentos negativos, ele sobreviveria a esses ataques.

É a manifestação da transferência negativa que está em jogo aqui, sua expressão seria fundamental para o sujeito criar credibilidade com o analista. Posicionamento fundamental para a instalação de uma transferência que pudesse criar condições favoráveis à recordação e à perlaboração. Não seria mais pela via da atividade que a repetição seria favorecida em sua expressão, mas pela benevolência do analista, que, para ser alcançada, requer, como condição preliminar, que o analista tenha sido analisado anteriormente.

> *Parece-me muito provável que os pacientes procurem repetir, por essas tentativas, situações de sua infância em que educadores e pais incompreensivos reagiram às chamadas "maldades" da criança por meio de manifestações afetivas intensas, levando assim a criança a adotar uma atitude de recusa. (Ferenczi, 1928a/2011, p. 24)*

Favorecer repetições dessa ordem exigiria o reconhecimento, da parte do analista, em dar liberdade a certos comportamentos e atitudes do sujeito. Articulações técnicas que Ferenczi propôs a partir da compreensão sobre a centralidade da perlaboração na condução de uma análise. Pensando em possíveis modificações técnicas que promovessem a perlaboração, Ferenczi viu a credibilidade do analista como postura fundamental e, para que essa capacidade exista enquanto potencialidade, enunciou a segunda regra fundamental da psicanálise: "quem quer analisar os outros deve, em primeiro lugar, ser ele próprio analisado" (Ferenczi, 1928b/2011, p. 31).

A discussão da formação dos analistas se tornou fundamental como forma de evitar que tendências inconscientes não analisadas do analista interferissem em um tratamento, pois criariam e melhorariam no analista sua capacidade para perceber as consequências de suas intervenções clínicas em conjunto com seus possíveis erros técnicos, possibilitando a alteração de seu enquadre clínico por causa das dificuldades enfrentadas em algum caso.

O sentido da análise

Por meio do reconhecimento da importância da análise do analista, Ferenczi (1928b/2011) articulou a noção de tato psicológico como figura central na condução de um tratamento analítico. Com isso, passou a ser inevitável a consideração dos aspectos subjetivos do analista, para além do estrito controle da contratransferência (cf. Ferenczi, 1919a/2011), uma vez que o tato se relacionaria com a própria personalidade dele. Mediante uma formação psicanalítica, a pretensão ferencziana era estabelecer uma certa objetividade e, principalmente, diminuir as diferenças de manejo técnico entre os analistas.

> *Toda pessoa que foi analisada a fundo, que aprendeu a conhecer completamente e a controlar suas inevitáveis fraquezas e particularidades de caráter, chegará necessariamente nas mesmas constatações objetivas, no decorrer do exame e do tratamento do mesmo objeto de investigação psíquica e, por via de consequência, adotará as mesmas regras táticas e técnicas. De fato, tenho a impressão de que, após a introdução da segunda regra fundamental, as diferenças de técnica analítica estão prestes a desaparecer. (Ferenczi, 1928b/2011, p. 31)*

A noção de tato estaria vinculada em diversas ocasiões clínicas, como: saber quando, como e em que momento se comunica algo ao sujeito, de que modo uma intervenção deve ser proposta, como reagir a uma ocasião inesperada ou desconcertante, quando ficar em silêncio e aguardar novas associações ou quando o silêncio poderia ser torturante e devido a isso ser rompido. As respostas do analista para essas situações estariam vinculadas na sua capacidade de credibilidade, baseada em torno do seu discernimento a respeito de quando e como realizar alterações em seu enquadre clínico.

De acordo com Honda (2018), o entendimento de Ferenczi (1928a/2011) a respeito da centralidade da perlaboração para o término de uma análise em conjunto com a necessidade do tato do analista teria por meta fazer com que os problemas da técnica tivessem uma base comum, criando maior coesão na prática clínica entre os analistas. O reconhecimento da noção de tato colocou o próprio analista como a questão principal relativa à técnica. Como defini-lo?

> O tato é a faculdade de "sentir" com (*Einfühlung*). Se, com a ajuda do nosso saber, *inferido da dissecação de numerosos psiquismos humanos, mas sobretudo da dissecação de nosso próprio eu, conseguirmos tornar presentes as associações possíveis ou prováveis do paciente, que ele ainda não percebe, poderemos – não tendo, como ele, de lutar com resistências – adivinhar não só seus pensamentos retidos, mas também as tendências que lhe são inconscientes. (Ferenczi, 1928b/2011, p. 31, grifo do original)*

O tato[17] seria a capacidade do analista para o contato com o mundo interno do sujeito, tanto nas expressões verbais quanto nas corporais. A sensibilidade daquele acompanharia e apreenderia as associações e os afetos desse. Podemos ver a importância conferida por Ferenczi na percepção do analista sobre si mesmo para, posteriormente, inferir algo, devido ao seu tato, a respeito das associações do sujeito. Evitando que o analista entrasse em um embate com a resistência, possibilitando a ele perceber conteúdos inconscientes sobre si e, também, sobre o sujeito.

Nesse ponto se faz necessária uma diferenciação entre tato e empatia. Empatia, *Einfühlung*, teria uma acepção de "sentir o outro dentro de si". Na tradução brasileira das obras completas de Ferenczi, as noções de empatia e de tato aparecem como sinônimos. Porém, elas têm sentidos diferentes na obra ferencziana. O tato se refere ao tom da voz, ao ritmo da fala, à escolha das palavras, basicamente toda expressão, verbal e não verbal, do analista durante o tratamento. A questão envolvida seria que, quando o analista fala,

---

17 Citando Ferenczi, Loewenstein (1930) considera o tato a partir da forma e do tom em que uma interpretação é formulada pelo analista, há uma ênfase na dimensão da delicadeza do analista na proposição de intervenções para o sujeito.

as palavras ditas não seriam totalmente suficientes para explicar o que é vivenciado em uma análise, sendo importante ele também levar em consideração seus gestos, sua postura, suas sensações corporais. O tato aludiria ao *momento* e ao *modo* em que o analista faria uma comunicação, referindo-se à *forma* da intervenção. A presença dele na situação analítica é o avesso da técnica ativa, pois pretende que uma intervenção não incremente as resistências do sujeito. Por sua vez, a empatia seria a habilidade do analista de "sentir com", colocando-se no lugar do outro, sentir o outro no interior de si. O analista se colocaria no lugar do sujeito, para então sentir e pensar *como se fosse* ele, posicionamento que facilitaria o acesso a representações inconscientes e possíveis resistências. Seria mediante a habilidade empática do analista que seu tato se expressaria, sendo que sua capacidade de discernimento se preservaria mediante sua análise pessoal. No ponto de vista de Ferenczi, o tato

> *requereria do analista um estado psíquico capaz de colocá-lo em sintonia com o psiquismo do paciente, a fim de, a partir desse tipo de estado psíquico empático ver-se em condições de acompanhar os movimentos afetivos deste e os bloqueios impostos pela resistência nele em operação. Desse modo, como se sentisse com o paciente, tornar-se capaz de pressentir e presentificar para si os desdobramentos afeto-associativos daquele. (Honda, 2018, p. 157)*

As reflexões sobre a noção de tato trazem consigo todo o sentido pessoal do analista, anteriormente contido pelas orientações de total controle da contratransferência. A partir de Ferenczi (1928b/2011), é possível afirmarmos que a condução do processo clínico de uma análise dependeria da habilidade empática contida na personalidade do analista, seja ela desenvolvida ou, até quanto possível, adquirida em sua análise, fazendo com que "os processos de 'sentir com' e de avaliação exigidos por mim, não se desenrolarão no inconsciente, mas no nível pré-consciente" (Ferenczi, 1928/2011, p. 42).

A possibilidade de existência da empatia em um analista ficaria no nível pré-consciente e a compreensão ferencziana da empatia, aponta Coelho Junior (2004), dar-se-ia a partir das relações entre afetos e percepções que não pertenceriam nem ao plano restrito das representações conscientes, nem ao das representações inconscientes. Devido ao reconhecimento das dificuldades em desvelar o recalcado somente pela recordação, houve o favorecimento da repetição como meio de acesso a experiências psíquicas relacionadas a representações que nunca haviam sido conscientes ou pré-conscientes, anteriores ao advento da linguagem verbal. É por isso que a noção ferencziana de empatia enaltece as experiências intersubjetivas em análise, trazendo, além de uma dimensão clínica, uma ética: de que modo me relaciono com o outro, qual lugar ocupo na relação intersubjetiva, quais as consequências das intervenções propostas.

Esse posicionamento do analista o impediria de estimular e exacerbar a resistência do sujeito, prática corrente na aplicação da técnica ativa. Uma intervenção direta, desprovida do referido tato do analista, daria ao sujeito apenas a oportunidade de se submeter à influência dele, sem quaisquer manifestações hostis, sinais de transferência negativa, fortalecendo ainda mais a resistência. Ferenczi problematizou o posicionamento do analista durante o tratamento, sua preocupação estaria voltada para a *qualidade* do relacionamento estabelecido em análise.

Tecnicamente, a empatia permitiria ao analista pressentir a aproximação de resistências ou a presença de mecanismos defensivos precoces durante a vida do sujeito, e também seria possível a ele formular uma intervenção mais adequada para uma situação analítica específica. "Esse sentimento [*Einfühlung*] nos impedirá de estimular a resistência do paciente, de maneira inútil ou intempestiva" (Ferenczi, 1928b/2011, p. 32). O analista trabalharia a partir de um viés triplo, "uma oscilação perpétua entre 'sentir com', auto-observação e atividade de julgamento" (Ferenczi, 1928b/2011, p. 38).

Tendo esse contexto em vista, Ferenczi (1928b) formulou a metáfora do "João-teimoso" (*Watschermann*), para criar um contorno sobre a forma como o analista receberia os afetos de desprazer, sinais de manifestação da transferência negativa. Temos aqui uma alusão clara à importância da paciência na situação analítica. O resultado esperado seria o estabelecimento da credibilidade na relação terapêutica. O posicionamento intercambiável do analista permitiria ao sujeito reconhecer a existência de sua resistência. A aposta ferencziana é que, pelo não embate direto com a resistência, o sujeito reconheceria os sentimentos amistosos contidos no posicionamento do analista, fazendo com que houvesse o surgimento de novas associações oriundas de conteúdos recalcados, na maioria das vezes ligados a experiências infantis "onde a base de certos traços de caráter malicioso foi formada (em geral, por educadores incompreensivos)" (Ferenczi, 1928b/2011, pp. 35-36).

Foi feita uma referência na capacidade de o analista acolher o negativo no tratamento, com um posicionamento que não é ativo nem passivo, mas sim alternado e receptivo, metaforizado pelo "João-teimoso", proporcionando ao analista uma oportunidade mais efetiva para receber e responder ao sofrimento do sujeito. Temos aqui a dimensão do cuidado balizando as orientações técnicas ferenczianas. O que só seria possível mediante uma maior flexibilidade no enquadre clínico orientada pela via empática. Nessa ótica, as intervenções devem ter a função de uma proposição e não assumir o caráter de uma verdade indiscutível.

> *Aceito fazer minha a expressão "elasticidade da técnica analítica" forjada por um paciente. É necessário, como uma tira elástica, ceder às tendências do paciente, mas sem abandonar a tração na direção de suas próprias opiniões. (Ferenczi, 1928b/2011, pp. 36-37)*

O analista estaria aberto à singularidade que há em cada atendimento, estando atento às particularidades de cada sujeito, apresentando uma flexibilidade adaptada a cada situação analítica. A técnica psicanalítica, na visão ferencziana, prescinde de uma *confiança condicional* na teoria, pois um caso poderia fugir à regra, o que tornaria necessária uma modificação do enquadre em vigor. Constatação que obrigaria o desenvolvimento, por parte do analista, de uma posição franca e honesta em relação a seus sentimentos e a sua própria prática enquanto clínico. Não seria exigido do analista apenas o controle estrito de seu próprio narcisismo, mas também o cuidado e o dever na percepção das diversas reações afetivas circulantes na análise.

A posição empática do analista e a ideia de elasticidade da técnica seriam determinantes no ofício do analista e foram as responsáveis, segundo Honda (2018), pela consolidação da chamada implicação do analista. Noção que fundamenta, aponto, a importância da paciência e da tolerância do analista como pré-requisitos para a ocorrência da perlaboração.

A questão que se coloca aqui seria quais as circunstâncias e os limites para o analista promover e sustentar uma situação analítica na qual a transferência negativa tenha expressão. A metáfora do "João-teimoso" foi proposta por Ferenczi (1928b/2011) para descrever a posição subjetiva ideal do analista, que, semelhante ao brinquedo, teria grande flexibilidade, mas não ultrapassa seus limites nem perde seu formato original. Essa alternância de posições aponta para diferentes modalidades de presença do analista, ora mais implicada, ora mais reservada (cf. Figueiredo, 2008). Devido à atenção dada por Ferenczi ao modo como o analista percebe seus afetos ao lado da dinâmica afetiva na relação transferencial, ele apresentou a metapsicologia do analista:

> *Seus investimentos [do analista] oscilam entre identificação (amor objetal analítico), por um lado, e autocontrole ou atividade intelectual, por outro. No decorrer de sua longa jornada de trabalho, jamais pode-se abandonar ao desprazer de dar livre curso ao seu narcisismo e ao seu egoísmo, na realidade, e somente na fantasia, por breves momentos. Não duvido que tal sobrecarga – que, por outra parte, quase nunca se encontra na vida – exigirá cedo ou tarde a elaboração de uma higiene particular do analista. (Ferenczi, 1928b/2011, p. 40)*

A posição subjetiva do analista não seria utilizada somente para abarcar as manifestações de hostilidade, mas também para abrandar a força da resistência no sujeito. Observação que está em consonância com o que Ferenczi advertiu ao abandonar a técnica ativa, relacionada ao fato de haver um risco de o analista agir iatrogenicamente, dificultando o desenrolar do tratamento ao realizar uma perturbação pelas injunções e proibições. Agindo dessa maneira, o ato do analista poderia colocar o sujeito em uma nova posição traumática, exacerbando ainda mais suas resistências. As noções de tato e de elasticidade podem ser vistas como representantes de uma certa passividade na técnica, ao ser comparadas com a técnica ativa. Na verdade, a ideia de Ferenczi era que o analista deixaria de induzir uma atividade e o momento do agir seria uma escolha a partir do tempo próprio de cada sujeito.

> *Se formos suficientemente pacientes, o próprio doente acabará, cedo ou tarde, por perguntar se pode arriscar tal ou qual tentativa (por exemplo, ultrapassar uma construção fóbica); evidentemente, não lhe recusaremos nesse caso o nosso acordo, nem os nossos encorajamentos, e obteremos dessa maneira todos os progressos esperados da atividade, sem irritar o paciente e sem adulterar as coisas entre ele e nós.* (Ferenczi, 1928b/2011, p. 38)

O foco da análise continuou o mesmo: criar condições favoráveis para que o sujeito tenha uma atitude ativa diante do que lhe faz sofrer, implicado em relação a si mesmo. É a posição do analista que foi contestada, uma vez que seria

> *Mediante a sintonia com os estados do paciente possibilitada pela empatia, o analista estaria em condições de, pela interpretação, desvelar as prováveis tendências pulsionais subjacentes às interrupções, bloqueios e lacunas presentes no fluxo associativo manifesto pelo paciente. Portanto, com tato na apresentação das interpretações e paciência em relação às inibições do paciente, o analista contaria igualmente com a elasticidade necessária para não insistir com medidas técnicas inadequadas ao estado psíquico do paciente, nem mesmo diante de conselhos.* (Honda, 2018, p. 164)

A tarefa da técnica seria a de "constatar as relações mais finas entre essa translaboração qualitativa [*Durcharbeiten*] e o fator quantitativo (descarga de afeto)" (Ferenczi, 1928b/2011, p. 39). Acredito que as noções de tato e de elasticidade foram concebidas no contexto de que mudanças na técnica teriam que ser feitas tendo em vista a compreensão dos fatores que dificultam a perlaboração.

Com isso, Ferenczi privilegiou a empatia como ferramenta para a percepção do sofrimento do sujeito e o tato para formular e propor intervenções, o que implicou uma outra concepção de situação analítica, não só baseada na interpretação do recalcado. No pensamento de Ferenczi, a perlaboração também tem a função de integrar conteúdos recalcados ao Eu que até então nunca haviam sido pré-conscientes.[18]

Concordamos com a visão de Honda (2018) segundo a qual as reflexões técnicas ferenczianas podem ser apresentadas em torno de como e quais seriam as condições favoráveis à perlaboração. Orientações que fizeram Ferenczi relativizar o princípio de abstinência como único regulador da situação analítica, pois haveria a contrapartida do chamado princípio de concessão (*Gewährung*).[19]

No texto "Princípio de relaxamento e neocatarse", de 1930, Ferenczi deu continuidade a sua proposta de promover uma elasticidade da técnica, ficando cada vez mais distante da concepção do enquadre clássico da relação analítica, "No decorrer de minha longa prática analítica, vi-me constantemente na situação de transgredir ora um ora outro dos 'Conselhos técnicos' de Freud" (Ferenczi, 1930/2011, p. 67). Vemos como Ferenczi foi reconhecendo os limites de uma perspectiva unilateral da técnica, balizada somente na frustração do sujeito provocada pela abstinência do analista.

18 "Na realidade, o meu combate só se volta contra a parte do superego que se tornou inconsciente e, desse modo, ininfluenciável; naturalmente, nada tenho a objetar a que um homem normal continue conservando no seu *pré-consciente* uma quantidade de modelos positivos e negativos. É verdade, porém, que não terá que obedecer como um escravo a esse *superego pré-consciente*, como obedecia antes à imago parental inconsciente" (Ferenczi, 1928b/2011, p. 42, grifo do original).

19 Giampieri-Deutsch (1996) sugere como tradução o termo permissão, e Honda (2018), concessão; optamos por concessão.

Apoiado no acúmulo de situações de exceção e da consequente falta de recursos para lidar com elas a partir das orientações técnicas clássicas, Ferenczi (1930/2011) elencou algumas de suas *transgressões*: sessões em que não usava o divã, aquiescendo à necessidade de seus pacientes em olhar nos olhos do analista; continuar o tratamento, em alguns casos, sem pagamento; prolongar ou encurtar o tempo de uma ou outra sessão, atender o mesmo paciente mais de uma vez em um só dia, a realização de sessões fora do consultório.

Tais divergências no enquadre clínico ferencziano o colocaram em uma posição de relativizar o agente regulador da situação analítica: a abstinência, conforme formulada por Freud desde 1915. Vale lembrar que, ao anunciar a importância da abstinência do analista, Freud indicou que a relação analítica deveria acontecer no nível da frustração, normalmente de tensão ou de angústia. A promoção de tal estado, via abstinência, era fundamental para que as associações do sujeito não parassem devido à possibilidade de que suas satisfações fossem correspondidas na contratransferência.

De um momento em que era extremamente fiel à regra da abstinência, justamente no período em que formulou e praticou a técnica ativa, após dez anos de prática clínica e reflexões, Ferenczi colocou em suspensão a onipresença do princípio de frustração ao propor uma maior liberdade no enquadre da análise, pois o acúmulo

> *de casos de exceção leva-me a formular um princípio até então não postulado, embora tacitamente admitido, o princípio de* laissez-faire *que cumpre admitir, com frequência, a par do princípio de frustração. (Ferenczi, 1930/2011, p. 68)*

Ao fazer essa formulação, Ferenczi teria como objetivo recuperar a dimensão da concessão perdida na técnica clássica. Giampieri-Deutsch (1996) aponta que essa proposição de Ferenczi foi um desdobramento técnico decorrente das noções de tato e de elasticidade. Como alerta Honda (2018), importante ressaltar que, nos textos de Ferenczi, o princípio de concessão (*Prinzips der Gewährung*) foi utilizado como sinônimo de princípio de relaxação (*Relaxationsprinzip*). Havendo o risco aí de perder o caráter de liberdade expresso pela palavra *Gewährung* com relação a um manejo técnico mais maleável. Haja vista que o termo relaxação pode ser confundido com um simples relaxamento do analista, o que não é o caso aqui. Ferenczi (1930/2011) concebeu a relaxação a partir do ponto de vista do sujeito, isto é, se o enquadre clínico baseado no princípio de abstinência resultava em um aumento de tensão, quando esse passava a contar com o tato e a elasticidade, o resultado seria outro, o que implica em dizer que a concessão do analista ocasionaria uma relaxação no sujeito. Da parte do analista, tato, elasticidade e concessão, buscando promover maior liberdade, fluidez associativa, destensionamento e atenuação das resistências do sujeito.

Interessante notar que, para Ferenczi (1930/2011), não existiria nada de novo na introdução do princípio de concessão, uma vez que esse só explicitaria algo embutido na própria associação livre, a primeira regra fundamental da psicanálise. Dessa forma, o princípio de concessão não faria nenhuma oposição ao de frustração. Não havia a pretensão de substituir um princípio pelo outro ou sobrepujar a supremacia da dimensão da concessão, mas sim trazer para a cena analítica o que parecia estar esquecido durante a própria edificação da técnica:

> *a psicanálise trabalha, de fato, com dois meios que se opõem mutuamente: produz um aumento de tensão*

> *pela frustração e um relaxamento ao autorizar certas liberdades . . . Esses dois princípios já não estariam operando na associação livre? Um obriga o paciente a confessar verdades desagradáveis, ao passo que o outro autoriza-o a uma liberdade na fala e na expressão de sentimentos de que, aliás, não se dispõe na vida corrente. (Ferenczi, 1930/2011, p. 68)*

Apontamos que a formulação do princípio de concessão teria como objetivo aprofundar a experiência analítica, tornando possível a expressão da transferência negativa, para só depois disso ser possível favorecer a repetição. Constatação que exigiria abrandar a tensão devido à onipresença do princípio de abstinência. A presença opressora da frustração e do saber excessivo do analista levavam ao fanatismo da interpretação, e o efeito era que as resistências do sujeito ficavam ainda mais tenazes. Ferenczi pensou em como flexibilizar a montagem da situação analítica dependendo da dificuldade percebida,

> *meus modestos esforços visam somente formular o que até agora se definia pela expressão pouco clara de "atmosfera psicológica" . . . devem existir meios de tornar perceptível ao paciente a nossa atitude amistosamente benevolente* (freundlich wohlwollende) *durante a análise, sem abandonar por isso a análise do material transferencial nem, é claro, cair no erro daqueles que tratam o neurótico com uma severidade ou um amor fingidos, e não de acordo com o modo analítico, ou seja, com uma total sinceridade. (Ferenczi, 1930/2011, p. 69)*

É a liberdade na fala e na expressão afetiva do sujeito que está norteando as articulações ferenczianas. Os resultados técnicos e teóricos vinculados à elasticidade e ao princípio de concessão seriam a neocatarse e a traumatogênese.[20] A partir dessas considerações, além da contribuição do analista em promover um espaço para que a perlaboração do sujeito seja possível, Ferenczi aludiu à necessidade de uma perlaboração conjunta:

> *numa nova tentativa em que permitia maior relaxamento, tive que lutar por muito menos tempo contra as manifestações de resistências pessoais, até então intermináveis, o que permitia ao paciente e ao médico unirem suas forças de trabalho para elaborar, com menos choques, o que eu chamaria as "resistências objetivas" produzidas pelo material recalcado. (Ferenczi, 1930/2011, p. 70)*

A partir da constatação dos aspectos intersubjetivos e empáticos necessários em uma análise, acredito que Ferenczi reconheceu a implicação do analista no trabalho de perlaboração, que passou a ser conjunto, em uma experiência de troca de associações entre analista e sujeito, criando desse lugar o sentido da análise, remetendo-nos a noção de convicção proporcionada pela experiência analítica.

Indico que a convicção se relaciona ao processo de perlaboração na medida que este se insere na vivência afetiva da relação transferencial para superar as resistências que surgem a partir das vicissitudes e meandros de um encontro analítico. Resultando daí a admissão afetiva, tão discutida por Freud em seus escritos iniciais. A concessão e a elasticidade apresentadas por Ferenczi buscariam favorecer ao máximo a redução das resistências e com isso possibilitar a expressão, via repetição, de conteúdos relativos a

20 Pontos que serão abordados no próximo capítulo.

experiências traumáticas sofridas pelo paciente em uma fase precoce de sua infância.

A postura clínica ferencziana para levar à perlaboração fez uso da possibilidade de regressão oriunda da elasticidade da técnica e, também, acolher no tratamento toda forma de expressão afetiva do sujeito em conjunto com sua reverberação no analista, configurando abertamente um viés intersubjetivo na técnica psicanalítica. Dessa maneira, Ferenczi expandiu ainda mais o horizonte clínico da psicanálise, demarcando a importância de que o êxito das análises passasse a depender cada vez mais da dinâmica afetiva estabelecida no campo transferencial-contratransferencial.

O princípio de concessão criaria uma atmosfera de confiança, a credibilidade no analista, favorecendo, mesmo em casos não muito graves, a expressão de afetos até então inéditos na observação ferencziana, os chamados sintomas transitórios:[21] câibras, dormências, vertigens, sonolência, crises de choro e de riso, desmaios, variações de estado da consciência; tais sensações eram seguidas por uma amnésia retroativa. Ferenczi acreditava que esses sintomas carregavam um símbolo mnêmico e traziam uma oportunidade, via sua reprodução afetiva, para enriquecer reconstruções e associações. Essas ideias favoreceram sua compreensão técnica relativa à importância do favorecimento da repetição no tratamento,

> *o passado, dessa vez reconstruído, aderia muito mais do que antes ao sentimento de* realidade *e objetividade e, portanto, estava muito mais próximo, em sua natureza, de uma verdadeira* lembrança, *ao passo que até então o paciente limitava-se a falar de possibilidades, no máximo de plausibilidade, e suspirava*

21 Já apontados por Ferenczi em 1912 e 1913.

> *em vão por lembranças.* (Ferenczi, 1930/2011, p. 71, grifos do original)

Fica claro aqui o quanto Ferenczi via a repetição e a recordação como processos de interação mútua, de sinergia. Tratava-se de fornecer condições mais favoráveis para abarcar a compulsão à repetição. O revivido em análise seria efetivo na medida em que o analista conteria angústias e responderia a elas de forma suficiente e não excessiva, se comparadas à insensibilidade e falta de cuidado de pais e cuidadores.

A partir das dificuldades clínicas com que Ferenczi lidava e tentava responder com medidas mais efetivas, aponto que a forma ferencziana de promover a perlaboração, mesmo que não apresentada diretamente em suas reflexões, está distante do modelo único apresentado por Freud em 1914.

A implicação do analista no tratamento foi balizada em torno das noções de empatia e de elasticidade da técnica, havendo a valorização dos aspectos intersubjetivos na situação analítica, pois é a partir da troca de associações e percepções entre a dupla analítica que o trabalho de perlaboração acontece. Desse ponto de vista, a perlaboração passa a ser o resultado da união do trabalho conjunto da dupla analítica, portanto, cocriada e não fruto de apenas uma interpretação da resistência.

4. Os novos modelos da perlaboração

Neste capítulo, apresentaremos dois modelos da perlaboração a partir da teoria estrutural do aparelho psíquico proposta por Freud em 1923. Veremos como acontece a expressão das resistências do Id e do Super-eu, respectivamente, compulsão à repetição e reação terapêutica negativa, e como seria possível o analista possibilitar a perlaboração delas. Apontaremos que para pensar outros modelos da perlaboração foi necessário o reconhecimento da intersubjetividade na situação analítica, fazendo com que a técnica deixasse de ser orientada somente pelo viés intrapsíquico.

No modelo da perlaboração do Id, focaremos nossa discussão nos mecanismos defensivos presentes no trauma e em como a técnica ferencziana buscou lidar com eles. Para tanto, a noção de clivagem traz implicações metapsicológicas importantes, pois a experiência traumática precoce não tem condições de ser associada com representações de palavra, tornando inviável estruturar a situação analítica na recordação e interpretação das resistências.

Nesse contexto, as reflexões ferenczianas serão fundamentais, pois valorizam a intersubjetividade na situação analítica, fazendo com que a contratransferência se torne um recurso técnico valioso para proporcionar a perlaboração do Id. Esses elementos seriam essenciais para suplantar a compulsão à repetição, dando possibilidades de ressignificar o trauma. A consideração da contratransferência possibilitaria que a dimensão intersubjetiva da situação analítica acessasse conteúdos que não tiveram representação anterior.

Já no modelo da perlaboração do Super-eu, entra em cena o questionamento das condições para o sujeito se apropriar do que é sentido e produzido em análise. A reação terapêutica negativa é o meio de expressão da resistência do Super-eu. A necessidade de punição coloca obstáculos ao tratamento que deixariam o analista no limite do analisável, pois requer o entendimento de como os primeiros investimentos objetais do sujeito aconteceram. Neste ponto, as ameaças de excesso, de sugestão e de sedução estariam presentes. A perlaboração do Super-eu coloca a formação do analista em destaque, principalmente sua análise pessoal, na medida que esta diminui o risco de seus ideais não analisados embaralharem a escuta.

Veremos que a função consciente do Eu é o destino da elaboração associativa no pensamento freudiano e, por fim, apontaremos a relação casuística entre as duas matrizes da elaboração psíquica, na medida que a perlaboração dá condições para a elaboração associativa operar.

Clivagem, defesa passiva e compulsão à repetição: elementos para a perlaboração do Id

Pelas reflexões técnicas ferenczianas, vimos que o princípio da concessão levaria a um relaxamento no sujeito, favorecendo sua regressão a níveis primordiais de experiências, que estariam relacionadas ao trauma. Por causa do relaxamento, Ferenczi observou a cisão do Eu como um efeito psíquico do trauma. Devido à precocidade da experiência traumática, acessá-la por representações de palavra não seria possível. Por essa razão, os sintomas corporais foram recontextualizados, uma vez que eles trariam consigo um registro de lembrança, "não estando o órgão de pensamento completamente formado, só eram registradas as lembranças físicas" (Ferenczi, 1930/2011, p. 74).

Segundo Honda (2018), a formulação da traumatogênese ferencziana trouxe implicações metapsicológicas importantes. Ao tomarmos a segunda teoria do aparelho psíquico formulada por Freud em 1923 como referência, o surgimento da consciência moral está condicionado ao desenvolvimento do Super-eu. A partir da hipótese ferencziana, a formação daquela estaria prejudicada devido às implicações relativas ao trauma primordial, que causa abalos e impactos psíquicos precoces resultantes de conflitos com o mundo externo, os quais influenciariam um desenvolvimento psíquico adoecido do sujeito. Outra observação seria que, ao valorizar a relação com o mundo externo na formação do trauma primordial, o fator pulsional no surgimento das neuroses não seria mais um evento exclusivo.

> *As fantasias histéricas não mentem, elas nos contam como pais e adultos podem, de fato, ir muito longe em sua paixão erótica pelas crianças; e por outro lado, são propensos, se a criança se presta a esse jogo semi-inconsciente, a infligir à criança totalmente inocente, punições e ameaças graves, que a abalam e a perturbam, causam nela o efeito de um choque violento e são para ela inteiramente incompreensíveis. Hoje, estou de novo tentado a atribuir, ao lado do Complexo de Édipo das crianças,* uma importância maior à tendência dos

> adultos, recalcada e que assume a máscara da ternura. *(Ferenczi, 1930/2011, pp.73-74, grifo do original)*

Nesse sentido, o fator patogênico para o adoecimento psíquico também seria oriundo de conflitos com o mundo externo, e com isso a relação de pais e de cuidadores com a criança passou a ter grande destaque na experiência traumática. Vale ressaltar que Ferenczi não desconsiderou fatores subjetivos individuais, a chamada hipersensibilidade constitucional das crianças, porém, em "Princípio de relaxamento e neocatarse" (1930), Ferenczi mostrou o quanto a falta de cuidado e de tato do adulto na relação com a criança seria o núcleo patogênico, traumático. Será importante para nós examinarmos as implicações metapsicológicas dessas ideias de Ferenczi, pois elas constituem elementos necessários para apresentarmos a perlaboração do Id.

Para a clínica ferencziana, não só o caráter infantil das representações inconscientes deveria ser buscado, como também alcançar a parte clivada, separada do registro associativo consciente/pré-consciente, na medida que "essa parte clivada sobrevive em segredo e esforça-se constantemente por manifestar-se, sem encontrar outra saída senão, por exemplo, os sintomas neuróticos" (Ferenczi, 1930/2011, p. 74).

A partir dessa observação, é possível notarmos que um tratamento centrado na abstinência e na interpretação do recalcado eram ineficientes diante das situações e das dificuldades clínicas apresentadas por Ferenczi. A chamada neocatarse propôs uma retomada da teoria traumática supostamente abandonada por Freud em 1897 por causa do advento da fantasia:[1] "Após ter dado toda a atenção devida à atividade fantasística como fator patogênico, fui

1 Fazemos alusão à discussão de Laplanche (1987).

levado, nesses últimos tempos, a ocupar-me cada vez com maior frequência do próprio traumatismo patogênico" (Ferenczi, 1930/2011, p. 73).

Ferenczi (1930/2011) deixou claro que na base das fantasias relatadas por seus pacientes haveria uma vivência traumática primordial (*Urtrauma*). Ele passou a defender a ideia de um trauma real, histórico, como fator determinante no adoecimento psíquico do sujeito. O caráter traumático seria deflagrado antes de qualquer possibilidade de ligação psíquica. A ação defensiva precoce explicaria a pobreza associativa de alguns pacientes e a dimensão patogênica das fantasias foi entendida por Ferenczi como resultante de um conflito com o mundo exterior, em uma fase na vida do sujeito anterior à aquisição da linguagem verbal. Na sequência, veremos brevemente as explicações de Ferenczi relativas ao trauma primordial[2] e suas fases.

Em 1933, no texto "Confusão de língua entre os adultos e a criança", Ferenczi detalhou o que constituiria o fator traumático, propondo três subcategorias, que poderiam ir de um amor apaixonado de um adulto por uma criança, situações de extrema punição ou ocasiões terrivelmente desprazerosas e perturbadoras para a criança. Nas articulações de Ferenczi, vemos que as experiências traumáticas poderiam ter níveis de intensidade diferentes ao acontecerem em fases distintas no desenvolvimento da criança.

O chamado trauma primordial seria o evento mais agonizante, experiência que precisaria ser reavivada no tratamento. Contudo, a importância dada por Ferenczi para esse evento precisa ser mais bem explicada. Uma passagem presente no "Diário clínico" (1932) é interessante para nossa discussão:

---

2 Não apresentaremos de modo extenso a noção geral de trauma em Ferenczi; indicamos Avello (2006), Barande (1996), Bokanowski (2005), Dal Molin (2016), Pinheiro (1996) e Sabourin (1988).

> *Apresenta-se então a questão de saber se não será necessário procurar, a cada vez, o trauma originário na relação original com a mãe, e se os traumas da época um pouco mais tardia, já complicada pelo aparecimento do pai, poderiam ter tido um tal efeito sem a presença de tal cicatriz traumática materno-infantil, arquioriginária. (Ferenczi, 1932/1990, p. 120)*

Parece-nos que, para Ferenczi, seria importante considerar se os traumas posteriores não teriam efeito patogênico devido a uma espécie de vestígio traumático inaugural, presente nas primeiras relações da criança com os adultos que a circundaram. As partes não assimiladas de uma experiência tão intensa, em uma fase precoce da vida do sujeito, seriam a base do trauma primordial, constituindo uma espécie de pano de fundo para o efeito traumático de outras experiências do sujeito em fases posteriores de sua vida.

Partindo da assimetria entre um adulto e uma criança, na visão ferencziana (1930, 1932, 1933), comportamentos e interações desprovidos de cuidado e de tato do primeiro levariam a efeitos catastróficos na segunda. Houve uma referência ao fato de que além de não ter acesso à linguagem verbal para falar sobre o que lhe acontece, a criança ainda não teria os recursos para uma possível elaboração[3] e reação diante das intensidades que invadem seu psiquismo, haja vista que não haveria ainda um Eu suficientemente organizado para tal. Não existiria a possibilidade de uma defesa bem-sucedida diante do ocorrido. Um trecho do texto "Confusão de língua entre os adultos e a criança" (1933) nos traz mais elementos para entender o desenrolar do trauma primordial em fases:

3 Nos termos dessa pesquisa, campo de ação da elaboração associativa.

> *As crianças sentem-se física e moralmente sem defesa, sua personalidade ainda é frágil demais para poder protestar, mesmo em pensamento, contra a força e a autoridade esmagadora dos adultos que as emudecem, podendo até fazê-las perder a consciência . . . Por identificação, digamos, por introjeção do agressor, este desaparece enquanto realidade exterior, e torna-se intrapsíquico . . . Seja como for, a agressão deixa de existir enquanto realidade exterior e estereotipada, e, no decorrer do transe traumático, a criança consegue manter a situação de ternura anterior. (Ferenczi, 1933/2011, p. 117)*

É possível vermos três fases distintas a partir da experiência traumática: a primeira seria o choque traumático, o impacto da própria experiência; a segunda, como reação possível, entra em ação mecanismos identificatórios que fazem a criança se identificar com o adulto, a introjeção[4] do agressor; a terceira, caracterizada

4 Esse conceito foi descrito por Ferenczi em 1909 e permite compreender a origem do desenvolvimento psíquico e, também, como ocorre a constituição da subjetividade. Segundo Pinheiro (1995), o conceito de introjeção foi articulado por Ferenczi como o primeiro processo psíquico. Logo, como acontece e se desenrola as introjeções do sujeito irão constituir sua singularidade, isto é, sua subjetividade. O processo de introjeção é uma extensão do investimento libidinal que é dirigido aos objetos. Como resultado, ter-se-ia a absorção e apreensão do mundo exterior no escopo do Eu, em que tal mecanismo faz com que o sujeito se aproprie dos sentidos que lhe são externos, mediante as relações afetivas estabelecidas com esses. A introjeção teria como resultado a relação com um objeto interno, indicando as vias de relações afetivas e conflitos entre o sujeito e este objeto; ela é um processo que determina a problemática do que é interno e externo. Abraham e Torok (1995) são enfáticos na diferenciação entre introjeção e identificação, em que nesta última o sujeito escolhe um lugar que lhe servirá de domicílio, não há relação com o objeto, o que permite a ele se deslocar e ocupar diferentes posições. Por isso, tais autores propõem o termo

por uma modificação psíquica, resgatando a situação de ternura anterior ao ocorrido, o que possibilitaria à criança continuar com sua vida. Importante esclarecermos cada uma dessas fases.

A dimensão do impacto causado pelo choque traumático será mais bem compreendida se levarmos em consideração o lugar da relação cuidadores-criança para Ferenczi. Na visão dele, a onipotência da criança é uma experiência natural, distante de ser maníaca, mas desorientada pela não constatação de limites, "Ser amado, ser o centro do mundo, é o estado emocional natural do bebê; não é, portanto, um estado maníaco, mas um fato real" (Ferenczi, 1932/1990, p. 120). Nessa concepção, idealmente, a criança viveria um estado de completude e de satisfação total, e o lado oposto seria um desamparo basal. Logo, conclui Ferenczi, o impacto de atitudes violentas, descuidadas, excessivas e/ou ausentes dos adultos levaria a uma comoção e um impacto sem precedentes na criança, tanto físicos quanto psíquicos.

O choque traumático se materializa por uma anulação do sentimento de si. Temos aqui uma modalidade de presença traumática do outro.[5] O efeito avassalador do mundo externo seria ainda mais intensificado pela ausência de uma resposta possível do bebê ou da criança pequena. Não haveria tempo suficiente para o desenvolvimento e a consolidação de mecanismos defensivos apropriados. Inicialmente, as possibilidades de reação da criança ficariam ao nível corpóreo como resposta às intensidades causadas pelo choque traumático, percebidas como desprazer.

Produzir mudanças por si próprio no mundo exterior, de modo apropriado e capaz de conter as intensidades em jogo em uma experiência psíquica e/ou relacional, foi o que Ferenczi (1934/

"introjeção de pulsões", relacionando essa noção a um processo e "incorporação de objeto" para identificação, devido a sua característica imediatista.

5 Cf. Coelho Junior e Figueiredo, 2012, pp. 29-31.

2011) chamou de reação aloplástica. Porém, conforme destaca Honda (2018), na ótica ferencziana presente no texto "Reflexões sobre o trauma" (1934), uma reação aloplástica não estaria unicamente voltada ao mundo externo, buscando sua alteração, haja vista que muitas vezes isso não é possível. Também estaria contido nessa reação uma mudança psíquica, interna, na medida que haveria a produção de representações contendo imagens que guardariam um prazer futuro, ajudando a suportar o desprazer e a dor atuais causadas pelo choque traumático: "Essas representações agem como antídoto contra o desprazer (como anestésico) e capacitam-nos para um comportamento apropriado enquanto durar o desprazer ou a ação que engendra a dor" (Ferenczi, 1934/2011, p. 126). Vale ressaltar que essa categoria de reação ao desprazer acontece por meio de reações substitutivas, propriamente dizendo, a defesa contra objetos secundários, que podem guardar uma relação de semelhança com o agente traumático.

Diante do choque traumático, dado o estado de desamparo ao lado da insuficiência física e psíquica de resposta existente na criança, reações aloplásticas transformadoras do mundo externo estão fora de questão. Contudo, a intensidade e o desprazer produzidos pelo trauma precisam de um destino, e o caminho, então, seria uma modificação interna. A criança ainda não teria um Eu suficientemente organizado para criar as representações de expectativa citadas no parágrafo anterior, que ajudariam na contenção e na criação de barreiras diante do desprazer, tornando minimamente viável uma reação diante dos estímulos e as intensidades que invadem seu corpo e psiquismo.

Por isso, Ferenczi (1934/2011) defendeu que, neste caso, não sobrou à criança outro caminho que não fosse as reações autoplásticas, alterações no funcionamento do psiquismo, na dinâmica psíquica. Como maneira de conter o excesso de estímulos oriundos do choque traumático, ao lado das alterações psíquicas iniciais, a criança teria respostas motoras igualmente descoordenadas, os chamados gestos mágicos (cf. Ferenczi, 1913b/2011).

Pela ação das reações autoplásticas, inicia-se a segunda fase do trauma: a introjeção do objeto hostil. Quando a intensidade da experiência é tamanha, o medo atinge seu ápice e obriga a criança a "submeter-se automaticamente à vontade do agressor, a adivinhar o menor de seus desejos, a obedecer esquecendo-se de si mesmos, e a identificar-se totalmente com o agressor" (Ferenczi, 1933/2011, p. 117). Essa identificação modifica o Eu da criança, ainda em processo de formação. Ferenczi acreditava que a resposta identificatória acontece em contrapartida ao desprazer avassalador, uma medida de proteção, não um ato defensivo propriamente ativo que estruturaria o Eu, "a personalidade ainda fracamente desenvolvida reage ao brusco desprazer, não pela defesa, mas pela identificação ansiosa e a introjeção daquele que a ameaça e a agride" (Ferenczi, 1933/2011, p. 118).

Para Ferenczi, devido às limitações nas respostas psíquicas da criança, a identificação seria o único mecanismo disponível para lidar com a comoção causada pelo trauma. Por meio da introjeção do objeto hostil, a criança integraria em si a representação da figura do agressor. As consequências do trauma primordial seriam nefastas, o psiquismo sofreria um comprometimento em uma grande parcela do seu espaço potencial, com implicações tópicas, dinâmicas e econômicas: "Chega-se assim a uma forma de personalidade feita unicamente de id e superego, e que, por conseguinte, é incapaz de afirmar-se em caso de desprazer" (Ferenczi, 1933/2011, p. 118).

A identificação retira o agressor da realidade histórica, por isso a criança manteria o estado de ternura anterior, mas a introjeção do objeto hostil leva a uma modificação no nível psíquico: o Eu, já incipiente, foi praticamente anulado, pois houve a vivência de uma grande passividade, sem conseguir responder ao intenso desprazer. Como as reações aloplásticas ainda eram impossíveis, a saída foi a resposta autoplástica, via mimetismo. O encaminhamento desse processo dá início à terceira fase do trauma.

Dado que o processo de formação do Eu na criança ainda estava em curso na época da experiência traumática, como consequência haveria a fixação do núcleo da subjetividade da criança separado do todo, a chamada clivagem psíquica primordial (*Urspaltung*). Esse mecanismo defensivo é uma tentativa de o psiquismo infantil manter encapsulado e neutralizado a comoção causada pelo choque traumático.

> *Um exame detalhado dos processos do transe analítico ensina-nos que não existe choque, nem pavor, sem anúncio de clivagem da personalidade. A personalidade regride para uma beatitude pré-traumática, procura tornar o choque inexistente. (Ferenczi, 1933/2011, p. 118)*

Ferenczi (1933/2011) pressupõe uma regressão consequente aos mecanismos da clivagem primordial, que buscam um tempo anterior ao choque traumático. A identificação com o objeto hostil seria introjetada e ocasionaria no Eu uma ocupação de território até então inexistente. Essa tomada de espaço foi chamada de clivagem psíquica. Quando ela acontece, o Eu, ainda em formação e buscando manter alguma unidade e integridade, foi tomado por uma destituição de uma parte de seu próprio espaço, como contrapartida para conseguir sobreviver.

A partir dessa imagem territorial, alguns efeitos do trauma ficam mais tangíveis, como a perda de memória, pobreza associativa, baixa produção de fantasias, acompanhados de um significativo escoamento pulsional, uma vez que grande parte da libido estaria em conflito constante para manter erguida a fronteira do território clivado. Vale destacar que Ferenczi concebeu a clivagem primordial como uma demarcação de um território psíquico anterior à formação do Pré-consciente ou da diferenciação de um Eu com alguma possibilidade de resposta no tocante às demandas do Id.

Importante citar aqui uma anotação presente no "Diário clínico", do dia 22 de março de 1932:

> *Em nenhum, caso, porém, posso afirmar ter conseguido, exceto uma vez, que o paciente tivesse possibilidade de* rememoração *dos próprios processos traumáticos, com a ajuda da fantasia-sintoma, da imersão no sonho e na catarse . . . O que não está inteiramente claro, de momento, é de que modo o centro da explosão pode ser incorporado, se é que ainda o pode ser, no espírito do analisando como processo consciente e, por conseguinte, como evento psíquico suscetível de ser rememorado. (Ferenczi, 1932/1990, p. 103)*

Vemos aqui como Ferenczi considerava que o trauma originário (*Urtrauma*) levaria a uma clivagem psíquica, desagregando a personalidade do sujeito, o que chamou de mutilação (Ferenczi, 1932/1990, p. 104). Pela experiência traumática ser muito precoce em face do desenvolvimento psíquico da criança, anteriores à linguagem verbal, a clivagem psíquica primordial aconteceria antes da separação entre pré-consciente e inconsciente, portanto, conforme alerta Honda (2018), antecipadamente ao recalque original (*Uverdrängung*).

A noção de clivagem primordial trouxe elementos para Ferenczi aludir a uma relação passiva do sujeito com o objeto, que ocorreria pela regressão a um estado de ternura anterior à experiência traumática. A defesa diante do trauma precoce, alertam Coelho Junior e Figueiredo (2018), ocorre por um processo de passivação e induz no psiquismo traumatizado uma passividade, pois, na clivagem, processo extremo de cisão do Eu, uma parte do território psíquico foi separado como condição para o restante sobreviver.

A identificação e a introjeção do objeto hostil transformariam o psiquismo do sujeito. O indício de sua presença seria o surgimento espontâneo de capacidades até então ausentes, que Ferenczi (1933/2011) chamou de progressão traumática.

> *É mais estranho ver funcionando, no decorrer da identificação, um segundo mecanismo sobre o qual eu, pelo menos, não sabia grande coisa. Refiro-me à eclosão surpreendente e súbita, como ao toque de uma varinha mágica, de faculdades novas que surgem em resultado de um choque . . . A criança que sofreu uma agressão sexual pode, de súbito, sob a pressão da urgência traumática, manifestar todas as emoções de um adulto maduro . . . Nesse caso, pode-se falar simplesmente, para opô-la à regressão de que falamos de hábito, de* progressão traumática *(patológica) ou de prematuração (patológica). (Ferenczi, 1933/2011, p. 119)*

A hipótese ferencziana seria que, por causa do grande desamparo diante de uma experiência traumática, a criança, acometida por um sofrimento enorme, desenvolveria capacidades novas, deflagrando um amadurecimento precoce e desigual, uma espécie de superdesenvolvimento provocado pelo choque. Nesse ponto, vale uma observação: Ferenczi (1930/2011, 1931/2011, 1933/2011) refletiu sobre os fatores traumáticos ligados ao choque, como os abusos sexuais, em paralelo aos efeitos causados pela ausência de cuidado, de tato, dos pais e cuidadores. Na visão dele, a privação e o abandono sofridos por uma criança em idade precoce configurariam uma situação traumática que também levaria à clivagem psíquica. Ao observar o conteúdo falado quando alguns de seus pacientes estavam em transe neocatártico, Ferenczi notou que haveria uma divisão no próprio Eu, sendo que essas regiões distintas representariam os pais e/ou cuidadores do passado da criança.[6]

O abuso sexual causaria à clivagem psíquica pela introjeção do agressor. Já a privação e o abandono também levariam a uma clivagem, mas pelo mecanismo chamado por Ferenczi (1931/2011) de autoclivagem narcísica. Ambos os mecanismos defensivos, partindo de experiências notadamente distintas, buscariam anular os efeitos do sofrimento traumático.

> *Tudo se passa verdadeiramente como se, sob a pressão de um perigo iminente, um fragmento de nós mesmos se cindisse sob a forma de instância autoperceptiva que quer acudir em ajuda, e isso, talvez, desde os primeiros anos da infância. Pois todos nós sabemos que as crianças que muito sofreram, moral e fisicamente, adquirem os traços fisionômicos da idade e da sabedoria. (Ferenczi, 1931/2011, p. 89)*

De acordo com Honda (2018), a hipótese ferencziana é que no estado de ternura, fase precoce do desenvolvimento, a criança

6 "Se, na situação analítica, o paciente sente-se ferido, decepcionado, abandonado, põe-se às vezes a brincar sozinho, como uma criança desprezada. Tem-se nitidamente a impressão de que o abandono acarreta uma clivagem da personalidade. Uma parte da sua própria pessoa começa a desempenhar o papel da mãe ou do pai com a outra parte, e assim torna o abandono nulo e sem efeito, por assim dizer" (Ferenczi, 1931/2011, p. 87).

experiencia o meio por uma relação objetal passiva, na qual os processos de identificação são predominantes. É a identificação que faz o papel de mediador das experiências traumáticas aludidas por Ferenczi, seja devido ao choque traumático causado pelo abuso sexual ou diante da angústia extrema em face do abandono.

Embora partam de diferentes contatos com o meio, as experiências traumáticas enunciados por Ferenczi têm como destino uma noção de separação em âmbitos, a ideia de clivagem. A partir das experiências traumáticas, Ferenczi apontou dois destinos identificatórios possíveis: (1) no caso de abandono afetivo, a criança se identificaria com certas partes do objeto, propiciadas pela autoclivagem narcísica, e, (2) na ocasião de abuso sexual e outras formas de violência física, haveria a identificação com o agressor, levando à introjeção do objeto hostil. Ambos os destinos, pela ação da clivagem, conduziriam a uma dissociação do trauma em relação ao Eu consciente e levariam a uma regressão. Conforme salienta Honda (2018), a regressão seria um mecanismo defensivo, uma vez que buscaria anular a vivência traumática, retornando a um tempo em que ela ainda não tivesse ocorrido, "A personalidade regride para uma beatitude pré-traumática, procura tornar o choque inexistente" (Ferenczi, 1933/2011, p. 119).

O sonho do bebê sábio pode ajudar nossa discussão. Nesse tipo de sonho, um bebê daria conselhos ilustrados e instruídos aos adultos. Ferenczi via aí claros indícios de processos de clivagem, seja de adultos abusadores e/ou sem tato. O sonho do bebê sábio traria indícios seguros de como o choque traumático levaria a um amadurecimento prematuro.

A autoclivagem narcísica se relaciona a uma divisão do próprio Eu ante a extrema angústia sentida devido ao abandono e ao desamparo, seria uma tentativa do Eu, dado o descuido do ambiente, para buscar algum amparo em si próprio. Haveria um investimento narcísico em algumas características do objeto introjetado, que causariam o amadurecimento precoce, com o desenvolvimento de faculdades ainda latentes, mas que seriam um núcleo restrito ao âmbito intelectual, localizado na parte consciente do Eu da criança. Podemos dizer que uma parte do Eu foi anestesiada pelo trauma e, como compensação, outra apareceu em seu lugar, totalmente adaptada, inteligente e desperta, porém tais faculdades foram amadurecidas apressadamente, como medida reparadora ao processo de cisão que o Eu sofreu. Relembramos aqui a metáfora do fruto bicado usada por Ferenczi (1933/2011). Quando há uma ruptura entre o âmbito afetivo e o associativo-consciente, ocorreria a regressão e a fixação das capacidades de sentir da criança a fases precoces e, de modo oposto, suas aptidões intelectuais teriam um caminho favorecido.

No processo de clivagem, uma parte da personalidade faria o papel do outro cuidador, tentando proporcionar a si mesmo o carinho e o cuidado de que necessita. Refletindo sobre isso, em uma anotação do dia 14 de agosto de 1932, presente no "Diário clínico", lemos que

> *Poder-se-ia, portanto, pensar que, em consequência do choque, os sentimentos foram separados das representações e dos processos de pensamentos e profundamente escondidos no inconsciente, até mesmo no inconsciente corporal, ao passo que a própria inteligência efetua a fuga para adiante, descrita mais acima. O pavor foi a força que dissociou os sentimentos dos pensamentos; mas esse mesmo pavor está sempre operando, é ele que mantém separados os conteúdos psíquicos dissociados. (Ferenczi, 1932/1990, p. 103)*

Ferenczi observou como a progressão traumática e a clivagem levariam a uma divisão da personalidade do sujeito, com partes desconhecidas e não associadas entre si, causando uma fragmentação do Eu, processo que foi chamado de atomização do psiquismo (Ferenczi, 1933/2011, p. 120). Partindo das ideias presentes em "Confusão de língua entre os adultos e a criança" (1933), é possível afirmar que, caso os choques traumáticos continuassem na história do sujeito, os fragmentos clivados aumentariam, de modo que seria possível falar em personalidades distintas, tamanha a fronteira de separação erguida entre as partes clivadas do Eu ante o terror e pavor sentidos.

Nas articulações de Ferenczi houve um destaque para o fato de que a criança vivenciaria o trauma em um estado de desamparo, psíquico e ambiental, e por causa de sua idade precoce haveria a predominância de processos primários e mecanismos identificatórios. Importante frisarmos o quanto a comoção psíquica resultante do choque traumático pode ser vista como uma quantidade enorme de excitação que invade um aparelho psíquico ainda em formação. Esse aumento vertiginoso, após uma paralisia inicial, desencadeia reações possíveis em um psiquismo precoce. As primeiras reações são corporais, aloplásticas, mas, como essa tentativa de resposta é limitada, ocorrem as alterações na dinâmica psíquica, autoplásticas, e a clivagem psíquica seria o meio de ação.

A hipótese ferencziana é de que haveria o predomínio dos mecanismos de identificação e de introjeção como tentativas da criança para reagir ao meio que a circunda, centrais na constituição da subjetividade e, diante das situações traumáticas, seriam os únicos recursos disponíveis para responder às intensidades resultantes. Mesmo que iniciais, identificação e introjeção tentam conter e responder ao incremento de excitação que invade o corpo e o psiquismo da criança. Contudo, são tentativas precárias diante da intensidade do experienciado. Os traumatismos precoces são experiências que rompem com a capacidade de assimilação e elaboração de um psiquismo ainda em formação, não havendo possibilidades de defesa mais eficazes. A clivagem psíquica faz com que as angústias não cheguem a se expressar, justamente pela criação de partes separadas que encapsulariam o experienciado traumático no psiquismo.

Nesse contexto, Coelho Junior e Figueiredo (2018) apontam para a ideia de passividade em relação ao mecanismo defensivo diante do trauma, chamando-o de defesa passiva. *Passividade* aqui se refere ao fato de que não haveria o predomínio de atividade no psiquismo do sujeito traumatizado para defender e estruturar o Eu perante as intensidades sentidas como desprazer. Diante do desamparo e da agonia que acometem a criança, mecanismos passivos se instalam no psiquismo, e a clivagem separaria e anularia a parte relacionada ao trauma, como se ele não tivesse acontecido. As condições de resposta, ou de atividade, do psiquismo foram esgotadas, com isso a parte cindida ficaria anestesiada e a insensibilidade se instalaria após o choque. Há uma referência aqui a um mau acolhimento dos objetos primários, seja pela ausência e falta de investimento amoroso ou pelo abuso e excesso destrutivo.

Segundo os autores, nas reflexões clínicas ferenczianas, as experiências traumáticas são contidas por uma passivação, já que haveria uma impossibilidade de resposta ativa pois ainda não haveria um Eu narcisicamente investido com capacidade de organizar e ativar defesas e, devido a isso, induzem uma passividade na vida do sujeito traumatizado. Está em cena a insuficiência do Eu em responder às experiências e consequentes intensidades que o sobrecarregam além do possível, justamente porque o Eu ainda não contaria com uma organização capaz de se angustiar e, consequentemente, de se defender.

Nas articulações de Ferenczi, é notável o quanto a dor e o desprazer são intensidades que invadem o psiquismo de tal forma que não é possível qualquer associação e representação, "Uma grande dor tem, nesse sentido, um efeito anestésico; uma dor sem conteúdo de representação é inatingível pela consciência" (Ferenczi, 1932/1990, p. 64) ou que "nenhum traço mnêmico subsistirá dessas impressões, mesmo no inconsciente, de sorte que as origens da comoção são inacessíveis pela memória" (Ferenczi, 1934/2011, pp. 129-130). Bokanowski (2004) aponta como efeitos da experiência traumática o impedimento nos processos de ligação libidinal, causando danos na organização narcísica e, consequentemente, nas possibilidades de representar, associar e fantasiar.[7]

Agora, temos os elementos teóricos que embasam as nossas proposições do capítulo anterior, justificando como a experiência traumática precoce não tem condições de ser associada com representações de palavra, sendo inviável estruturar a situação analítica em uma tentativa de recordação e de interpretação das resistências.[8] Com isso, a montagem de uma situação analítica foi revista, na medida que precisaria promover condições para "repetir o próprio trauma em condições mais favoráveis, levá-lo, *pela primeira vez*, à percepção e à descarga motora" (Ferenczi, 1934/2011, pp. 130, grifo do original). Questões aparecem para nós aqui: quais resistências estariam em jogo? Como lidar com elas?

Acredito que uma maneira de buscarmos respostas seria a partir de algumas articulações metapsicológicas feitas por Freud, uma vez que os textos "Além do princípio do prazer" (1920/2010), "O Eu e o Id" (1923/2013) e "Inibição, sintoma e angústia" (1926a/2014) contêm reflexões a respeito de conteúdos inconscientes que não

7 Um modo de chamar esse trabalho de transformação e de síntese realizado pelo Eu foi discutido por Roussillon (1999) e chamado de simbolização.

8 Faço referência aqui à resistência do Eu pré-consciente.

tiveram uma representação anterior e, portanto, nunca fizeram parte do âmbito consciente do Eu. A ideia que embasaria essa afirmação seria que experiências traumáticas não conseguiriam ser integradas e elaboradas pelo Eu pela intensidade do desprazer.

> *Às excitações externas que são fortes o suficiente para romper a proteção nós denominamos* traumáticas. *Acho que o conceito de trauma exige essa referência a uma defesa contra estímulos que normalmente é eficaz. Um evento como o trauma externo vai gerar uma enorme perturbação no gerenciamento de energia do organismo e pôr em movimento todos os meios de defesa. Mas o princípio de prazer é posto fora de ação. Já não se pode evitar que o aparelho psíquico seja inundado por grandes quantidades de estímulo; surge, isto sim, outra tarefa, a de controlar o estímulo, de ligar psicologicamente as quantidades de estímulo que irromperam, para conduzi-las a eliminação. (Freud, 1920/2010, p. 192, grifo do original)*

Diferente de Ferenczi, Freud credita uma atividade ao Eu diante das intensidades que o invadem: o excesso não seria um problema em si, porém há uma referência a um efeito desestruturante quando a excitação rompe um certo limiar e o indício disso seria a inativação do princípio de prazer. Vemos aqui que as experiências traumáticas, provocadas por um agente externo, apontam para uma impossibilidade de elaboração, causando um desequilíbrio energético na dinâmica psíquica e, caso aconteçam em idade precoce, seria difícil o enfrentamento e a contenção das intensidades que inundaram o psiquismo.

Tais apontamentos trouxeram subsídios que ajudaram Freud a universalizar o conceito de compulsão à repetição; ela passou a ser vista como intermináveis tentativas de conter e descarregar o que não pode ser representado e associado em um primeiro momento, como se ela atualizasse o trauma. Isso quando a subjetividade foi privada dos dados sensoriais e perceptivos na época da experiência, fundamentais para construir um sentido do que foi vivenciado.

Em "Além do princípio do prazer" (1920), Freud abandonou a separação entre consciente e inconsciente, e, em substituição, haveria um confronto entre o Eu, sendo que a maior parte dele seria inconsciente, e o recalque, todo inconsciente. Porém, com a seguinte ressalva: "devemos sobretudo nos livrar do equívoco de que, ao combater as resistências, lidamos com a resistência do 'inconsciente'" (Freud, 1920/2010, p. 178).

Nessas ideias iniciais, Freud buscou diferenciar que os motivos da resistência são inconscientes, mas sua expressão aconteceria no Eu, que não era totalmente consciente. A compulsão à repetição, grande fonte de desprazer para o Eu, foi localizada na alçada do recalque, "a resistência do analisando vem de seu Eu, e logo percebemos que a compulsão à repetição deve ser atribuída ao reprimido inconsciente" (Freud, 1920/2010, p. 178). Importante destacarmos que, nesse momento, o Eu seria a fonte única e exclusiva da resistência. Ideia que sofreu alterações pouco tempo depois, após a formulação da segunda teoria do aparelho psíquico em 1923.

Tanto que, em "Inibição, sintoma e angústia" (1926a), Freud diferenciou a resistência em três tipos: resistências do Eu (resistência do recalcado, resistência de transferência e o benefício secundário da doença), do Id (compulsão à repetição) e do Super-eu (sentimento inconsciente de culpa). É fundamental para nossa discussão reconhecer o campo de atuação em conjunto com a dinâmica de cada uma delas, ou seja, entender como se daria a expressão delas na clínica. Vale frisar que o Eu continua sendo o local em que a resistência se manifesta, mas ele deixou de ser a única fonte dela.

A resistência do Eu pré-consciente, como vimos no Capítulo 1, está relacionada com o modelo da perlaboração de 1914, a novidade agora seria que

> *Após a remoção da resistência do Eu, ainda há que superar o poder da compulsão à repetição, a atração dos modelos inconscientes sobre o processo instintual reprimido; e não há porque não designar esse fator como* resistência do inconsciente. *(Freud, 1926a/2014, p. 107, grifo do original)*

Na resistência do Id entrou em cena o quanto sua manifestação se relacionaria com o recalque original, afirmação que ocorreu pela constatação clínica de conteúdos inconscientes que não tiveram uma representação prévia, logo não foram recalcados secundariamente, uma vez que nunca transitaram no âmbito consciente do Eu. Por essa razão, o meio de expressão da resistência do Id é a compulsão à repetição,

> *notamos que o Eu ainda acha dificuldades para fazer retrocederem as repressões, mesmo após haver decidido abandonar suas resistências, e denominamos "elaboração"* [Durcharbeitens] *a fase de exaustivo empenho que se segue a tal decisão louvável. (Freud, 1926a/2014, pp. 106-107)*

A respeito da origem do Eu, Freud (1923/2013) considerou que, inicialmente, o aparelho psíquico de um sujeito seria constituído totalmente por um Id e, por meio do contato com o mundo externo, haveria a formação do Eu. A diferenciação entre Eu e Id leva em conta uma variedade de percepções, intensidades, demandas pulsionais conflitantes, ao lado do papel do outro e do cuidado desempenhado por ele.

A formação do Eu exige uma integração e associação progressiva ao lado do contato com o ambiente externo, o apoio do objeto. O intercâmbio com o meio é fundamental nas diferenciações dentro/fora que o Eu necessita fazer. Dada a precocidade da experiência traumática, a clivagem impossibilita a inscrição representacional de experiências fundamentais para a formação do Eu e, consequentemente, para a regulação do narcisismo. Importante dizer que o Eu, conforme Freud destacou em 1923, trabalha a partir de representações verbais:

> *"Como algo se torna pré-consciente?" E a resposta seria: pela ligação com as representações verbais correspondentes. Essas representações verbais são resíduos de memória; foram uma vez percepções e, como todos os resíduos mnemônicos, podem voltar a ser conscientes. (Freud, 1923/2013, p. 24)*

Nessa visão, todo o universo de sensações, afetos, percepções, demandas pulsionais, tudo o que compõe a matéria psíquica, necessitaria ser associado e ter representações verbais correspondentes, configurando um trabalho de subjetivação, na medida que compõe elementos para o Eu se organizar e se relacionar com o mundo externo, o qual, idealmente, ofereceria ao sujeito possibilidades de constituição favoráveis por meio das identificações e introjeções. Esse trabalho de simbolização (Roussillon, 1999) seria fundamental para um desenvolvimento saudável. Vemos aqui o impacto do trauma precoce na formação subjetiva, na medida que a clivagem retira do Eu sensações e percepções fundamentais para o bebê tecer relações e assim construir um sentido do que experimentou.

Essas afirmações não passaram despercebidas por Freud. No item "Recalque e defesa", presente em "Inibição, sintoma e angústia" (1926a), ele retomou as ideias de 1894 relacionadas com mecanismos defensivos que o Eu teria para lidar com conflitos, sendo que o recalque seria apenas um deles. Praticamente em um diálogo com as ideias ferenczianas, Freud disse:

> *tivemos a atenção chamada para um processo de "isolamento", cuja técnica ainda não podemos precisar, que acha direta expressão sintomática, e para o procedimento quase mágico de "anulação do acontecido", de cuja tendência defensiva não pode haver dúvidas, mas que já não tem semelhança com a repressão... Pode ser que o aparelho psíquico, antes da nítida separação em Eu e Id, e antes da formação de um Super-eu, pratique métodos de defesa diferentes dos adotados após atingir esses estágios de organização. (Freud, 1926a/2014, p. 113)*

Freud levantou questões importantes, mas foi Ferenczi, inicialmente, quem buscou respostas. Nesse sentido, na minha opinião, as articulações ferenczianas são fundamentais não apenas para embasar os efeitos de um trauma precoce, como também nos auxiliam a entender o que está em jogo na manifestação da compulsão à repetição em conjunto com as reações transferenciais negativas. As alterações técnicas para lidar com a compulsão à repetição foram pensadas por Ferenczi a partir das dificuldades postas pela resistência do Id. Para tanto, ele introduziu a noção de clivagem como um mecanismo defensivo adicional. Freud enunciou a resistência do Id e disse que ela se manifestaria por meio da compulsão à repetição, mas precisamos das reflexões de Ferenczi para ter bases técnicas seguras de como seria possível uma situação analítica lidar com manifestações dessa ordem, com maiores chances de promover a perlaboração dessa categoria de resistência.

Acompanho a leitura de Coelho Junior (2018) de que as proposições técnicas de Ferenczi nos trazem elementos para enfrentar as resistências do Id e do Super-eu,[9] dando destaque na contratransferência e no papel do objeto na formação da subjetividade. Na leitura que propomos aqui, a mudança no enquadre clínico ferencziano pode ser vista como uma maneira de lidar com as dificuldades de inscrição representacional de experiências traumáticas, já que não haveria o que ser recordado, e sem esse reconhecimento seria difícil termos as bases para falarmos da perlaboração do Id.

Tendo a necessidade do tato e da elasticidade da técnica como balizas na condução do processo clínico, Ferenczi notou mudanças no modo como o sujeito se expressava em análise. Houve um destaque técnico da repetição como a reprodução das reações comportamentais e sintomáticas que seriam a base do sofrimento psíquico do sujeito e do trauma vivido por ele. Com isso, a situação analítica teria que ser desenvolvida para favorecer a repetição do trauma em condições favoráveis e, ao fazer isso, Ferenczi (1930/2011, 1933/2011) formulou novas hipóteses etiológicas a respeito do próprio trauma. Tecnicamente, com vimos no capítulo anterior, o relaxamento levaria o sujeito a ter uma maior liberdade e fluidez associativa, favorecendo a recordação. A partir daí, Ferenczi foi ainda mais longe na montagem do espaço clínico, uma vez que a "semelhança entre a situação analítica e a situação infantil incita mais, portanto, à repetição; o contraste entre as duas favorece a rememoração" (Ferenczi, 1930/2011, p. 76).

---

9 Veremos as resistências do Super-eu e o modelo de perlaboração a ela correspondente no próximo item.

Como efeito do relaxamento, Ferenczi observou o surgimento de sintomas corporais inéditos em análises que duravam anos, os quais precisavam ser explicados para além de seu efeito eminentemente catártico. Tais manifestações corporais estariam relacionadas a eventos precoces da história do sujeito, sem terem sido anteriormente associadas aos registros consciente/pré-consciente, e foram vistas como um material adicional para auxiliar a recordação, pois o que era expresso pelo corpo também carregaria um símbolo mnêmico. A partir dessas ideias, o analista poderia conceber esses sintomas como uma forma de comunicação e incluir os elementos manifestos por meio dela em uma intervenção. O efeito seria que

> *o passado, dessa vez reconstruído, aderia muito mais do que antes ao sentimento de realidade e de objetividade* (Dinghaftigket), *e, portanto, estava muito mais próximo, em sua natureza, de uma verdadeira* lembrança, *ao passo que até então o paciente limitava-se a falar de possibilidades, no máximo de plausibilidade, e suspirava em vão por lembranças. (Ferenczi, 1930/2011, p. 71, grifo do original)*

Pelos sintomas corporais houve uma alusão a um sentimento de concretude no conteúdo manifesto em análise. Ferenczi (1930/2011) notou que a proporção do relaxamento era tamanha em alguns pacientes que eles atingiam um *estado de transe* no qual era possível ele fazer perguntas e obter informações inéditas, que eram enunciados posteriormente ao sujeito, uma vez que era comum uma espécie de amnésia durante esse estado emocional. A descarga afetiva era tão intensa que Ferenczi (1930/2011) intitulou esse estado de *auto-hipnótico*, comparando-o com as ab-reações catárticas relatadas por Breuer e Freud em 1893. Contudo, haveria

> *uma diferença imensa entre esse desfecho catártico de uma longa psicanálise e essas erupções emocionais e mnêmicas, fragmentárias, de efeito apenas passageiro, que eram as únicas que a catarse primitiva poderia provocar. A catarse de que lhes falo é apenas, por assim dizer, como no caso de muitos sonhos, uma conformação oriunda do inconsciente, um sinal de que o nosso laborioso trabalho de construção analítica, a nossa técnica da resistência e da transferência, lograram finalmente alcançar a realidade etiológica. Portanto, a paleocatarse não tem muita coisa em comum com essa* neocatarse. *(Ferenczi, 1930/2011, p. 72, grifo do original)*

O resgate de conteúdos traumáticos na clínica ferencziana fez ressurgir um termo esquecido ou negligenciado pelo campo psicanalítico da época: a *neocatarse*. Foi usado no sentido de que a repetição vivida na situação analítica provocava um *estado de transe* classificado como eminentemente catártico. Contudo, a diferença da chamada neocatarse com relação à catarse seria que a técnica do relaxamento facilitava a emergência de partes separadas, clivadas, do Eu do sujeito, que se relacionavam ao trauma precoce.

Segundo Honda (2018), há dois pontos importantes para serem esclarecidos: Ferenczi comparou a neocatarse ao sonho e sua expressão apontaria para o caráter de realidade histórica no adoecimento psíquico. Na visão ferencziana, as manifestações neocatárticas guardariam uma relação análoga com o que Freud disse na "Interpretação dos sonhos" (1900), ou seja, seria a partir do conteúdo onírico manifesto que a interpretação acontecia a partir das associações livres do sujeito, e com isso o material associativo contido e desvelado pela análise do sonho auxiliaria as intervenções do analista. Similar ao sonho, as manifestações neocatárticas se apresentariam na situação analítica como um fenômeno inesperado, passível de interpretação. O que era expresso pelo corpo daria sustentação na continuidade das associações do sujeito e trariam um material novo para compor as interpretações e as construções do analista. Quando Ferenczi fez essa comparação, portanto, foi para destacar o valor analítico do conteúdo manifesto pela neocatarse.

Ferenczi (1930/2011) acreditava que, ao analisar os conteúdos manifestos pela neocatarse, seria possível alcançar experiências passadas relacionadas à origem do trauma do sujeito; o corpo carregaria traços de memória que não tiveram uma inscrição representacional. Os conteúdos trazidos pela neocatarse deram "grande importância ao fator traumático original na equação etiológica das neuroses" (Ferenczi, 1930/2011, p. 73) e por isso "uma análise não poderia ser considerada concluída, pelo menos teoricamente, se não se tiver conseguido alcançar o material mnêmico traumático" (Ferenczi, 1930/2011, p. 73).

Houve uma ênfase no trauma infantil precoce, tanto por abuso sexual quanto por falta de cuidado, em conjunto com a importância de alcançá-lo como critério para um tratamento ter alguma efetividade. *Alcançar* aqui faz referência ao analista testemunhar o trauma, como aquele que admite a sua ocorrência, o que implica, segundo Coelho Junior e Figueiredo (2018), na legitimação de uma experiência anteriormente negada pelo desmentido, possibilitando o reconhecimento do trauma como uma parte do passado e não mais como algo atual.

A partir desse contexto, Ferenczi viu a regressão às primeiras experiências infantis como um caminho para buscar a segurança que faltou na constituição subjetiva. Caberia ao analista criar condições para acolher o sofrimento do sujeito, pois o que não pôde ser simbolizado nas primeiras relações objetais do sujeito necessita encontrar uma chance para tal na análise. O relaxamento do sujeito favoreceria a regressão a momentos precoces da história dele relacionados com a experiência traumática, para assim entrar em contato com a parte clivada da personalidade.[10]

Na perlaboração do Id o viés intersubjetivo necessário para o enfrentamento das resistências se constitui por um trabalho de reconstrução das primeiras relações objetais do sujeito, para que ele possa sentir e viver pela primeira vez, em análise, a irresponsabilidade da infância, pois conta com a ternura e proteção do ambiente. Não se trata de dar ao sujeito o amor e o cuidado que ele nunca teve, mas de ajudá-lo a criar condições para lidar com o fato de que não foi amado e cuidado.

Em uma anotação do dia 14 de agosto de 1932, presente no "Diário clínico", Ferenczi (1932/1990, p. 252) nos fornece uma síntese das suas alterações técnicas e das razões que o levaram a isso:

> *No lugar de rememoração, a tentativa de repetição redundou tão somente, portanto, numa crise de histeria, com amnésia emocional consecutiva. O que é que pode levar aqui a uma mudança? Unicamente a confiança na bondade e na compreensão do analista. Este deve ser capaz de reconhecer todos os seus movimentos emocionais negativos e de libertar assim o paciente do sentimento de sua hipocrisia. Mas é necessário, além disso, que o paciente seja levado a sentir a bondade verdadeira do analista. Essa simpatia permitirá aos pacientes partilharem seus sofrimentos conosco e, desse modo,*

10 "A análise deve permitir ao paciente, moral e fisicamente, *the utmost regressions* [as mais extremas regressões] sem se envergonhar! É somente então, depois que ele (ela) desfrutou durante um certo tempo, sem escrúpulos, do *taking everything for nothing* [considerar tudo como nada], que o paciente fica em condições de adaptar-se aos fatos, até mesmo de tolerar o sofrimento alheio de um modo maternal (sem esperar algo em troca) (bondade)" (Ferenczi, 1932/1990, p. 155).

> *encontrarem-se em grande parte libertos. Em tais circunstâncias, a bondade e a energia do analista permitem evitar a explosão quando do contato entre o mundo dos sentimentos e o do pensamento, e consentem que a rememoração assuma, enfim, o lugar das repetições.*

Essa foi a saída encontrada por Ferenczi para que a compulsão à repetição não atualizasse o trauma na própria situação analítica, dando chances para haver a perlaboração da resistência do Id. As reflexões de Ferenczi nos trazem o reconhecimento da empatia e da intersubjetividade[11] como auxiliares importantes no enfrentamento dessa modalidade de resistência. Como uma outra forma de comunicação com pacientes traumatizados, além da associação livre, Ferenczi (1931/2011) apresentou a ideia de jogo de perguntas e respostas, como se ele *falasse* com a criança presente no adulto:

> *Como veem, deixei-me levar para um jogo que poderíamos chamar de perguntas e respostas, inteiramente análogo aos processos que nos descrevem os analistas de crianças, e já faz algum tempo que esse pequeno truque funciona muito bem. (Ferenczi, 1931/2011, pp. 82-83)*

Por trás da aparente ingenuidade dessa citação, vemos Ferenczi respeitar e dar liberdade para algumas ações de seus pacientes, buscando estabelecer contato com elas não só por meio das expressões verbais do adulto,[12] pois o que foi vivido em uma época

---

11 De acordo com Haynal (1997), termo nunca utilizado por Ferenczi, mas que nos é útil para fazer referência ao campo de relação criado na situação analítica em conjunto com o papel do outro na constituição subjetiva da criança.

12 "Não é raro os pacientes trazerem-nos, muitas vezes em meio às suas associações, pequenas histórias compostas por eles, até mesmo poemas ou rimas forçadas; alguns pedem-me um lápis para me presentear com um desenho ou

precoce, sem o total domínio da linguagem verbal, talvez não fosse alcançado total e somente por associações e recordações.

Nesse sentido, ele defendeu que não seria possível perguntar qualquer coisa e que para manter o diálogo estabelecido pelo jogo seria necessária uma adaptação do tom da fala e do tipo de pergunta ao contexto infantil: "mais de um paciente me jogou na cara que eu tinha sido desastrado, que tinha, por assim dizer, estragado o jogo" (Ferenczi, 1931/2011, p. 83). A partir da consideração do jogo, Ferenczi (1931/2011) mais uma vez afirmou a importância de alcançar a reprodução da experiência traumática como um critério a ser levado em consideração em uma análise. A concessão do analista ao lado do relaxamento do sujeito comporia um ambiente seguro para a regressão e, quando ela acontecia, o jogo seria a maneira de comunicação privilegiada.

Orientado pelas reflexões ferenczianas, mas sem citá-las diretamente, para Roussillon (2016), a perlaboração do Id seria orientada pelo jogo infantil. Na medida que a análise consegue criar um ambiente protetor e acolhedor, o sujeito conseguiria ter condições de sentir e representar, pela primeira vez, as experiências traumáticas mediante um trabalho a dois, o qual se dá por meio do "compartilhamento da experiência e de uma recarga libidinal que são indispensáveis para que as experiências em sofrimento de simbolização do paciente possam se ligar e se integrar à trama do Eu pré-consciente" (Roussillon, 2016, p. 370).

A aposta é alta: o analista possibilitaria um amparo e um contexto no qual a falha do ambiente seria reparada, buscando uma

---

um retrato, em geral muito primitivo. Naturalmente, deixo-os fazer tudo isso e aceito essas pequenas doações para me servirem de ponto de partida para outras formações fantasísticas que serão mais tarde submetidas à análise" (Ferenczi, 1931/2011, p. 86).

integração da personalidade do sujeito, anteriormente clivada. Ferenczi, em um de seus últimos textos, fez uma consideração importante: "Talvez não lhe possamos oferecer tudo o que lhe caberia em sua infância, mas só o fato de que possamos vir em sua ajuda já proporciona o impulso para uma nova vida" (Ferenczi, 1934/2011, pp. 134-135).

Na minha visão, tão fundamental quanto as alterações de enquadre que discutimos até aqui, a implicação do analista também tem que ser questionada, pois pode levar a excessos, como ameaças de sugestão e de sedução narcísica pelo analista. Isso não só nos casos que envolvem traumatismos precoces, mas em qualquer análise. Observação que nos remete ao questionamento do nosso próprio trabalho enquanto analistas, o que Ferenczi defendeu em 1928, quando apontou a importância da análise do analista.

Conforme destaca Figueiredo (2019), as fantasias onipotentes e reparadoras do analista precisam ser consideradas. O equilíbrio entre sua implicação e reserva no plano intersubjetivo dependeria da reserva da fantasia do "salvador de almas" no plano intrapsíquico. Caso contrário, há o risco de infantilizar e alienar transferencialmente o sujeito na fantasia redentora do analista. Tais riscos estariam presentes em qualquer análise, com a chance de serem maiores em uma clínica orientada pelas reflexões ferenczianas, pois a implicação do analista e a elasticidade da técnica tendem a minimizar resistências e manifestações transferenciais negativas. Advertência importante, pois coloca em destaque os efeitos das pulsões de morte, decorrentes das resistências do Id.

A discussão caminharia para pensarmos na questão de como e em que condições o sujeito se apropria, admite em si, o que foi produzido em análise. Toda a apresentação que fizemos sobre a perlaboração do Id envolve criar possibilidades para o sujeito vivenciar algo da ordem do não experienciado, passo fundamental, porém, temos outra faceta importante: como o vivido em análise é internalizado pelo sujeito.

Os riscos de sugestão e de sedução na e pela análise estariam nesse ponto. Acredito que uma maneira de pensar sobre eles seria a partir da problemática imposta pela reação terapêutica negativa, a forma de manifestação da resistência do Supereu.

Reação terapêutica negativa, masoquismo moral e necessidade de punição: elementos para a perlaboração do Super-eu

A reação terapêutica negativa foi aludida por Freud (1914a/2010) em "Recordar, repetir e elaborar" para falar sobre o agravamento dos sintomas no tratamento como sinal da proximidade do retorno do recalcado, depois foi citada para se referir à dificuldade encontrada durante a análise do Homem dos Lobos,[13] mas só em 1923 foi descrita de um modo mais completo. Foi a partir da dificuldade clínica imposta por ela que foi possível o reconhecimento da resistência do Super-eu e, consequentemente, da perlaboração correspondente a ela. Inicialmente, para entender o que estava em questão na expressão da reação terapêutica negativa, Freud observou o chamado sentimento inconsciente de culpa:

> *Mas a nova constatação, que nos obriga, apesar da melhor compreensão crítica, a falar de um* sentimento de culpa inconsciente, *desconcerta-nos bem mais e nos*

13 "No tratamento psicanalítico ele se comportava exatamente assim, ao desenvolver uma 'reação negativa' passageira; depois de cada solução decisiva, ele procurava por um momento negar o seu efeito, mediante um agravamento do sintoma resolvido" (Freud, 1918[1914]/2010, p. 93).

> *oferece novos enigmas, sobretudo quando gradualmente notamos que um tal sentimento de culpa inconsciente tem papel decisivo, em termos econômicos, num grande número de neuroses, e ergue os maiores obstáculos na direção da cura. (Freud, 1923/2013, pp. 33-34, grifo do original)*

Para explicar o que envolveria a expressão desse sentimento, Freud (1923/2013) introduziu a terceira instância da personalidade, o Super-eu. Antes de falarmos da perlaboração do Super-eu e das relações do Super-eu com o Eu e o Id, faremos uma breve exposição de como ocorreria sua formação.

O Super-eu origina-se de uma gradação do Eu, a partir do declínio do Complexo de Édipo. Em suma, a criança renunciaria à satisfação de seus desejos, uma vez que esses foram interditados pela instância parental. Para tanto, ocorreria a transformação do investimento nos pais em uma identificação com eles, levando à interiorização da interdição. É desse lugar que o Super-eu conserva seu caráter recriminador. Até aqui, o Super-eu seria um resíduo das escolhas objetais do Id, contudo há uma formação reativa em questão, uma vez que suplantar o Complexo de Édipo exigiria alguns custos:

> *Sua relação com o Eu não se esgota na advertência: "Assim (como o pai) você* deve *ser"; ela compreende também a proibição: "Assim (como o pai) você* não pode *ser, isto é, não pode fazer tudo o que ele faz; há coisas que continuam reservadas a ele". E essa dupla face do ideal do Eu*[14] *deriva do fato de ele haver se empenhado*

14 Em 1923, Super-eu e Ideal do Eu foram usados como sinônimos. Apenas em 1933, na conferência "A dissecção da personalidade psíquica", houve a

> *na repressão do Complexo de Édipo, de até mesmo dever sua existência a essa grande reviravolta. (Freud, 1923/2013, pp. 42-43, grifo do original)*

No pensamento freudiano, o Super-eu tem uma incidência dupla no Eu: o "deve ser" impõe ao Eu uma exigência de ideal a ser buscada e o "não pode ser", como interdição, traz o tom moral pelo qual o Eu é submisso. O Super-eu é oriundo da identificação primária do bebê com os pais e/ou cuidadores e por isso é o representante da relação com eles, sendo chamado de herdeiro do Complexo de Édipo. Importante apontar que o Super-eu seria o terreno de expressão das pulsões e alvos libidinais do Id, "Enquanto o Eu é essencialmente representante do mundo exterior, da realidade, o Super-eu o confronta como advogado do mundo interior, do Id" (Freud, 1923/2011, p. 45).

A renúncia aos desejos edipianos amorosos e hostis está no núcleo de formação do Super-eu, que também conta com a participação cultural, por meio da religião, da educação. O Super-eu herdou os conflitos do Eu com os investimentos objetais do Id, lembrando que o Id não experimentaria nenhuma vinculação externa sem a mediação do Eu, que representa o mundo externo, já o Super-eu é a instância que tem uma lei e ao mesmo tempo proíbe a sua transgressão.

O sentimento de culpa é o resultado da tensão entre as demandas do Super-eu e as respostas do Eu, a rigidez e o domínio do primeiro sobre o segundo acontecem pois o Super-eu foi formado quando o Eu ainda não tinha se desenvolvido totalmente. O Super-Eu é uma espécie de "monumento que recorda a anterior fraqueza e dependência do Eu, e que mantém predomínio sobre o Eu

introdução de funções relativas ao Super-eu, seriam elas: auto-observação, consciência moral e formação de ideal.

maduro. Assim como a criança era compelida a obedecer os pais, o Eu submete-se ao imperativo categórico do seu Super-eu" (Freud, 1923/2013, p. 60). Contudo, essa relação não é apenas dual, ainda falta elucidar o papel do Id, pois foi dos primeiros investimentos objetais dele que o Super-eu teve estofo para se formar, tornando-o também próximo do Id, representando-o no Eu. Por guardar os traços objetais do Id, o Super-eu teria uma maior distância do âmbito consciente do que o Eu.

Foi nesse momento do "Eu e o Id" que Freud (1923/2013) citou a reação terapêutica negativa:

> *Não só nos convencemos de que tais pessoas não toleram elogio e reconhecimento, mas de que reagem aos progressos da terapia de maneira inversa. Toda solução parcial, que deveria trazer – e traz em outros – uma melhora ou suspensão temporária dos sintomas, nelas provoca um momentâneo exacerbar do sofrimento, elas ficam piores durante o tratamento, em vez de melhorar. Mostram a chamada* reação terapêutica negativa. *(p. 61, grifo do original)*

Haveria nela dois pontos importantes para serem considerados. O primeiro seria que sua existência ajuda a esmiuçar as relações entre Eu, Id e Super-eu; a culpa seria o sinal da conexão entre as três estruturas do psiquismo, e a forma com que ela se expressa seria diferente em alguns quadros de sofrimento psíquico. Já o segundo mostra como a relação do Eu com o Super-eu é próxima: este agiria de modo independente em relação ao Eu, o que ajudaria a explicar a *inconsciência* da culpa sentida pelo sujeito quando a reação terapêutica era expressa.

A relação entre Eu e Super-eu pode ser inconsciente em alguns momentos e ter sua expressão subjetiva em um sentimento de culpa aniquilador como é o caso da melancolia,[15] no surgimento de sintomas para fugir dela em uma neurose obsessiva[16] ou na realização em ato;[17] de qualquer modo, a conclusão seria que "uma grande parte do sentimento de culpa teria de ser inconsciente, porque a origem da consciência moral está intimamente ligada ao complexo de Édipo, que pertence ao inconsciente" (Freud, 1923/2013, p. 65).

Temos uma questão aqui: como o Super-eu conseguiria desenvolver uma crítica, já que, nos alerta Freud, o sentimento de culpa seria a percepção do Eu dessa mesma crítica, tão dura e rigorosa com o Eu? Como resposta temos que "o componente destrutivo instalou-se no Super-eu e voltou-se contra o Eu" (Freud, 1923/2013, p. 66). Importante retomarmos os possíveis destinos da pulsão de morte: um certo montante pode se ligar com cargas eróticas, outra cota ser direcionada para o ambiente externo na forma de agressão e o que restou dessa quantia circularia livremente pelo psiquismo. Tais caminhos entram em conflito com a restrição da satisfação pulsional pela moralidade, uma vez que o

15 "Na melancolia é ainda mais forte a impressão de que o Super-eu arrebatou a consciência. Mas aqui o Eu não ousa reclamar, ele se reconhece culpado e submete-se ao castigo" (Freud, 1923/2013, p. 64).

16 "Na neurose obsessiva predominam notoriamente os fenômenos de formação reativa; aqui o Eu consegue apenas manter a distância o material a que se refere o sentimento de culpa" (Freud, 1923/2013, p. 65).

17 "Foi uma surpresa descobrir que um acréscimo deste sentimento de culpa *ics* pode converter um homem em criminoso. Mas não há dúvida de que é assim. Em muitos criminosos, principalmente juvenis, pode-se demonstrar que havia um poderoso sentimento de culpa antes do crime, e que, portanto, é o motivo deste, não sua consequência; como se fosse um alívio poder ligar este sentimento de culpa inconsciente a algo real e imediato" (Freud, 1923/2013, pp. 65-66).

Id é totalmente amoral, o Eu tenta se adequar à moral e o Super-eu alcança tons hipermorais.

A questão da moral está diretamente relacionada com a restrição da agressividade, principalmente no seu direcionamento para o ambiente externo. Na ótica freudiana, quanto mais a vivência da agressividade não consegue ter expressão externa, mais crueldade e severidade compõem o Supereu, voltando como recriminações ante ao Eu. O retorno da agressividade para o Eu traz elementos que nos ajudam a entender a problemática posta pela reação terapêutica negativa.

Vimos como o Super-eu nasceu a partir dos primeiros investimentos objetais do Id, pela identificação com os pais. No contexto da formação do Supereu, em todo mecanismo identificatório haveria uma sublimação ou dessexualização, e seriam essas formações reativas que possibilitariam superar o Complexo de Édipo. Nesse processo também ocorreria uma disjunção pulsional, o que ajudaria a explicar a severidade assumida pelo Super-eu, pois o

> *componente erótico não tem mais a força, após a sublimação, de vincular toda a destrutividade a ele combinada, e esta é liberada como pendor à agressão e à destruição. Dessa disjunção o ideal tiraria o caráter duro e cruel do imperioso "Ter que". (Freud, 1923/2013, pp. 68-69)*

Quando o modelo parental se instaura no Eu, ocorre a desagregação entre os componentes eróticos e destrutivos, aumentando a severidade do Super-eu. O tom hipermoral que ele adquire seria oriundo do trabalho feito pelo Eu, ao mesmo tempo que forma uma ameaça a ele próprio. Por isso Freud (1923/2013) disse que, de todas as relações de dependência do Eu, a mais intrigante delas seria com o Super-eu.

O Eu é a sede da angústia na proposição topográfica que Freud (1923/2013) apresentou; as respostas do Eu, quando ameaçado, seriam a produção da angústia e "é possível dizer o que se esconde atrás da angústia do Eu ante o Super-eu, angústia da consciência moral" (Freud, 1923/2013, p. 72). Esse *fator moral* é o que estaria em jogo no sentimento de culpa que encontraria satisfação no adoecimento psíquico e não permitiria ao sujeito renunciar ao sofrimento, impondo-o a si mesmo como um castigo. A questão fica ainda mais complicada pois "este sentimento de culpa permanece mudo para o doente, não lhe diz que é culpado; ele não se sente culpado, mas doente... manifesta-se apenas como uma resistência à cura difícil de ser reduzida" (Freud, 1923/2013, p. 62).

Em o "Eu e o Id" (1923), a reação terapêutica negativa é a forma de expressão da inconsciência em se sentir culpado. Ela apareceu como um paradoxo, pois à primeira vista parecia ser um benefício do adoecimento neurótico, mas aprisionava o sujeito em um mesmo circuito de sofrimento. Contudo, nesse texto de 1923 faltou explicar como o sujeito encontraria satisfação em sofrer, pois essa constatação estaria distante de estabelecer qualquer relação plausível com o princípio de prazer.

A resposta nos foi dada por Freud em 1924: em "O problema econômico do masoquismo" ele buscou relacionar a reação terapêutica negativa com o masoquismo moral. Inicialmente, o reconhecimento de tendências masoquistas atuantes no sujeito seria enigmático, pois, no âmbito econômico, a universalidade do princípio de prazer teria que ser relativizada, "Se a dor e o desprazer podem já não ser advertências, mas objetivos em si mesmos, o princípio de prazer é paralisado, o guardião de nossa vida psíquica é como que narcotizado" (Freud, 1924/2013, p. 185). Para verificar a prevalência do princípio de prazer na regulação do psiquismo seria importante mostrar a relação dele com as pulsões de vida e de morte.

Freud (1924/2013) retomou a ideia de que o psiquismo operaria segundo o princípio de estabilidade, buscando manter a quantidade de excitação em um nível constante. Ele citou o princípio do Nirvana, expressão sugerida por Barbara Low, para se referir à tendência da pulsão de morte em promover um retorno ao inanimado, aniquilando os aumentos de tensão. Nesse sentido, todo prazer seria sentido como um rebaixamento de intensidades. Aumentos ou diminuições de estímulos seriam relacionados com sentimentos de tensão, contudo existem tanto tensões prazerosas quanto distensões prazerosas. Assim sendo, prazer e desprazer não guardariam uma relação direta com aumento e/ou diminuição da quantidade de tensão. Haveria uma questão qualitativa que não é contida pelas descrições metapsicológicas, ou seja, a *forma* que o prazer é sentido pelos sujeitos varia enormemente. O princípio do Nirvana pertenceria ao âmbito da pulsão de morte e sofreu uma modificação, tornando-se princípio de prazer. Já a pulsão de vida adquiriu território na regulação dos processos vitais e estaria aí a força da libido, logo

> *o princípio do* Nirvana *exprime a tendência do instinto de morte, o princípio do* prazer *representa a reivindicação da libido, e a modificação dele, o princípio de* realidade, *a influência do mundo externo. Nenhum desses três princípios é realmente colocado fora de ação por outro. (Freud, 1924/2013, p. 187, grifo do original)*

Os conflitos aconteceriam quando a meta estabelecida envolve a diminuição quantitativa de uma carga de excitações ao lado do caráter qualitativo relacionado a elas. Para intermediar esses polos, ocorreria o adiamento da descarga, aceitando uma cota de tensão temporária, sentida como desprazer, "o que concluímos dessa discussão é que não se pode recusar a denominação de guardião da vida para o princípio do prazer" (Freud, 1924/2013, p. 187). Vemos que a relação quantitativa e qualitativa entre as excitações nem sempre atingiriam a satisfação sem conflitos. Logo, o princípio de prazer não teria prevalência no psiquismo e a explicação do masoquismo ficaria menos especulativa, uma vez que o masoquista encontraria satisfação no sofrimento e procuraria mantê-lo a qualquer custo.

Freud (1924/2013) diferenciou três formas de masoquismo: erógeno, feminino e moral. O erógeno envolve prazer na dor, não seria clinicamente observável, teria fundamentos biológicos e constitucionais, configuraria a base de toda perversão masoquista. A ideia freudiana era que a libido teria como alvo desviar uma cota da pulsão de morte para o mundo externo, disponibilizando-a diretamente para a função sexual, dando forma ao sadismo, apoderando-se, exercendo poder e controle sobre o objeto. A parcela da pulsão de morte que não foi dirigida para fora "permanece no interior, como seu resíduo, o masoquismo propriamente erógeno, que, por um lado, tornou-se componente da libido, e, por outro lado, ainda tem o próprio ser como objeto" (Freud, 1924/2013, p. 192), por isso foi chamado de masoquismo primário.[18] O feminino se refere ao prazer em ocupar uma posição passiva, "ser castrado, ser possuído ou dar à luz" (Freud, 1924/2013, p. 189), estaria em questão aqui o sujeito ser tratado como uma criança pequena mal comportada e sofrer punições por isso. Nessas duas primeiras formas haveria a exigência de que a pessoa amada e/ou pela qual se tem desejo seja o agente que inflige o sofrimento.

---

18 O masoquismo secundário se define por um retorno do sadismo contra o próprio sujeito, somando-se ao masoquismo primário.

Já o masoquismo moral conseguiria atenuar a magnitude da sexualidade, pois

> *O que importa é o sofrimento mesmo; se ele é infligido por uma pessoa amada ou outra qualquer, não faz diferença; pode ser causado também por poderes ou circunstâncias impessoais . . . tudo convida a deixar de lado a libido e limitar-se a supor que o instinto de destruição foi novamente voltado para dentro e se enfurece com a própria pessoa.* (Freud, 1924/2013, p. 194)

A expressão do masoquismo moral acontece por meio da reação terapêutica negativa, "o sofrimento que acompanha a neurose é justamente o fator que a torna valiosa para a tendência masoquista" (Freud, 1924/2013, p. 195), o tom hipermoral do Super-eu ajudaria a explicar a tendência de certos sujeitos se manterem adoecidos. Contudo, era intrigante o fato de que tais sujeitos não se sentiam conscientemente culpados e apontar uma inconsciência desse sentimento não parecia muito útil.

Chamar de necessidade de punição parecia mais apropriado para o que envolveria a expressão da reação terapêutica negativa, pois a culpa que a compõe seria expressa como necessidade de *estar em sofrimento*, "Creio que em certa medida atenderemos à sua objeção se rejeitarmos a expressão 'sentimento de culpa inconsciente' – psicologicamente incorreta, de todo modo – e utilizarmos 'necessidade de punição', que cobre de maneira igualmente precisa o estado de coisas observado" (Freud, 1924/2013, p. 195). A intenção freudiana era mostrar o quanto essa necessidade carregaria em si uma força que tenderia a aniquilar o sujeito, destacando assim o caráter irredutível da pulsão de morte.

Nesse ponto é importante diferenciarmos hipermoralidade inconsciente e masoquismo moral. A primeira tem relação com o sadismo intensificado do Super-eu, em relação ao qual o Eu procura se adequar e a tensão entre eles produz culpa. Já o masoquismo moral se refere ao masoquismo do próprio Eu, que anseia por castigo. O agente pode ser o Super-eu, assim como qualquer situação, pessoa ou instituição, o fundamental é haver no Eu a representação da autoridade e do poder parentais. Por isso que no masoquismo moral o sujeito não teria *consciência* da culpa envolvida, uma vez que nessa situação específica Eu e Super-eu não têm uma relação de conflito, o "sadismo do Super-eu e o masoquismo do Eu complementam um ao outro e se juntam para produzir as mesmas consequências" (Freud, 1924/2013, p. 201): a punição.

No masoquismo moral, a sexualidade envolvida no processo ficaria difícil de ser rastreada devido à grande possibilidade de representantes do poder parental estarem presentes, porém haveria o elemento erótico, que envolveria

> *o desejo de ser surrado pelo pai, tão frequente nas fantasias, é muito próximo àquele outro, de ter uma relação sexual passiva (feminina) com ele, e constitui apenas uma deformação regressiva deste... com o masoquismo moral, a moralidade é novamente sexualizada, o complexo de Édipo é revitalizado. (Freud, 1924/2013, p. 200)*

A moralidade seria sexualizada novamente na expressão do masoquismo moral e, para provocar o castigo dos representantes parentais, o sujeito se colocaria em situações inadequadas, agiria contra seus próprios interesses, sabotaria perspectivas futuras e, no extremo, eliminaria sua vida. Freud viu no masoquismo moral um exemplo da intricada mistura das pulsões de morte e de vida. Da primeira, corresponde a parcela da destrutividade que não conseguiu ser dirigida para o ambiente externo, retornando como o sadismo do Super-eu. Da segunda, seu significado erótico apareceu no Eu como intensificação do masoquismo, com isso o sadismo do Super-eu ganharia sua complementação, logo "a autodestruição do indivíduo não pode ocorrer sem satisfação libidinal" (Freud, 1924/2013, p. 202).

Em "O problema econômico do masoquismo" (1924) vemos que a questão posta pela reação terapêutica negativa envolveria uma complementaridade entre o sadismo do Super-eu e o masoquismo do Eu. Para Freud, seria importante desvelar o significado erótico dessa junção, que se daria pelo desejo de ser punido por um representante parental. A questão para nós, analistas, seria como fazer isso sem cair nas armadilhas e nos paradoxos que Freud, por exemplo, enfrentou durante a análise do Homem dos Lobos.

Ao lembrarmos das ideias ferenczianas referentes aos efeitos do trauma precoce, notamos como seria difícil o estabelecimento de uma operacionalidade da situação analítica diante de uma intensa reação terapêutica negativa, uma vez que o Eu sofreu a incidência de defesas muito primordiais, com as decorrentes falhas na constituição narcísica. As ideias freudianas nos são importantes pois fornecem uma possibilidade de reflexão para vermos de que modo a resistência do Super-eu se expressa como reação contrária aos efeitos da própria análise, com a possibilidade de a situação analítica reproduzir a experiência traumática, mobilizando a ativação de resistências que impossibilitariam, em um primeiro momento, qualquer tipo de intervenção.

Nesse contexto, Freud (1937a/2019, pp. 305-306) disse que "O fato decisivo é que os mecanismos de defesa contra os perigos do passado retornam, na terapia, como *resistências* à cura. Disso resulta que a própria cura é tratada como um novo perigo pelo Eu" (grifo do original). As interpretações correm o risco de se tornarem inoperantes e o Eu fragilizado, retraído, apresentaria uma resistência contra a revelação das resistências. Estaria aqui o lugar da resistência do Super-eu, como tudo aquilo que impõe obstáculos para a atenuação de sofrimento do sujeito, para além das resistências do Id e do Eu.

O caráter irredutível da pulsão de morte, para Freud, seria o grande responsável para, nos casos graves, haver a "viscosidade da libido" (Freud, 1937a/2019, p. 309), como se as exigências e metas das intensidades fossem tão fixas e imutáveis que não permitissem uma satisfação substitutiva ou intermediária,[19] e o Eu, já reduzido no seu campo de operação, não encontraria nenhuma saída possível, ficando imóvel diante do mesmo circuito libidinal. Seria muito custoso o desinvestimento em certos objetos e modos de funcionamento para outros investimentos, a rigidez existente aponta para a necessidade de *estar em sofrimento*. Lembramos aqui da amável apatia de Serguei como a grande responsável por Freud impor uma data de término para a análise de seu paciente, não importando o que acontecesse. Diante de situações nas quais fosse predominante a necessidade de punição, na visão freudiana, estaríamos no limite do analisável.

> *Sendo muito grande a força instintual, o Eu amadurecido e sustentado pela análise malogra em sua tarefa, assim como antes o Eu desamparado; o domínio sobre os instintos se torna melhor, mas imperfeito, já que a transformação sobre o mecanismo de defesa é incompleta. Nisso não há do que se admirar, pois a análise não trabalha com meios de poder ilimitado, mas*

19 "Mas nos casos que me refiro, todos os desenvolvimentos, vínculos e distribuições de força se revelam imutáveis, fixos e rígidos" (Freud, 1937a/2019, p. 310).

> *limitado, e o resultado final sempre depende das forças relativas das instâncias que lutam entre si. (Freud, 1937a/2019, p. 294)*

No pensamento freudiano, sempre estaria em evidência uma tendência à inércia, pelo caráter irreduzível da pulsão de morte. No entanto, lidar tecnicamente com a reação terapêutica negativa, a resistência do Super-eu, foi uma questão que ficou inconclusa na obra freudiana, foi citada brevemente em alguns textos[20] e não foi realizada uma discussão técnica detalhada de como lidar com ela.

Acredito ser plausível admitirmos que Freud reconheceu o risco da situação analítica reavivar o trauma, reativando as intensidades referentes ao recalque originário. Nesse caso, a reação terapêutica negativa prevaleceria, anulando o prosseguimento da análise, uma vez que a interpretação *da* resistência seria ineficaz. Haja vista que a reação terapêutica negativa coloca abaixo a supremacia do princípio de prazer. Contudo, Freud (1937b/2019) viu na construção uma saída técnica possível:

> *Quando a análise se acha sob a pressão de elementos fortes que impõe uma reação terapêutica negativa, como sentimento de culpa, necessidade de sofrimento masoquista, revolta contra o auxílio do analista, a conduta do paciente após ouvir a construção nos torna fácil, com frequência, chegar à decisão procurada. Se a construção é errada, nada muda no paciente; mas se*

---

20 Em "O Eu e o Id" (1923/2013, pp. 62-63), "Inibição, sintoma e angústia" (1926a/2014, p. 108), "A questão da análise leiga" (1926b/2014, p. 181), Conferência 32, "Angústia e instintos" (1933a/2010, pp. 260-261), "Análise terminável e interminável" (1937a/2019, p. 311), "Construções em análise" (1937b/2019, p. 338) e no "Compêndio de psicanálise" (1940[1938]/2019, p. 105 e p. 109).

> *ela é correta ou traz uma aproximação à verdade, ele reage a ela com uma inconfundível piora dos sintomas e do estado geral. (Freud, 1937b/2019, p. 338)*

O critério de uma construção estar correta ganhou um novo aspecto, o antigo era aumentar a recordação e promover novas associações, agora a novidade é que também poderia causar um agravamento dos sintomas. A utilização da construção, em um dos últimos trabalhos técnicos freudianos, foi vista como uma possibilidade a ser considerada além da interpretação, principalmente em situações nas quais houvesse a prevalência da reação terapêutica negativa.

Em uma nota de rodapé presente no "O Eu e o Id" (1923), Freud fez alguns apontamentos técnicos sobre como lidar com a necessidade de punição, ainda chamada de sentimento inconsciente de culpa. A dificuldade que a envolve acontece porque não seria possível expor ao sujeito diretamente o conflito, contudo há "uma oportunidade especial de influenciá-lo quando este sentimento *ics* é *emprestado*, ou seja, é produto da identificação com uma outra pessoa, que uma vez foi objeto de um investimento erótico" (Freud, 1923/2013, p. 62). A ideia era que a necessidade de punição seria o único vestígio de um investimento objetal abandonado e, se fosse desvendado a partir da vinculação transferencial no tratamento, a análise avançaria. Entender como o sujeito colocaria o analista no lugar de um investimento objetal passado seria fundamental para lidar com a resistência do Super-eu, mas como fazer isso?

Freud (1923/2013) fez uma ressalva que nos parece interessante: disse que questões relativas à reação terapêutica negativa teriam uma maior evidência em casos graves de neurose, mas que, provavelmente, seria uma dimensão a ser trabalhada em qualquer análise: "talvez seja precisamente esse fator, o comportamento do ideal do Eu, que determine a gravidade de uma doença" (p. 63). Observação fundamental para a nossa discussão, pois a resistência do Super-eu foi apresentada em 1926 como o trabalho a ser feito por causa do sentimento inconsciente de culpa e/ou necessidade de punição, sendo que a magnitude da presença deles se relacionaria com a gravidade de um adoecimento psíquico.

A reação terapêutica negativa é um efeito da resistência do Super-eu. Posso dizer aqui, a partir do que vimos nas reflexões ferenczianas sobre o trauma precoce, o quanto os abalos nas identificações parentais e na constituição do narcisismo produziriam um Super-eu ainda mais cruel. Estaria aí, provavelmente, uma explicação para a baixa produção associativa e fantasística de sujeitos traumatizados em conjunto com a magnitude na expressão da reação terapêutica negativa que os acompanha.

Penso também na vertente mortífera que o narcisismo secundário pode adquirir. A partir de 1923, o desinvestimento libidinal do objeto para a libido do Eu ocorre em conjunto com uma disjunção pulsional e uma cota da pulsão de morte não sublimada pode aumentar ainda mais a tendência opressora do Super-eu, tornando o sujeito ainda mais submisso aos representantes parentais investidos.

Os riscos de a pessoa do analista ocupar o ideal do Eu para o sujeito estão postos e envolvem ameaças de sugestão e de sedução maléficos para uma análise. Observação que não passou despercebida por Freud, embora nos pareça que a expressão da resistência do Super-eu o colocava diante de limite técnico e ético:

> *e a isto se relaciona a tentação de desempenhar, ante o paciente, o papel de profeta, salvador de almas, redentor. Como as regras da análise se opõem resolutamente a essa utilização da personalidade médica, há que*

> *honestamente conceder que temos aí um novo limite à ação da psicanálise, que, afinal, deve proporcionar ao Eu do paciente a* liberdade *de decidir de uma ou outra maneira, e não tornar impossíveis as reações patológicas. (Freud, 1923/2013, p. 63, grifo do original)*

Acredito que pensar em como lidar tecnicamente com a reação terapêutica negativa é fundamental para a perlaboração da resistência do Super-eu, na medida que envolve o questionamento de quais as condições para o sujeito admitir o que é produzido e sentido em análise. A dificuldade e ameaça ao narcisismo do analista impostos pela necessidade de punição podem causar uma "identificação de empréstimo" (Roussillon, 2016, p. 371) e nela estaria a possibilidade de aprisionamento transferencial do sujeito em conjunto com o risco de sedução do analista.

A perlaboração da resistência do Super-eu ocorreria em paralelo com a do Id, pois para representar e admitir o que foi revelado em análise é importante ter conhecimento de quem possibilitou a apropriação subjetiva do sujeito, preferencialmente, sem a eterna presença do analista.

Nesse contexto, segundo Roussillon (2016), para lidar com a resistência do Super-eu seria necessário entender como a sombra dos objetos parentais caíram sobre o Eu do sujeito, contribuindo para a formação do Super-eu. Lembrando que "o Super-eu da criança é construído não segundo o modelo dos pais; mas do Super-eu dos pais; preenche-se com o mesmo conteúdo, torna-se veículo da tradição, de todos os constantes valores que se propagam de geração a geração" (Freud, 1933b/2010, p. 205). Essa passagem mostra que a sombra dos objetos parentais se torna a sombra do Super-eu da criança sobre o seu Eu.

Para o analista tornar viável a perlaboração do Super-eu é importante ele ter sido anteriormente analisado, tendo um risco menor de seus ideais, seus investimentos objetais e suas teorias invadirem a situação analítica, inviabilizando a escuta e aumentado a possibilidade de excessos ocorrerem, ponto que não passou despercebido por Ferenczi (1928b/2011), quando enunciou a análise do analista como segunda regra fundamental da psicanálise, ponto retomado por Roussillon (2016, p. 372), já que "Mascarar para si mesmo esse dado é correr o risco de enquistar um ponto de contratransferência e exacerbar a submissão ou a revolta do analisando diante de um Super-eu-ideal do Eu alienante".

Vemos aqui que a questão para a perlaboração do Super-eu recai sobre a análise do analista como forma de possibilitar o questionamento e o uso que ele pode fazer da contratransferência, tanto para evitar o iminente risco de sedução e sugestão quanto para permitir que a intersubjetividade ajude no acesso a conteúdos que não foram conscientes/pré-conscientes anteriormente, viabilizando a comunicação deles em uma situação analítica.

Esses apontamentos, em minha visão, estariam presentes em qualquer análise e teriam uma relevância ainda maior em situações em que houvesse a predominância da necessidade de punição no transcorrer de um tratamento. As reflexões técnicas de Ferenczi embasam a importância da expressão e da análise da transferência negativa em conjunto com a reação terapêutica negativa, pois, idealmente, permitem ao sujeito dizer *não* ao analista, evitando submissões alienantes e violentas.

Talvez seja possível pensarmos uma diferença entre transferência negativa e reação terapêutica negativa. Na obra freudiana, especificamente nos artigos técnicos, positivo e negativo qualificam descritivamente a natureza dos afetos transferidos para o analista. A reação terapêutica negativa não guarda uma relação descritiva com o que acontece na situação analítica, ela é uma resposta do sujeito *com* e *para* ele mesmo, mas a expressão dela em análise ocorreria por meio de uma transferência negativa.

Na leitura que fizemos, não notamos que Ferenczi fez essa diferença em seu pensamento. Ao relembrarmos que ele colocou a importância de o sujeito expressar sua transferência negativa como condição para o encerramento de uma análise, talvez seja possível lançarmos uma hipótese: estimular a manifestação da transferência negativa traria uma repercussão favorável à análise, pois, possivelmente, possibilitaria uma contenção e/ou diminuição na expressão da reação terapêutica negativa.

Com isso, o analista evitaria que a sua própria sombra caia sobre a análise, conforme disse Roussillon (2016). Possibilitar a perlaboração do Super-eu passaria pelo questionamento do narcisismo do analista, e, caso esse não influencie tanto uma análise, pode permitir ao sujeito não só um trabalho de diferenciação Eu/não Eu, mas também uma maior distância da sombra e da influência de seu próprio Super-eu no Eu.

Sem esse posicionamento, o analista substituiria seus ideais e suas tendências não analisadas no lugar dos representantes parentais do sujeito, e a análise se tornaria mais um espaço influenciador e sedutor, podendo reatualizar o trauma. Aponto que a consideração da situação analítica como um espaço intersubjetivo necessita da contratransferência[21] para promover a perlaboração do Super-eu e do Id.

Relembremos os sintomas transitórios observados por Ferenczi (1930/2011). Esses seriam evidências de divisões da personalidade, uma vez que comunicavam ao analista estados muito

---

21 Após as reflexões ferenczianas, a discussão da contratransferência foi retomada no campo psicanalítico por Bálint e Bálint (1939) e Heimann (1950).

primordiais da vida do sujeito, não conseguindo ser expressos pela linguagem verbal. Possivelmente, os sintomas transitórios reverberariam no próprio analista. É esperado que, com a análise da contratransferência, ele consiga determinar a origem e o significado desses, tornando possível uma discriminação se esse sintoma, embora ativado na e pela relação transferencial, não tenha relação com ele, melhor dizendo, se esse sintoma não comunicaria ao analista, via identificação projetiva,[22] angústias e fantasias que não pertencem ao registro consciente/pré-consciente do sujeito.

Nessa forma de comunicação, o analista sente e vive sensações do sujeito antes de propor uma intervenção, ele decodificaria e devolveria ao sujeito, em palavras, todo um campo de intensidades. Estaria aí a vertente de cocriação necessária à existência da perlaboração, principalmente nos dois modelos que vimos neste capítulo.

Freud e Ferenczi não diferenciaram a perlaboração em modelos a partir dos diferentes tipos de resistência. Para tal, os apontamentos de Roussillon (2016) foram fundamentais, contudo, esta pesquisa buscou embasar os fatores metapsicológicos e técnicos

---

22 Menciono esse conceito de Klein (1946/1991) para apontar um possível destino no campo psicanalítico da problemática apontada por Ferenczi de como o analista entraria em contato com conteúdos alheios à alçada do consciente/pré-consciente. Uma articulação técnica interessante é apontada por Pick (1985), na qual "Para encaminhar a questão de como o analista aparece no mundo interno do paciente, não basta que nos movamos para o mundo interno esquizo-paranóide dele, também precisamos de alguma flexibilidade para tolerar e perlaborar as tensões entre nossos próprios sentimentos e impulsos, conscientes e inconscientes, em relação ao paciente" (p. 158). A ideia de Pick (1985) de o analista perlaborar seus próprios conflitos é interessante e precisaria de uma discussão à parte; por ora, acreditamos que a formação do analista, principalmente sua análise, seriam pré-requisitos fundamentais para permitir que a identificação projetiva seja concebida como uma forma de comunicação na situação analítica.

envolvidos em cada modelo da perlaboração. Pretendi colocar as reflexões técnicas ferenczianas em diálogo com as articulações metapsicológicas freudianas. Nesse contexto, o pensamento de Ferenczi complementa e traz elementos importantes para pensarmos sobre os modelos da perlaboração do Id e do Super-eu. Não buscamos uma unificação sem critério e tampouco uma demarcação infértil de impasses teóricos e técnicos. Meu ponto de discussão foi como a perlaboração, em seus diferentes modelos, pode ser possibilitada e, para tanto, as ideias freudianas e ferenczianas, além de se complementarem, potencializam-se.

... e a elaboração associativa?

Após um longo caminho, voltemos à primeira matriz da elaboração psíquica. Vimos que a elaboração associativa é um trabalho intrapsíquico que lida com o excesso de intensidades que ameaçam o Eu. Como resultado, teríamos o sentido daquilo que foi vivido, por isso dissemos que ela é a *atividade que produz consciência.* No Capítulo 1, apontei que a elaboração associativa possibilita a conexão de afetos com representações correspondentes. Após a formulação da teoria estrutural do aparelho psíquico em 1923, é possível fazermos algumas afirmações adicionais.

Em o "Eu e o Id" (1923), está presente a ideia de que o âmbito consciente do Eu opera a partir de representações verbais. Com isso, a ligação promovida pela elaboração associativa ganhou um maior nível de detalhe, ela conectaria afetos com representações verbais correspondentes. Vi aí também indícios de que o destino da elaboração associativa no pensamento freudiano é atuar na porção consciente do Eu, compondo uma parcela importante do trabalho feito por ele.

Afirmo isso porque a elaboração associativa opera assimilando intensidades. Foi nesse contexto que ela foi introduzida no pensamento freudiano em 1893, apareceu em outros momentos de sua obra[23] e, após quarenta anos, foi citada por Freud novamente com o mesmo sentido:

> *Quanto mais o desenvolvimento da angústia puder ser limitado a um mero sinal, tanto mais o Eu despenderá em ações defensivas que equivalem a uma vinculação psíquica do reprimido, tanto mais o processo também se avizinhará de uma elaboração normal* [normalen Verarbeitung], *certamente sem atingi-la. (Freud, 1933a/2010, p. 236)*

A elaboração associativa tem como função diminuir a quantidade de excitação e quando ela não ocorre suficientemente, seja pela sobrecarga da intensidade, violência da experiência e/ou pouca idade do sujeito quando a vivência, o sinal defensivo, na visão freudiana, é o desenvolvimento da angústia. O que fica claro nas seguintes passagens: "É inegável que, havendo abstinência, transtorno indevido no curso da excitação sexual, desvio desta quando de seu processamento psíquico [*Verarbeitung*], a angústia se origina diretamente da libido" (Freud, 1926a/2014, p. 84) ou que "a angústia da morte, tal como a angústia da consciência

23 Por exemplo: "Trata-se de raízes inatas, constitucionais, do instinto sexual, que numa série de casos se desenvolvem até se tornarem os autênticos veículos da atividade sexual (perversões), e outras vezes sofrem uma supressão (repressão) insuficiente, de modo que a poder atrair para si, por via indireta, como sintomas de doença, uma parte considerável da energia sexual, enquanto nos casos mais favoráveis, entre os dois extremos, podem dar origem, por meio de uma restrição eficaz e de outras formas de elaboração [*Verarbeitung*], à assim chamada vida sexual normal" (Freud, 1905/2016, pp. 71-72).

moral, pode ser apreendida como elaboração [*Verarbeitung*] da angústia de castração" (Freud, 1923/2013, p. 73). Vale lembrar que as ligações entre representações verbais e afetos tendem a sofrer alterações cada vez que o aparelho psíquico é invadido por excitações. Nesse sentido, a defesa atuaria como um vigilante para diminuir a sobrecarga excitatória. Nos "Três ensaios sobre a teoria da sexualidade" (1905), em um item presente no Resumo, traduzido como elaboração ulterior (*Verarbeitung*), a noção de que a elaboração associativa processa intensidades ganhou destaque. Os destinos das excitações guardariam relação direta com o nível de intensidade que invadiu o Eu e, a partir das condições que ele tem de elaborar, foram apontadas a perversão, o recalque e a sublimação como resultados possíveis.

A noção de que o Eu trabalha por síntese e conexão é uma forma de vermos a atuação da elaboração associativa. O fato de o Eu ser o local de síntese foi citado por Freud em vários textos; temos a seguinte passagem como exemplo:

> *Todo o processo nos parece bem singular, pois tomamos por algo evidente a síntese dos processos do Eu. Mas tudo indica que nos enganamos nisso. A função sintética do Eu, de importância tão extraordinária, tem condições particulares e está sujeita a uma série de distúrbios. (Freud 1940[1938]/2019, p. 347)*

Na minha visão, a porção consciente do Eu é o campo de operação da elaboração associativa. Vale lembrar que o sistema perceptivo consciente é uma característica do Eu, conforme Freud apontou em 1923, "só o sistema *Pcp-Cs* pode ser visto como o núcleo do Eu" (Freud, 1923/2013, p. 35), a tendência à síntese do Eu acontece pela ligação entre representações verbais e afetos correspondentes.[24]

Aponto que o destino da primeira matriz da elaboração psíquica no pensamento freudiano está na porção consciente do Eu, na medida em que a elaboração associativa opera transformando energia móvel em energia ligada. A ação dela estaria no âmbito dos processos secundários. No desenvolvimento do sujeito, o alargamento desses envolveria um pensamento mais coordenado em conjunto com o controle motor, levando em consideração a realidade externa. Com isso, o Eu garantiria uma expansão em seu modo de funcionamento, possibilitado pela atuação da elaboração associativa. Em "Além do princípio do prazer" (1920), Freud questionou "se a tendência a elaborar psiquicamente [*Verarbeitung*] algo impressionante e dele apropriar-se inteiramente pode se manifestar de modo primário e independente do princípio do prazer" (Freud, 1920/2010, p. 174).

Penso que a elaboração associativa é correlata com as funções secundárias feitas pelo Eu, relacionadas com o direcionamento e eliminação das excitações libidinais, sendo que a capacidade para realizar esse trabalho dependeria dos fatores constitucionais e históricos na vida de cada sujeito. Fundamental considerarmos que o trabalho psíquico que ela realiza tem como pré-requisito a existência de mecanismos defensivos instalados em algum grau de distância dos processos primários, possibilitando uma certa afirmação ante o desprazer devido ao acúmulo de libido não satisfeita. Isso não significa que a elaboração associativa atuaria no nível do ideal, sempre rebaixando as excitações a um nível estável. Dada a instabilidade de ligações e o constante fluxo de intensidades que invadem

---

24 Reconhecemos os limites da teoria representacional no pensamento freudiano e a questão que ela traz para o pensamento psicanalítico; indicamos Campos (2014) para uma discussão detalhada.

o psiquismo, algumas ligações podem não ser tão efetivas de um ponto de vista energético, abrindo espaço para a ação defensiva.

Como vimos no Capítulo 1, a técnica foi sendo desenvolvida apoiada na tendência a síntese do Eu, buscando promover condições para permitir o destravamento operacional do Eu. A elaboração associativa era vista como uma tendência automática do psiquismo, barrada em sua atividade pelo recalque. O reconhecimento de outros mecanismos defensivos e o reposicionamento da transferência na técnica não mudaram a ideia de que sempre há uma dimensão energética envolvida, logo, se o represamento libidinal é liberado, superando as resistências em jogo, a elaboração associativa voltaria a operar.

> *De fato, o doente neurótico nos oferece uma vida psíquica dilacerada, dividida por resistências, e, enquanto a analisamos e eliminamos as resistências, ela cresce organicamente, a grande unidade que chamamos Eu integra em si todos os impulsos instintuais que até então estavam dela dissociados e ligados noutra parte. Desse modo a psicossíntese ocorre no analisando sem a nossa interferência, automática e inevitavelmente. Produzimos as condições para ela ao decompor os sintomas e levantar as resistências. (Freud, 1919/2010, p. 284)*[25]

Após todo nosso percurso, acredito que consegui embasar teoricamente a hipótese que fiz em 2016, de que a perlaboração traria as condições necessárias para a elaboração associativa. Mesmo que

---

25 Ponto retomado por Freud em "Análise terminável e interminável": "Como se sabe, a situação analítica consiste em que nos aliamos ao Eu da pessoa em tratamento, a fim de subjugar parcelas não dominadas do seu Eu, isto é, incluí-las na síntese do Eu" (Freud, 1937a/2019, p. 300).

à primeira vista não fosse evidente,[26] procurei traçar os elementos teóricos e técnicos que envolvem uma relação casuística entre as duas matrizes da elaboração psíquica. Portanto, afirmo que a perlaboração, tendo em perspectiva seus diferentes modelos, dá condições para que a elaboração associativa volte a atuar, ressignificando experiências. Perceber a relação entre ambas as matrizes foi possível porque a técnica deixou de ser pautada apenas por uma perspectiva intrapsíquica, uma vez que para considerar os modelos da perlaboração, principalmente do Id e do Super-eu, precisamos do reconhecimento da dimensão intersubjetiva balizando a técnica.

26 Tomei como inspiração a seguinte conjectura de Laplanche e Pontalis (2001, p. 144): "Note-se por fim que se impõe aproximar elaboração e perlaboração. Existe uma analogia entre o trabalho do tratamento e o modo de funcionamento espontâneo do aparelho psíquico".

Considerações finais

Ao terminar este livro, após oito anos pesquisando o mesmo tema, perguntei-me o que me motivou a estudar a elaboração a partir dos dois parágrafos presentes em "Recordar, repetir e elaborar" (1914a), único trecho sobre perlaboração no pensamento freudiano, ironicamente introduzidos com "Eu poderia me deter aqui, se o título desse ensaio não me obrigasse à exposição de mais um ponto da técnica psicanalítica" (Freud, 1914a/2010, p. 207).

Pensando agora, realizei esta pesquisa sobre um fenômeno a partir do que nós, analistas, costumeiramente fazemos referência sobre o efeito de uma análise ou o resultado de uma intervenção. É comum dizermos que tal paciente elaborou algo ou que o resultado da análise levou a tal elaboração. Contudo, tanto para preservar a técnica psicanalítica de deturpações quanto pela própria dificuldade em definir teoricamente um fenômeno, é possível sermos tomados pela sensação de que tangenciamos uma definição para a elaboração. Por isso a noção de matrizes ajudou a entendermos o panorama e diferenciarmos diferentes tipos de trabalho.

Em nosso percurso, vimos a mudança de uma clínica freudiana inicialmente formada a partir de uma perspectiva intrapsíquica, quando a elaboração associativa era o principal operador clínico, para uma intersubjetiva, a partir da introdução da perlaboração em 1914, sendo que a sua divisão em modelos deixa essa observação ainda mais evidente.

Acredito que a técnica, ao lidar com a transferência negativa, inaugurou um caminho para que a perlaboração tivesse diferentes modelos, haja vista que para responder a intensidade da transferência negativa foi necessária a introdução de ordens de sustentação e transformação de intensidades no próprio analista. Foi Ferenczi quem refletiu sobre como tornar viável a consideração técnica da contratransferência como recurso fundamental para acolher e responder à transferência negativa do sujeito. O que deu as balizas para o espaço clínico preservar e sustentar a vitalidade de um espaço no qual comunicações e comportamentos violentos se viabilizem em conjunto com as transformações das intensidades recebidas pelo analista.

Ao questionar o papel do analista na transformação de uma angústia extrema e demandante de uma resposta diante do sofrimento daquele que está em nossa frente, acredito que a perlaboração tem um aspecto econômico fundamental, que carrega dimensões de confronto – ao comunicar e desvelar resistências – e acolhimento – na forma e no modo de dizer e pontuar o que é percebido – que podem ajudar o analista diante de situações difíceis.

Nesse sentido, teríamos duas ordens compondo a comunicação em análise: a verbal, a partir do que é falado com palavras pela dupla, e uma das intensidades, o que é sentido e comunicado *na* e *pela* situação analítica. Os modelos da perlaboração do Id e do Super-eu trazem a importância da contratransferência como forma de viabilizar diferentes ordens de comunicação em uma análise, valorizando a repetição.

Ao concluir esta pesquisa, penso que foi possível alcançar um modo de pensar a psicanálise contemporânea, valorizando o pensamento freudiano em suas estruturas fundantes e relacionando-o com reflexões aparentemente distantes dele, como as articulações técnicas propostas por Ferenczi a partir de 1924. Posicionamento fundamental para apresentarmos as bases constituintes dos modelos da perlaboração do Id e do Super-eu.

Reconheço que uma definição acabada da perlaboração ou da elaboração associativa seja inviável, pois imobiliza o caráter espiralado do pensamento freudiano. O que não significa que articulações não tenham que ser propostas ao lado das diferenças técnicas e teóricas.

Ao marcarmos o lugar da elaboração associativa e discutirmos tecnicamente os diferentes modelos da perlaboração, apontando os elementos que os compõem, penso que consegui valorizar a importância da elaboração para a psicanálise, evitando proposições normativas que inviabilizam a transmissão do conhecimento e, principalmente, o contato com o outro.

Retomando o sonho que abriu o texto, acredito que consegui viabilizar formas de comunicação que permitiram algum trânsito em minha própria festa, trazendo maior fluidez nas reflexões que foram propostas. Possivelmente, o rosto sombreado seja eu mesmo em uma situação ainda não reconhecida e a volta da minha fala no texto, entrecortada por outras situações em minha própria vida, trouxe a dimensão do reconhecimento da minha voz e do meu lugar enquanto pesquisador e analista. Por fim, a elaboração traz o impacto de sentir *ser*, ou seja, reconhecer-se diante do seu desejo.

A elaboração, em suas diferentes matrizes, carrega a importância da vinculação e do sentido, criados a partir de experiências intrapsíquicas e intersubjetivas, que muitas vezes nos escapam em virtude dos sintomas e das resistências.

Referências

Abraham, K. (1919). A particular form of neurotic resistence against the psycho-analytic method. In K. Abranham, *Selected Papers on Psycho-analysis* (pp. 303-311). Karnac.

Abraham. N., & Torok, M. (1995). *A casca e o núcleo* (M. J. Coracini, Trad.). Escuta.

Abrantes, T. (2016). *As formulações da elaboração psíquica (Verarbeitung e Durcharbeitung) no pensamento freudiano: dos estudos sobre a histeria aos artigos técnicos* (Dissertação de mestrado). Instituto de Psicologia, Universidade de São Paulo.

Andersson, O. (2000). *Freud precursor de Freud: estudos sobre a pré-história da psicanálise* (L. C. U. Junqueira Fiho, Trad.). Casa do Psicólogo.

Anzieu, D. (1970). Éléments d'une théorie de l'interprétation. In R. Kaës (Org.), *Le travail de l'Inconscient* (pp. 507-570). Dunod.

Avello, J. J. (2006). *La isla de sueños de Sándor Ferenczi: nada más que pulsión de vida*. Biblioteca Nueva.

Bálint, A., & Bálint, M. (1939). On Transference and Counter-Transference. *International Journal of Psychoanalysis*, (20), 223-230.

Balint, M. (1976). Experiências técnicas de Sándor Ferenczi. In B. Wolman (Org.), *As técnicas psicanalíticas* (Vol. 2, pp. 9-33). Imago. (Trabalho original publicado em 1966)

Barande, I. (1996). *Sandor Ferenczi*. Payot.

Bergler, E. (1945). "Working Through" in Psychoanalysis. *Psychoanalytic Review*, *32*(4), 449-480.

Bleger, J. (1985). Psicanálise do enquadramento psicanalítico. In J. Bleger, *Simbiose e ambiguidade* (M. L. Borges, Trad., pp. 311-328). Francisco Alves. (Trabalho original publicado em 1967)

Blum, H. P. (1974). The Borderline Childhood of the Wolf Man. *Journal of the American Psychoanalytic Association*, (22), 721-742.

Bokanowski, T. (2000). *Sándor Ferenczi* (M. Seincman, Trad.). Via Lettera.

Bokanowski, T. (2004). Splitting, fragmenting and mental agony: the clinical thinking of Sándor Ferenczi. *International Forum of Psychoanalysis*, *13*(1-2), 20-25.

Bokanowski, T. (2005). Le concept de *trauma* chez S. Ferenczi. In M. Brette, M. Emmanuelli & G. Pragier (Orgs.), *Monographies de psychanalyse de la Revue Française de psychanalyse – Le traumatisme psychique: organization e désorganisation* (pp. 27-42). PUF.

Brenner, C. (1987). Working through 1914-1984. *The Psychoanalytic Quarterly*, (56), 88-108.

Breuer, J. (2006). Considerações teóricas. In J. Strachey (Org.), *Obras psicológicas completas de Sigmund Freud* (J. Salomão,

Trad., Vol. II, pp. 207-268). Imago. (Trabalho original publicado em 1893)

Breuer, J., & Freud, S. (2006). Sobre o mecanismo psíquico dos fenômenos histéricos: comunicação preliminar. In J. Strachey (Org.), *Obras psicológicas completas de Sigmund Freud* (J. Salomão, Trad., Vol. II, pp. 39-53). Imago. (Trabalho original publicado em 1893a)

Breuer, J., & Freud, S. (2006). Miss Lucy R. In J. Strachey (Org.), *Obras psicológicas completas de Sigmund Freud* (J. Salomão, Trad., Vol. II, pp. 134-150). Imago. (Trabalho original publicado em 1893b)

Breuer, J., & Freud, S. (2006). Katharina. In J. Strachey (Org.), *Obras psicológicas completas de Sigmund Freud* (J. Salomão, Trad., Vol. II, pp. 151-160). Imago. (Trabalho original publicado em 1893c)

Breuer, J., & Freud, S. (2006). Elisabeth von R. In J. Strachey (Org.), *Obras psicológicas completas de Sigmund Freud* (J. Salomão, Trad., Vol. II, pp. 161-202). Imago. (Trabalho original publicado em 1893d)

Brunswick, R. M. (1981). Supplément à l' "Extrait de l'histoire d'une nevrose infantile" de Freud. In Gardiner (Org.), *L'homme aus loups par ses psychanalystes et par lui-même* (pp. 268-313). Gallimard.

Campos, E. B. V. (2014). *Limites da representação na metapsicologia freudiana*. Edusp.

Camus, A. (2014). *Esperança do mundo* (R. Araújo, S. Geske, Trads.). Hedra.

Chaves, E. (2001). A paciência no trabalho analítico. *Pulsional – Revista de Psicanálise, 147*(XIV), 5-11.

Coelho Junior, N. E. (1995). *A força da realidade na clínica freudiana*. Escuta.

Coelho Junior, N. (2004). Ferenczi e a experiência da *Einfühlung*. *Ágora*, *VII*(1), 73-85.

Coelho Junior, N. E. (2008). Fala, escuta e campo terapêutico em psicanálise. In L. C. Figueiredo & N. Coelho Junior, *Ética e técnica em psicanálise* (2a ed., pp. 67-96). Escuta.

Coelho Junior, N. E. (2018). A matriz ferencziana. In L. C. Figueiredo & N. Coelho Junior, *Adoecimentos psíquicos e estratégias de cura: matrizes e modelos em psicanálise* (pp. 117-186). Blucher.

Coelho Junior, N. E. (2019). Técnica e ética na psicanálise contemporânea: apontamentos sobre mudanças na técnica e no enquadre. *Sig Revista de Psicanálise*, *8*, 11-28.

Coelho Junior, N. E., & Figueiredo, L. C. (2008). Apresentação. In L. C. Figueiredo & N. Coelho Junior, Ética e *técnica em psicanálise* (2a ed., pp. 7-10). Escuta.

Coelho Junior, N. E., & Figueiredo, L. C. (2012). Figuras da intersubjetividade na constituição subjetiva: dimensões da alteridade. In N. Coelho Junior, P. Salem & P. Klatau (Orgs.), *Dimensões da intersubjetividade* (pp. 19-38). Escuta.

Coelho Junior, N. E., & Figueiredo, L. C. (2018). Introdução. In L. C. Figueiredo & N. Coelho Junior, *Adoecimentos psíquicos e estratégias de cura: matrizes e modelos em psicanálise* (pp. 9-26). Blucher.

Cymrot, P. (1997). *Elaboração psíquica-teoria e clínica psicanalítica* (3a ed.). Escuta.

Dal Molin, E. C. (2016). *O terceiro tempo do trauma: Freud, Ferenczi e o desenho de um conceito*. Perspectiva.

Deutsch, H. (1973). *Confrontations with myself*. Norton.

Donnet, J. (2000). Le silence de la perlaboration. *Revue française de psychanalyse*, *64*(4), 1115-1119.

Eissler, K. R. (1953). The effect of the structure of the ego on psychoanalytic technique. *Journal of the American Psychoanalytic Association*, (1), 104-143.

Etchegoyen, R. H. (2004). *Fundamentos da técnica psicanalítica* (2a ed., F. Settineri, Trad.). Artmed.

Fenichel, O. (1939). Problems of psychoanalytic tecnhique. *Psychoanalytic Quarterly*, (8), 303-324.

Ferenczi, S. (1990). *Diário clínico* (A. Cabral, trad.). Martins Fontes. (Trabalho original publicado em 1932)

Ferenczi, S. (2011). Transferência e introjeção. In S. Ferenczi, *Obras completas – psicanálise I* (2a ed., A. Cabral, Trad., Vol. 1, pp. 87--124). Martins Fontes. (Trabalho original publicado em 1909)

Ferenczi, S. (2011). Sintomas transitórios no decorrer de uma psicanálise. In S. Ferenczi, *Obras completas – psicanálise I* (2a ed., A. Cabral, Trad., Vol. 1, pp. 213-224). Martins Fontes. (Trabalho original publicado em 1912)

Ferenczi, S. (2011). Um sintoma transitório: a posição do paciente durante o tratamento. In S. Ferenczi, *Obras completas – psicanálise I* (2a ed., A. Cabral, Trad., Vol. 2, pp. 77-78). Martins Fontes. (Trabalho original publicado em 1913a)

Ferenczi, S. (2011). O desenvolvimento do sentido de realidade e seus estágios. In S. Ferenczi, *Obras completas – psicanálise II* (2a ed., A. Cabral, Trad., Vol. 2, pp. 45-62). Martins Fontes. (Trabalho original publicado em 1913b)

Ferenczi, S. (2011). A técnica psicanalítica. In S. Ferenczi, *Obras completas – psicanálise II* (2a ed., A. Cabral, Trad., Vol. 2, pp.

407-420). Martins Fontes. (Trabalho original publicado em 1919a)

Ferenczi, S. (2011). Dificuldades técnicas de uma análise de histeria. In S. Ferenczi, *Obras completas – psicanálise III* (2a ed., A. Cabral, Trad., Vol. 3, pp. 1-8). Martins Fontes. (Trabalho original publicado em 1919b)

Ferenczi, S. (2011). A influência exercida sobre o paciente em análise. In S. Ferenczi, *Obras completas – psicanálise III* (2a ed., A. Cabral, Trad., Vol. 3, pp. 9-13). Martins Fontes. (Trabalho original publicado em 1919c)

Ferenczi, S. (2011). Psicanálise de um caso de hipocondria histérica. In S. Ferenczi, *Obras completas – psicanálise III* (2a ed., A. Cabral, Trad., Vol. 3, pp. 67-72). Martins Fontes. (Trabalho original publicado em 1919d)

Ferenczi, S. (2011). Prolongamentos da técnica ativa. In S. Ferenczi, *Obras completas – psicanálise III* (2a ed., A. Cabral, Trad., Vol. 3, pp. 117-136). Martins Fontes. (Trabalho original publicado em 1921)

Ferenczi, S. (2011). As fantasias provocadas. In S. Ferenczi, *Obras completas – psicanálise III* (2a ed., A. Cabral, Trad., Vol. 3, pp. 261-270). Martins Fontes. (Trabalho original publicado em 1924a)

Ferenczi, S. (2011). Perspectivas da psicanálise. In S. Ferenczi, *Obras completas – psicanálise III* (2a ed., A. Cabral, Trad., Vol. 3, pp. 243-260). Martins Fontes. (Trabalho original publicado em 1924b)

Ferenczi, S. (2011). Psicanálise dos hábitos sexuais. In S. Ferenczi, *Obras completas – psicanálise III* (2a ed., A. Cabral, Trad., Vol. 3, pp. 359-398). Martins Fontes. (Trabalho original publicado em 1925)

Ferenczi, S. (2011). Contraindicações da técnica ativa. In S. Ferenczi, *Obras completas – psicanálise III* (2a ed., A. Cabral, Trad., Vol. 3, pp. 401-412). Martins Fontes. (Trabalho original publicado em 1926)

Ferenczi, S. (2011). O problema do fim da análise. In S. Ferenczi, *Obras completas – psicanálise IV* (2a ed., A. Cabral, Trad., Vol. 4, pp. 17-28). Martins Fontes. (Trabalho original publicado em 1928a)

Ferenczi, S. (2011). Elasticidade da técnica psicanalítica. In S. Ferenczi, *Obras completas – psicanálise IV* (2a ed., A. Cabral, Trad., Vol. 4, pp. 29-42). Martins Fontes. (Trabalho original publicado em 1928b)

Ferenczi, S. (2011). A adaptação da família à criança. In S. Ferenczi, *Obras completas – psicanálise IV* (2a ed., A. Cabral, Trad., Vol. 4, pp. 1-16). Martins Fontes. (Trabalho original publicado em 1928c)

Ferenczi, S. (2011). A criança mal acolhida e sua pulsão de morte. In S. Ferenczi, *Obras completas – psicanálise IV* (2a ed., A. Cabral, Trad., Vol. 4, pp. 55-60). Martins Fontes. (Trabalho original publicado em 1929)

Ferenczi, S. (2011). Princípio de relaxamento e neocatarse. In S. Ferenczi, *Obras completas – psicanálise IV* (2a ed., A. Cabral, Trad., Vol. 4, pp. 61-78). Martins Fontes. (Trabalho original publicado em 1930)

Ferenczi, S. (2011). Análises de crianças com adultos. In S. Ferenczi, *Obras completas – psicanálise IV* (2a ed., A. Cabral, Trad., Vol. 4, pp. 79-96). Martins Fontes. (Trabalho original publicado em 1931)

Ferenczi, S. (2011). Confusão de língua entre os adultos e a criança. In S. Ferenczi, *Obras completas – psicanálise IV* (2a ed., A.

Cabral, Trad., Vol. 4, pp. 111-135). Martins Fontes. (Trabalho original publicado em 1933)

Ferenczi, S. (2011). Reflexões sobre o trauma. In S. Ferenczi, *Obras completas – psicanálise IV* (2a ed., A. Cabral, Trad., Vol. 4, pp. 125-135). Martins Fontes. (Trabalho original publicado em 1934)

Ferman, A. F. (2001). Perlaborácion. *Revista Uruguaya de Psicoanálisis: Memoria, Historización y Construcción*, (93), 51-68.

Figueiredo, L. C. (1989). *Matrizes do pensamento psicológico*. Vozes.

Figueiredo, L. C. (2008). Presença, implicação e reserva. In L. C. Figueiredo & N. Coelho Junior, Ética e *técnica em psicanálise* (2a ed., pp. 13-54). Escuta.

Figueiredo, L. C. (2019). Ser psicanalista: um ofício meio doido. *Estudos de Psicanálise*, (52), 173-179.

Forrester, J. (1990). Os prazeres inauditos da psicanálise: Freud, Dora e a Madonna. In J. Forrester, *Seduções da psicanálise: Freud, Lacan e Derrida* (M. S. Nobre, Trad., pp. 139-216). Papirus.

Freud, S. (2013). Sobre a concepção das afasias: um estudo crítico. In S. Freud, *Obras incompletas de Sigmund Freud* (E. Brito Rosse, Trad., Vol. 1, pp. 15-150). Autêntica. (Trabalho original publicado em 1891)

Freud, S. (2006). As neuropsicoses de defesa. In J. Strachey (Org.), *Obras psicológicas completas de Sigmund Freud* (J. Salomão, Trad., Vol. III, pp. 51-72). Imago. (Trabalho original publicado em 1894)

Freud, S. (2006). Sobre os fundamentos para destacar da neurastenia uma síndrome específica denominada "Neurose de angústia". In J. Strachey (Org.), *Obras psicológicas completas de*

Sigmund Freud (J. Salomão, Trad., Vol. III, pp. 91-118). Imago. (Trabalho original publicado em 1895[1894])

Freud, S. (2006). A psicoterapia da histeria. In J. Strachey (Org.), *Obras psicológicas completas de Sigmund Freud* (J. Salomão, Trad., Vol. II, pp. 271-316). Imago. (Trabalho original publicado em 1895)

Freud, S. (2006). A interpretação dos sonhos. In J. Strachey (Org.), *Obras psicológicas completas de Sigmund Freud* (J. Salomão, Trad., Vols. IV-V). Imago. (Trabalho original publicado em 1900)

Freud, S. (2006). O método psicanalítico de Freud. In J. Strachey (Org.), *Obras psicológicas completas de Sigmund Freud* (J. Salomão, Trad., Vol. VII, pp. 233-240). Imago. (Trabalho original publicado em 1904[1903])

Freud, S. (2006). Fragmento da análise de um caso de histeria. In J. Strachey (Org.), *Obras psicológicas completas de Sigmund Freud* (J. Salomão, Trad., Vol. VII, pp. 15-116). Imago. (Trabalho original publicado em 1905[1901])

Freud, S. (2006). Sobre a psicoterapia. In J. Strachey (Org.), *Obras psicológicas completas de Sigmund Freud* (J. Salomão, Trad., Vol. VII, pp. 241-254). Imago. (Trabalho original publicado em 1905[1904])

Freud, S. (2016). Três ensaios sobre a teoria da sexualidade. In S. Freud, *Obras completas* (P. César de Souza, Trad., Vol. 6, pp. 13-172). Companhia das Letras. (Trabalho original publicado em 1905)

Freud, S. (2015). As fantasias histéricas e sua relação com a bissexualidade. In S. Freud, *Obras completas* (P. César de Souza, Trad., Vol. 8, pp. 339-349). Companhia das Letras. (Trabalho original publicado em 1908a)

Freud, S. (2015). O escritor e a fantasia. In S. Freud, *Obras completas* (P. César de Souza, Trad., Vol. 8, pp. 325-338). Companhia das Letras. (Trabalho original publicado em 1908b)

Freud, S. (2013). Observações sobre um caso de neurose obsessiva. In S. Freud, *Obras completas* (P. César de Souza, Trad., Vol. 9, pp. 13-112). Companhia das Letras. (Trabalho original publicado em 1909a)

Freud, S. (1989). *L'Homme aux rats - Journal d'une analyse*. PUF. (Trabalho original publicado em 1909b)

Freud, S. (2013). Um tipo especial de escolha de objeto feita pelo homem: contribuições à psicologia do amor I. In S. Freud, *Obras completas* (P. César de Souza, Trad., Vol. 9, pp. 334-346). Companhia das Letras. (Trabalho original publicado em 1910a)

Freud, S. (2013). As perspectivas futuras da terapia psicanalítica. In S. Freud, *Obras completas* (P. César de Souza, Trad., Vol. 9, pp. 287-301). Companhia das Letras. (Trabalho original publicado em 1910b)

Freud, S. (2010). O uso da interpretação dos sonhos na psicanálise. In S. Freud, *Obras completas* (P. César de Souza, Trad., Vol. 10, pp. 122-132). Companhia das Letras. (Trabalho original publicado em 1911)

Freud, S. (2010). Recomendações ao médico que pratica a psicanálise. In S. Freud, *Obras completas* (P. César de Souza, Trad., Vol. 10, pp. 147-162). Companhia das Letras. (Trabalho original publicado em 1912a)

Freud, S. (2010). A dinâmica da transferência. In S. Freud, *Obras completas* (P. César de Souza, Trad., Vol. 10, pp. 133-146). Companhia das Letras. (Trabalho original publicado em 1912b)

Freud, S. (2013). Totem e tabu. In S. Freud, *Obras completas* (P. César de Souza, Trad., Vol. 11, pp. 13-244). Companhia das Letras. (Trabalho original publicado em 1912-1913)

Freud, S. (2010). Recordar, repetir e elaborar. In S. Freud, *Obras completas* (P. César de Souza, Trad., Vol. 10, pp. 193-209). Companhia das Letras. (Trabalho original publicado em 1914a)

Freud, S. (2010). Introdução ao narcisismo. In S. Freud, *Obras completas* (P. César de Souza, Trad., Vol. 12, pp. 13-50). Companhia das Letras. (Trabalho original publicado em 1914b)

Freud, S. (2012). Contribuição à história do movimento psicanalítico. In S. Freud, *Obras completas* (P. César de Souza, Trad., Vol. 11, pp. 245-327). Companhia das Letras. (Trabalho original publicado em 1914c)

Freud, S. (2010). Observações sobre o amor transferencial. In S. Freud, *Obras completas* (P. César de Souza, Trad., Vol. 10, pp. 210-228). Companhia das Letras. (Trabalho original publicado em 1915a)

Freud, S. (2010). A repressão. In S. Freud, *Obras completas* (P. César de Souza, Trad., Vol. 12, pp. 82-98). Companhia das Letras. (Trabalho original publicado em 1915b)

Freud, S. (2010). O inconsciente. In S. Freud, *Obras completas* (P. César de Souza, Trad., Vol. 12, pp. 99-137). Companhia das Letras. (Trabalho original publicado em 1915c)

Freud, S. (2006). Suplemento metapsicológico à teoria dos sonhos. In J. Strachey (Org.), *Obras psicológicas completas de Sigmund Freud* (J. Salomão, Trad., Vol. XIV). Imago. (Trabalho original publicado em 1917[1915])

Freud, S. (2014). Conferência 19: Resistência e repressão. In S. Freud, *Obras completas* (P. César de Souza, Trad., Vol. 13, pp.

381-400). Companhia das Letras. (Trabalho original publicado em 1917)

Freud, S. (2010). História de uma neurose infantil. In S. Freud, *Obras completas* (P. César de Souza, Trad., Vol. 14, pp. 13-160). Companhia das Letras. (Trabalho original publicado em 1918[1914])

Freud, S. (2010). Caminhos da terapia psicanalítica. In S. Freud, *Obras completas* (P. César de Souza, Trad., Vol. 14, pp. 279-292). Companhia das Letras. (Trabalho original publicado em 1919)

Freud, S. (2010). Além do princípio do prazer. In S. Freud, *Obras completas* (P. César de Souza, Trad., Vol. 14, pp. 161-239). Companhia das Letras. (Trabalho original publicado em 1920)

Freud, S. (2013). O eu e o id. In S. Freud, *Obras completas* (P. César de Souza, Trad., Vol. 16, pp. 13-74). Companhia das Letras. (Trabalho original publicado em 1923)

Freud, S. (2013). O problema econômico do masoquismo. In S. Freud, *Obras completas* (P. César de Souza, Trad., Vol. 16, pp. 184-202). Companhia das Letras. (Trabalho original publicado em 1924)

Freud, S. (2013). Autobiografia. In S. Freud, *Obras completas* (P. César de Souza, Trad., Vol. 16, pp. 75-167). Companhia das Letras. (Trabalho original publicado em 1925)

Freud, S. (2014). Inibição, sintoma e angústia. In S. Freud, *Obras completas* (P. César de Souza, Trad., Vol. 17, pp. 13-123). Companhia das Letras. (Trabalho original publicado em 1926a)

Freud, S. (2014). A questão da análise leiga. In S. Freud, *Obras completas* (P. César de Souza, Trad., Vol. 17, pp. 124-230). Companhia das Letras. (Trabalho original publicado em 1926b)

Freud, S. (2014). O futuro de uma ilusão. In S. Freud, *Obras completas* (P. César de Souza, Trad., Vol. 17, pp. 231-301). Companhia das Letras. (Trabalho original publicado em 1927)

Freud, S. (2010). O mal-estar na civilização. In S. Freud, *Obras completas* (P. César de Souza, Trad., Vol. 18, pp. 13-123). Companhia das Letras. (Trabalho original publicado em 1930)

Freud, S. (2010). Conferência 32: Angústia e instintos. In S. Freud, *Obras completas* (P. César de Souza, Trad., Vol. 18, pp. 224-262). Companhia das Letras. (Trabalho original publicado em 1933a)

Freud, S. (2010). Conferência 31: A dissecção da personalidade psíquica. In S. Freud, *Obras completas* (P. César de Souza, Trad., Vol. 18, pp. 192-223). Companhia das Letras. (Trabalho original publicado em 1933b)

Freud, S. (2019). Análise terminável e interminável. In S. Freud, *Obras completas* (P. César de Souza, Trad., Vol. 19, pp. 274-326). Companhia das Letras. (Trabalho original publicado em 1937a)

Freud, S. (2019). Construções na análise. In S. Freud, *Obras completas* (P. César de Souza, Trad., Vol. 19, pp. 327-344). Companhia das Letras. (Trabalho original publicado em 1937b)

Freud, S. (2019). Compêndio de psicanálise. In S. Freud, *Obras completas* (P. César de Souza, Trad., Vol. 19, pp. 189-273). Companhia das Letras. (Trabalho original publicado em 1940[1938])

Freud, S., & Ferenczi, S. (1994). *Correspondência 1908-1911* (C. Cavalcanti, S. Lages, Trads.). Imago.

Frosch, J. (1967). Severe Regressive States During Analysis – Introduction. *Journal of the American Psychoanalytic Association*, (15), 491-507.

Gardiner, M. (1981). *L'homme aux loups par ses psychanalystes et par lui-même*. Gallimard.

Gay, P. (2007). *Freud: uma vida para o nosso tempo* (15a ed., D. Bottamann, Trad.). Companhia das Letras.

Giampieri-Deutsch, P. (1996). The influence of Ferenczi's ideas on contemporary standard technique. In P. L. Rudnytsky, A. Bókay & P. Giampieri-Deutsch (Orgs.), *Ferenczi's turn in psychoanalysis* (pp. 224-247). New York Univerity Press.

Glover, E. (1955). *Technique of psycho-analysis.* International Universities Press.

Green, A. (1998). Sobre a discriminação e a indiscriminação afeto--representação. *Revista Brasileira de Psicanálise, 32*(3), 407-456.

Greenacre, P. (1956). Re-evaluation of the process of working through. *International Jounal of Psychoanalysis*, (37), 439-444.

Greenson, R. R. (1965). The problem of working-through. In M. Schur (Org.), *Drives, affects, behavior* (pp. 277-314). International Universities Press.

Guarnieri, R. (2013). Durcharbeitung – The time of perlaboration (or working through). *The Italian Psychoanalytic Anual*, (7), 27-38.

Hanns, L. A. (1996). *Dicionário comentado do alemão de Freud.* Imago.

Haynal, A. (1995). *A técnica em questão: controvérsias em psicanálise de Freud e Ferenczi a Michel Balint* (G. Almeida, Trad.). Casa do Psicólogo.

Haynal, A. (1997). For a metapsychology of the psychoanalyst: Sándor Ferenczi's quest. *Psychoanalytic Inquiry, 17*(4), 437-458.

Heimann, P. (1950). On counter-transference. *International Journal of Psychoanalysis*, (81), 81-84.

Honda, H. (2018). *Sándor Ferenczi e as perspectivas da psicanálise.* Appris.

Klein, M. (1991). Notas sobre alguns mecanismos esquizoides. In M. Klein, *Inveja e gratidão e outros trabalhos* (L. P. Chaves, Trad., Vol. 3, pp. 17-43). Imago. (Trabalho original publicado em 1946)

Kris, E. (1956). The recovery of childhood memories in psychoanalysis. *Psychoanalytic study of child*, (11), 54-88.

Kupermann, D. (2010). A via sensível da elaboração. *Cadernos de Psicanálise CPRJ: Caminhos da Clínica Psicanalítica, 32*(23), 31-45.

Laplanche, J. (1969). Interpretar (com) Freud. In B. Pingaud (Org.), *Freud* (C. Netto, Trad., Vol. 3, SérieL'arc, pp. 53-67). Documentos.

Laplanche, J. (1987). *Nouveaux fondements pour la psychanalyse*. PUF.

Laplanche, J. (1998). *Problemáticas I: a angústia* (A. Cabral, Trad.). Martins Fontes.

Laplanche, J., & Pontalis, J. (2001). *Vocabulário de psicanálise* (4a ed., P. Tamen, Trad.). Martins Fontes.

Leader, D. (2010). Freud, música e elaboração. In D. Leader, *Pé de página para Freud* (E. Rieche, Trad., pp. 19-49). BestSeller.

Lipton, S. D. (1977). The advantage of Freud's technique as show in his analysis of the Rats Man. *International Journal of Psychoanalysis*, (58), 255-273.

Loewald, H. W. (1960). On the therapeutic action of psychoanalysis. *International Journal of Psychoanalysis*, (41), 16-33.

Loewenstein, R. (1930). Remarques sur le tact dans la technique psychanalytique. *Revue Française de Psychanalyse*, (4), 266-275.

Lorand, S. (1996). Sándor Ferenczi (1873-1933), pioneer of pioneers. In F. Alexander, S. Eisenstein & M. Grotjahn (Orgs.), *Psychoanalytic Pioneers* (pp. 14-35). Basic Books.

Mahony. P. J. (1990). *Sobre a definição do discurso de Freud* (F. I. Bastos, Trad.). Imago.

Mahony P. J. (1991). *Freud e o Homem dos Ratos* (E. Saporiti, M. Cataldi, Trads.). Escuta.

Mahony, P. (1992). *Gritos do homem dos lobos* (M. C. S. da Silva, Trad.). Imago.

Mezan, R. (1993a). Que significa "pesquisa" em psicanálise? In R. Mezan, *A sombra de Don Juan e outros ensaios* (pp. 85-118). Brasiliense.

Mezan, R. (1993b). Esquecer? Não: In-quecer. In R. Mezan, *A sombra de Don Juan e outros ensaios* (pp. 51-62). Brasiliense.

Mezan, R. (1998). A transferência em Freud: apontamentos para um debate. In R. Mezan, *Tempo de muda: ensaios de psicanálise* (pp. 251-272). Companhia das Letras.

Mezan, R. (2014). A construção da metapsicologia: 1892-1914. In R. Mezan, *O tronco e os ramos: estudos de história da psicanálise.* (pp. 89-136). Companhia das Letras.

Obholzer, K. (1993). *Conversas com o homem dos lobos* (V. Ribeiro, Trad.). Jorge Zahar.

Ogden, T. (1996). *Os sujeitos da psicanálise* (C. Berliner, Trad.). Casa do Psicólogo.

Perelberg, R. (2012). Fantasia inconsciente a partir de "História de uma neurose infantil" (o Homem dos Lobos). In R. Perelberg (Org.), *Freud: uma leitura atual* (M. Veronese, Trad., pp. 201--218). Artmed.

Pick, I. B. (1985). Working through in the countertransference. *International Journal of Psychoanalysis*, (66), 157-166.

Pinheiro, M. T. (1995). *Ferenczi: do grito à palavra*. Jorge Zahar/ UFRJ.

Pinheiro, M. T. (1996). Trauma e melancolia. In C. S. Katz (Org.), *Ferenczi: história, teoria, técnica* (pp. 43-63). 34.

Pingaud, B. (1969). A peste. In B. Pingaud (Org.), *Freud* (C. Netto, Trad., Vol. 3, Série L'arc, pp. 5-8). Documentos.

Plon, M., & Roudinesco, E. (1998). *Dicionário de psicanálise* (V. Ribeiro, Trad.). Jorge Zahar.

Pontalis, J. B. (1969). A utopia freudiana. In B. Pingaud (Org.), *Freud* (C. Netto, Trad., Vol. 3, Série L'arc, pp. 9-20). Documentos.

Roussillon, R. (1999). *Agonie, clivage et symbolisation*. PUF.

Roussillon, R. (2005). La "conversation" psychanalytique: un divan en latence. *Revue française de psychanalyse*, *69*(2), 365-381.

Roussillon, R. (2016). A elaboração e seus modelos. *Psicologia USP*, *27*(2), 367-374.

Sabourin, P. (1988). *Ferenczi: paladino e grão-vizir secreto* (L. C. Castro e Costa, Trad.). Martins Fontes.

Sandler, J. (1977). A elaboração. In C. Dare, A. Holder & J. Sandler (Orgs.). *O paciente e o analista – Fundamentos do processo analítico* (pp. 112-118). Imago.

Schneider, M. (1993). *Afeto e linguagem nos primeiros escritos de Freud* (M. Seincman, Trad.). Escuta.

Sollars, F. (2004). Mourning, trauma and working through. *Psychoanalytic Review*, *91*(2), 201-219.

Strachey, J. (1934). The nature of the therapeutic action of psychoanalysis. *International Journal of Psychoanalysis*, (15), 125-159.

Série Psicanálise Contemporânea

Adoecimentos psíquicos e estratégias de cura: matrizes e modelos em psicanálise, de Luís Claudio Figueiredo e Nelson Ernesto Coelho Junior

O brincar na clínica psicanalítica de crianças com autismo, de Talita Arruda Tavares

Budapeste, Viena e Wiesbaden: o percurso do pensamento clínico-teórico de Sándor Ferenczi, de Gustavo Dean-Gomes

Clínica da excitação: psicossomática e traumatismo, de Diana Tabacof

Chuva n'alma: A função vitalizadora do analista, de Fátima Flórido Cesar, Marina F. R. Ribeiro e Luís Claudio Figueiredo

Da excitação à pulsão, com organização de Cândida Sé Holovko e Eliana Rache

De Narciso a Sísifo: os sintomas compulsivos hoje, de Julio Verztman, Regina Herzog, Teresa Pinheiro

Do pensamento clínico ao paradigma contemporâneo: diálogos, de André Green e Fernando Urribarri

Do povo do nevoeiro: psicanálise dos casos difíceis, de Fátima Flórido Cesar

Em carne viva: abuso sexual de crianças e adolescentes, de Susana Toporosi

Escola, espaço de subjetivação: de Freud a Morin, de Esméria Rovai e Alcimar Lima

Expressão e linguagem: aspectos da teoria freudiana, de Janaina Namba

Fernando Pessoa e Freud: diálogos inquietantes, de Nelson da Silva Junior

Figuras do extremo, de Marta Rezende Cardoso, Mônica Kother Macedo, Silvia AbuJamra Zornig

O grão de areia no centro da pérola: sobre neuroses atuais, de Paulo Ritter e Flávio Ferraz

Heranças invisíveis do abandono afetivo: um estudo psicanalítico sobre as dimensões da experiência traumática, de Daniel Schor

Histórias recobridoras: quando o vivido não se transforma em experiência, de Tatiana Inglez-Mazzarella

Identificação: imanência de um conceito, de Ignácio A. Paim Filho, Raquel Moreno Garcia

A indisponibilidade sexual da mulher como queixa conjugal: a psicanálise de casal, o sexual e o intersubjetivo, de Sonia Thorstensen

Interculturalidade e vínculos familiares, de Lisette Weissmann

Janelas da psicanálise: transmissão, clínica, paternidade, mitos, arte, de Fernando Rocha

O lugar do gênero na psicanálise: metapsicologia, identidade, novas formas de subjetivação, de Felippe Lattanzio

Os lugares da psicanálise na clínica e na cultura, de Wilson Franco

Luto e trauma: testemunhar a perda, sonhar a morte, de Luciano Bregalanti

Matrizes da elaboração psíquica no pensamento psicanalítico: entre Freud e Ferenczi, de Thiago da Silva Abrantes

Metapsicologia dos limites, de Camila Junqueira

Os muitos nomes de Silvana: contribuições clínico-políticas da psicanálise sobre mulheres negras, de Ana Paula Musatti-Braga

Nem sapo, nem princesa: terror e fascínio pelo feminino, de Cassandra Pereira França

Neurose e não neurose, 2. ed., de Marion Minerbo

A perlaboração da contratransferência: a alucinação do psicanalista como recurso das construções em análise, de Lizana Dallazen

Psicanálise de casal e família: uma introdução, com organização de Rosely Pennacchi e Sonia Thorstensen

Psicanálise e ciência: um debate necessário, de Paulo Beer

Psicossomática e teoria do corpo, de Christophe Dejours

Razão onírica, razão lúdica: perspectivas do brincar em Freud, Klein e Winnicott, de Marília Velano

Relações de objeto, de Decio Gurfinkel

Ressonâncias da clínica e da cultura: ensaios psicanalíticos, de Silvia Leonor Alonso

Sabina Spielrein: uma pioneira da psicanálise – Obras Completas, volume 1, 2. ed., com organização, textos e notas de Renata Udler Cromberg

Sabina Spielrein: uma pioneira da psicanálise – Obras Completas, volume 2, com organização, textos e notas de Renata Udler Cromberg

O ser sexual e seus outros: gênero, autorização e nomeação em Lacan, de Pedro Ambra

O tempo e os medos: a parábola das estátuas pensantes, de Maria Silvia de Mesquita Bolguese

Tempos de encontro: escrita, escuta, psicanálise, de Rubens M. Volich

Transferência e contratransferência, 2. ed., de Marion Minerbo

GRÁFICA PAYM
Tel. [11] 4392-3344
paym@graficapaym.com.br